社区劳动保障

SHEQU LAODONG BAOZHANG

石方军　伍如昕　薛　君　编著

谷中原　丛书主编

高等院校劳动与社会保障专业社区保障系列教材

中国社会出版社
国家一级出版社　全国百佳图书出版单位

图书在版编目（CIP）数据

社区劳动保障/石方军，伍如昕，薛君编著．—北京：中国社会出版社，2014.8

高等院校劳动与社会保障专业社区保障系列教材

ISBN 978-7-5087-4810-8

Ⅰ.①社…　Ⅱ.①石…②伍…③薛…　Ⅲ.①社区—劳动就业—社会保障—中国—高等学校—教材　Ⅳ.①D669.2

中国版本图书馆 CIP 数据核字（2014）第 152737 号

丛 书 名： 高等院校劳动与社会保障专业社区保障系列教材
书　　名： 社区劳动保障
编　　著： 石方军　伍如昕　薛　君
全案策划： 刘云燕
责任编辑： 刘云燕

出版发行： 中国社会出版社　　**邮政编码：** 100032
通联方法： 北京市西城区二龙路甲 33 号
电话：编辑部：（010）66064025
邮购部：（010）66081078
销售部：（010）66080300　（010）66085300　传真（010）66051713
（010）66080360　（010）66080880　（010）66080880
网　　址： www.shcbs.com.cn
经　　销： 全国各地新华书店

印　　刷： 中国电影出版社印刷厂
开　　本： 170mm×240mm　1/16
印　　张： 15.75
字　　数： 230 千字
版　　次： 2014 年 10 月第 1 版
印　　次： 2014 年 10 月第 1 次印刷
定　　价： 38.00 元

序言

自然风险和社会风险的存在使人类的生活和发展出现诸多不确定性。为了减轻和克服国民的生活风险、应对生活困境以及其他方面的生活不幸，不断提高国民的生活质量，许多国家和地区建立了现代社会保障制度。

按照供给主体或责任主体分，社会保障可分为政府保障、单位保障、社会组织保障、社区保障、家庭保障等等。长期以来，现代社会保障制度主张社会保障由政府承担。但政府的国民生活保障供给能力的有限性和国民的生活保障需求的无限性越来越证明建立补充社会保障体系是十分必要的。作为一种正式制度安排，政府保障只能发挥社会保障的主导作用，真正有效地保障国民生活水平和生活质量的不断提高，还需要各种社会主体在社会保障事业中发挥补充作用。作为一种社会化的国民生活保障机制，在我国社区建设中不断兴盛起来的社区保障制度与家庭保障、单位保障、民间组织保障等非正式制度保障形式共同发挥着弥补国家基本社会保障制度之不足与缺漏的作用。

社区保障对政府保障的补充作用主要体现在：第一，保障项目的补充，即增加政府保障没有涉及的但对于社区居民而言又是十分需要的生活保障项目。第二，保障水平的补充，即在政府保障水平基础上根据社区能力不断提高社区居民生活保障标准。第三，承担政府分配下来的保障业务，使政府保障有效地惠及社区居民。开展社区保障事务，不仅能较好地提高社区居民的生活水平，增强社区的生活特质和社区凝聚力，而且能更好地促进社区发展，缓解地方政府的财政压力。

从特征上分析，社区保障是社区利用自身资源开展的本地补充性社会保障事业，具有特殊的社会保障品质。首先它是社群主义的公共事务选择，强调社区也是社会保障的责任主体，要求社区自觉承担域内居民社会保护的责任，充分用自身优势和资源帮助域内居民应对生活的不幸、获得更多生活机会和发展机会。社区保障也是我国社区建设中的自我服务、自我治理的基本内容，具有保障对象上的选择性和业务运作上的地域性、灵活性、直接性、信息透明、成本低廉、运作高效等特点。

从其构成及运行上看，社区保障增加了政府保障之外的项目；社区保障的业务开展要以社区资源为前提、以保障输送系统为主体；社区保障的良性运行需要建构运行秩序和运作机制。围绕保障项目补充，社区保障研究应确定政府保障没有涉及的保障业务，如增加交通福利、教育福利、健康护理、劳动力市场保护、精神福利、营养保障、社区服务、提升困难群体工作能力服务、社区社会工作等；分析不同社区保障项目的特点与数量标准、社区帮助居民克服风险的种类；选定社区保障对象、认定社区居民享受社区保障的资格；确定提高政府保障水平、落实政府保障任务。围绕集聚保障资源，社区保障研究应开展社区保障业务必需的人力资源、财经资源、物力资源等，确定社区保障筹资方式与渠道。围绕建设保障输送系统，社区保障研究应探寻社区福利的非营利组织输送渠道、管理者输送渠道、商业化输送渠道、社工专业机构输送渠道、社区居民自助渠道以及社区服务网络。围绕保障秩序和运作机制建构，社区保障研究应重视社区保障服务准入制度和业务管理制度的建设和营造社区保障伦理、规制以及其他非正式制度，更重要的是揭示社区保障的互助机制。

为了使社区保障在我国社会保障事业中更好地发挥补充作用、在我国社区建设和发展中发挥促进作用，我们以广义社区居民基本生活需要结构为依据，以满足社区居民基本生活需要为出发点，对社区经济保障、社区服务保障、社区劳动保障等社区保障方式，以及各种社区保障主体展开深入研究。我们与中国社会出版社合作，策划出版中国高校劳动与社会保障专业社区保障教育丛书。同时，有必要说明的是，社区保障研究计划是一个开放的工作体系，如果国内外更多的同人惠临这项研究计划，我们喜不自胜。

中南大学

谷中原

2013 年 9 月 1 日

目录

第一章　社区保障概述

人们的社会生活都需要在一定的地域空间和社会交往中进行，地域性自然生态环境和社会人文环境是人们保障与实现自身福利的必要载体和基础条件，社区保障应运而生，可以说，社区保障是社会发展和社区建设的必然产物，是社区发展和社会保障发展的必然要求，是社区发展和社会建设的重要内容，同时也是社会保障的重要组成部分，它适应着“小政府、大社会”的发展趋势，作为平台承接越来越多的福利提供和传递的职能。社区是居民日常生活中接触最多、归属感最强的区域，社区保障能够充分利用自身区位优势，整合更多社会资源，在基层将社会保障制度落到实处。在经济社会的发展过程中，我国的家庭保障功能相对减弱并逐渐外移，随着人口大量地由农村涌向城市，由小城市涌向大中城市，社会竞争日趋激烈，人们生活压力增大，无暇照顾老人，家庭的养老保障功能也在不断地弱化，政府在角色转变的过程中，也由原来的全能型政府向有限型政府转变，由管制型政府向服务型政府转变，很多原来由政府承担的职能逐步转向社会，从而建立、健全城市社区保障体系是人们生活方式变迁的需要。

社区保障是实现社会稳定和谐的重要基础之一，社区保障有助于维护社会秩序，促进社会稳定与发展。社区是城市居民生活的最主要活动区域，作为落实社会保障制度的最基层组织，需要处理很多居民的社会保障事务，社区保障能够将社区居民一些最微小的问题和矛盾化解在基层，防止矛盾和问题进一步放大，为了保障社会成员的基本权利得以实现，从而减缓社会发展的阻力，特别是减少社会转型期和经济转轨期所带来的社会风险与动荡，更好地维护基层社会的稳定和安全，进而为整个社会的稳定和谐奠定基础。完善社区保障是实现以人为本的社会理念、充分保障居民基本权利的有效途径。居民社会福利的实现离不开社区，社区保障在基层为居民提供社会保障服务，充分体现了以人为本的社会理念，是对公民的基本权利的维护和保障，人的生存需要，即使是最基本的生存需要，也不仅仅是简单的糊口需要，而是生理的、心理的、经济的、社会的各种需要的全面综合，现代社会保障制度要正视这种需要，社区保障是实现社会公平正义，构建社会主义和谐社会，切实保障以人为本的有效途径。

第一节　社区保障的概念与特征

一、社区保障的概念

社区保障是社会保障体系的一个重要组成部分。徐永祥[①]认为社区保障就是指社区组织承接政府交办的各项社会保障管理与服务工作，以及社区组织的通过优化社区资源专门为本社区居民提供的各项保障业务和服务，它以国家的社会保障制度为基础，以社区作为社会保障制度的基本落脚点，以社区居民作为社会保障的对象，以保障居民的基本生活权利和需求为根本任务。郭文臣[②]认为广义上的社区保障是指社区组织承接的政府交办的各项社会保障管理与服务工作，以及社区组织通过优化社区资源专门为本社区居民提供的各项保障业务和服务；狭义上的社区保障专指社区组织通过优化社区资源为社区居民提供的各项保障业务和服务。李森[③]则认为社区保障是根据一个国家或地区的福利政策和居民的实际生活标准，以社区为单位，通过社区组织和社区居民的共同参与，为满足社区成员的物质文化生活，围绕各项社会福利事业和社区居民及特殊居民而开展的保障活动。杨团[④]认为社区保障主要指社区组织通过优化社区资源为社区居民提供的各项保障业务和服务，充分动员社区力量，利用社区资源，为社区成员提供福利性、公益性服务和便民生活服务的过程。

---

① 徐永祥．社区发展论［M］．上海：华东理工大学出版社，2000：204.

② 郭文臣，陈树文．社区保障功能的再认识［J］．大连理工学报（社会科学版），2003（1）：67.

③ 李森等．城市社区建设概论［M］．济南：山东大学出版社，2001：142.

④ 杨团．社区公共服务论析［M］．北京：华夏出版社，2002：21－22.

总的来说，社区保障是指以社区为依托，通过调动和整合内外各种资源和力量，为居民提供各项社会保障服务以满足社区成员物质文化需要，是社会保障体系的有机组成部分。

二、社区保障的特征

社区保障，不能仅仅理解为社区内的社会保障工作，而应该看到它是社会保障体系中的一个新的层面，是整个社会保障体系中的一个重要组成部分。目前，在社会保障体系中，还未把社区社会保障作为一个重要的层次列入。社会保障体系的组成应从两个层面加以划分：一是保障项目的横向层面，包括社会保险、社会救助、优抚安置、社会福利[①]；二是保障主体纵向层面，包括政府的法定基本保障、单位系统的补充保障、家庭的亲属保障、个人储蓄积累保障、社区的社会保障等。从制度分析的角度，社区保障主要从社会福利的方向上探讨社区建设与社会保障的关系，并为社会保险与社会救助项目提供制度实施所必需的组织与人力资源。

（一）社区保障的区域性

社区保障对象主要针对社区里的居民，社区保障的主体是一定的地域、人口、文化背景下的居民群体，这一区域性的特征也要求社区保障要从本区域的实际出发，结合本区域的优势，针对本区域的需求，有针对性地展开社区保障工作。

（二）社区保障的服务性

社区里居住的居民一般比较复杂，有很大一部分是社会福利覆盖人员，这些人员都需要国家提供低偿甚至无偿的服务，社区往往成为国家提供这一无偿服务的载体，例如伤残康复、职业介绍、生活照顾等。可见社区应该在为社区成员尤其是其中的受保人员提供服务中发挥更大的作用。

---

① 陈丰．国家保障、单位保障、社区保障三者的关系变迁及功能整合［J］．华东理工大学学报（社会科学版），2006（6）：32－34.

（三）社区保障的互助性

社区中蕴藏着丰富的社会资源，有效地整合这些资源对于提升社区服务能力，为社区成员提供支持都具有极大的意义，这也有利于调动民间力量参与到社会福利提供和传递体系中去。社区可以深入挖掘社区资源，充分调动社区中民间的力量，形成各种非政府组织，从而激励社会成员互相帮助、互相支持，尤其是帮助那些社区中的困难群体，提升社区的道德水平，建设和谐的社区。

（四）社区保障的非营利原则

社区保障从登记到发放社保物资的所有环节的目的都不是营利，用最低廉的成本破解社区保障一系列问题，社区保障的资金来源一般都是国家拨付或者通过其他的途径筹集，一般都不是个人支付，社区中提供的医疗护理服务都是社区联合其他的医疗机构提供的无偿服务，旨在为社区老弱病残解决一部分医疗问题，社区也应该在有限的条件下针对失业人员或者残疾人员提供无偿的就业支持。

（五）社区保障的平台载体功能

在一定程度上，社区保障是整个社会福利的一个递送平台。社区负责社区内居住的失业人员、离退休人员和无岗人员、无业人员的档案保管和社保关系管理，社区通过调查社区内的救助、抚恤对象，了解第一手的资料，登记备案，并向有关部门申报，同时定期组织评议救助对象名单。社区还依托广大志愿者和社区非营利组织，为特殊对象提供日常生活、就业服务、医疗保健、精神援助、文化娱乐等各类服务。

三、建立社区保障的意义

社区保障建设，既是社会主义市场经济发展的必然要求，也是从我国国情出发，完善社会保障体系的一项重要内容，应不失时机加快探索，逐步建立。

（一）有助于适应社会结构的变化，改善政府管理模式

我国社会正处于从传统型向现代型转变的过渡时期，社会结构正发生着深刻变迁，在原先政府行政一体化的领域之外，逐渐发育和发展了新的市场经济领域以及更为广泛复杂的社会生活领域。在这种新形势下，单位办社会的状况开始转变，单位体制逐步瓦解，单位行为的专业性目标不断弱化，大量社会职能向社区回归和转移。人们由过去隶属单位、依赖单位变为走进社区，依托社区，社区成为人们安居乐业的重要场所和实现社会整合功能的基础单元。在此背景下，承担社会保障任务的社区应运而生并呈快速发展态势。同时，开展社区保障，可以加快政府管理体制改革，把具体社会管理工作交给社区承接，以改善政府管理模式，使政府专注于对社会发展的宏观调控。

（二）有助于建立社会保障体系和服务网络，维护社会稳定

现阶段政府转移出来的社会职能、服务职能和企业剥离出来的社会职能，大部分需要社区来承接。建立一个独立于企事业单位之外的社会保障体系和社会服务网络，需要社区发挥作用。由此可见，社区保障应该是社会福利服务体系和社会保障体系的子系统。目前，社区承担了社会保障的大量事务，如政府调查核实辖区居民的基本生活保障情况、失业人员的救助标准、下岗人员的生活状况等以及社会基本生活保障金和救助金的发放，都是通过社区组织落实的；同时，社区还承担了大量的因社会变迁而衍生的新型社会服务项目，社区作为一个基础层面的社会单元，发挥着独特而又丰富的社会整合功能。因此，社区保障对维护社会稳定，保护改革开放的成果，可谓意义重大。

（三）有助于满足人民多层次、多样化的社会需求

随着我国生产力的不断发展，人民生活水平不断提高，人们的生活方式、消费观念都发生了很大的变化。特别是居民住房、医疗、养老、就业等各项制度改革的深入，居民与所在社区的关系越来越密切。其一，社区

通过各种专业化分工的社区保障项目和服务设施，可满足社区成员日常物质和文化生活的多种需求。其二，社区内大量的居民委员会、业主委员会等自治性组织和老年书画社、拳操队、读书会等兴趣性团体，可满足人们广泛的社会参与需求。其三，社区有邻里互助、相互照顾的传统习俗，同时也不断孕育出以社区公益性、福利性事业为目标的组织，使社区在“道德共同体”与“情意共同体”的深层意义上发挥着社会整合功能，同时也满足了人们开展社会互助的需求。

第二节　社区保障理论

一、国内外研究动态

从20世纪80年代中后期开始，为了配合经济体制和社会保障制度改革，我国已有一些学者试图以社区为研究视角来探索社会保障体系改革，社区保障研究随之展开。多年来，我国社区保障在理论研究上取得了诸多成果。

周沛①从研究近现代西方国家解决社会问题的主要过程的角度入手，分析了西方社会保障和社会工作的发展历史与主要特点，认为可以寻找到社会保障和社会工作的互补契合点，即社会工作中的社区保障。他认为社会工作中的社区保障是广义社会保障的一部分，强调了保障的社区性，强调了专业性社会工作在社区保障中的重要作用，具有区域性、强制性、普遍性、福利性、互助性等特征。郭文臣②认为社区保障在社会保障中占有重要的地位，并着重分析了社区保障功能，即包括社区保障服务、社区安定等现实功能，同时还包含社会保障对象的管理、社区保障信息服务、困

---

① 周沛．论社会工作中的社区保障［J］．江海学刊，2003（2）：34.

② 郭文臣，陈树文．社区保障功能的再认识［J］．大连理工大学学报（社会科学版），2003（1）：69－70.

难群体权益保障、社区自组织保障等潜在功能，为社区保障提供了发展思路分析。徐永祥[①]指出社区保障就是指社区承接或实施的社会保障工作，是我国社会保障体系的重要组成部分，它以国家的社会保障制度为基础，以社区作为社会保障制度的基本落脚点，以社区居民作为社会保障的对象，以保障居民的基本生活权利和需求为根本任务，社区保障是社会变迁与社会保障职能分化的结果。韩秋红[②]认为社区保障主要有社会救济、医疗保险、养老保险、失业保险和社会福利等内容，并随着我国经济结构的调整，老龄化步伐的加快，下岗工人和离退休人员的逐步增多而重要性日益凸显，并提出应通过开辟筹资途径，做好落实工作，理顺各方面的关系来优化社区保障的功效。崔凤认为社会保障实施的社区机制，就是让社区承担部分社会保障实施的责任，其中最主要的内容是负责对社会保障对象的管理与服务。她认为社会保障实施的社区机制具有非单位化、政府主导化、社会化、专业化等特征。

在国外，社区保障早已引发了高度关注，也已经取得了很多成果，伴随着西方工业化、城市化进程的加快，城市成为人们工作、生活的中心，大量农村人口纷纷涌向城市，使得城市经济社会快速发展，与此同时，城市所承受的压力骤然增大，如何为居民提供有效的社会保障成为一个难题。于是，作为城市基础细胞的社区自然受到更多的关注，社区保障成为人们关心的问题[③]。20 世纪 70 年代以来，西方发达国家社会保障制度出现了诸多危机，政府公共部门办理各种社会福利的模式受到了挑战与质疑，各国和地区纷纷对社会保障制度进行了不同程度的调整和改革，有的国家对原有社会保障制度进行局部调整，有的国家则打破原有社会保障模式的限制，对社会保障制度进行大规模改革，尽管西方各国对社会保障制度调整和改革所采取的措施与手段有所不同，但是都有这样一个共同特征，即

---

① 徐永祥．社区发展论［M］．上海：华东理工大学出版社，2000：208－209.

② 韩秋红，李百玲．社区社会保障之路［J］．长春市委党校学报，2002（2）：56.

③ 郭文臣，陈树文．社区保障功能的再认识［J］．大连理工大学学报（社会科学版），2003（1）：71.

更加重视发挥社区保障在推动整个社会保障体系建设中的突出作用，人们发现政府不应该是福利的唯一提供者和责任人，市场可以参与，社会也应该参与，特别是社区和公民的作用不可忽视，是其他部门不能替代的，参与主体多元化、福利市场化、志愿化、社区化显示出了更大的活力和发展潜力。20 世纪末，吉登斯（Anthony Giddens）从“第三条道路”的角度出发呼吁进行社区建设，其目的之一就是期望利用社区的作用弥补福利国家的不足①。

二、社区与社区保障的关系

社区一词源于拉丁语，意指“共同的东西”和“亲密的伙伴关系”。社区这一概念最早是由德国著名社会学家滕尼斯（Ferdinand Tnnies）首先提出的②，滕尼斯认为纯粹社会学的基本形式是社区和社会，社区首先建立在血缘关系基础上，然后是邻里和朋友关系等有亲密感与毋庸置疑的连带关系，社会是区别于社区的，社会的人们之间相互分离，而社区可以是氏族、村庄等，而城市、国家、工业更接近于社会。

1984 年费孝通先生对社区的表述为，社区是若干个社会群体或社会组织在某一地域里形成的一个在生活上相互关联的大集体。郑杭生认为，社区是进行一定活动、具有某种互动关系和共同文化维系力的人类生活群体及其活动区域。袁方在 1990 年也指出，社区是由聚集在某一地域内按一定社会制度和社会关系组织起来的、具有共同人口特征的地域生活共同体③。可以看出，社区这一概念并不统一，但是滕尼斯所言的几个基本要素依然清晰可见。2000 年 11 月，中共中央办公厅、国务院办公厅转发的《民政部关于在全国推进城市社区建设的意见》对中国的社区的定义为，社区是

---

① 王思斌．充分发挥社区在社会保障中的作用［J］．劳动保障通讯，2002（3）：34.

② 滕尼斯．共同体与社会——纯粹社会学的基本概念［M］．北京：商务印书馆，1999：56.

③ 夏学銮等．社区照顾的理论、政策与实践［M］．北京：北京大学出版社，1996：52.

居住在一定地域内人们社会生活的共同体。王颖指出，社区必须具备几个基本构成要素，即地域性，公共联系纽带，持续的、亲密的首属关系，从这些基本要素出发，可以认为社区首先是一个规模较小的地域性居住单位，如通常所说的邻里社区。其次社区是具有一定时间连续性的社会组织单位，一个社区的形成，不仅仅意味着一组建筑群，一个人群，小区并不等于社区，只有居住其间的居民形成了紧密的互动关系，正式、非正式组织以及活跃的居民参与公共事务程度并达到一定的自主度，一个小区才是一个社区。最后，社区是一种共同意识和一种秩序，即指人们基于某种相同或相似的理念，形成自己独特行为规范、公共道德准则和互动模式的组织结构。

简单地说，社区就是具有地域性的利益共同体。社区概念是以共同体为基础的，共同体包含着社区。滕尼斯指出，共同体与社区是人类群体生活的两种结合类型。而共同体是一种自然形成的，以习惯性强制力为基础，基于血缘、地缘等集体纽带的一种人们意志的统一体。

秦晖①认为西方公益事业和社会福利带有明显的共同体性质，传统的大共同体（国家）的束缚——保护纽带成为福利活动的基础，进入近代化过程后，传统大共同体解体，小共同体发展起来。其福利功能一部分由新兴的国家机器承担；一部分由市场交易的营利部门提供；一部分由第三部门提供，即福利事业的共同体基础逐渐为“国家＋市场＋第三部门”所取代。中国公益事业和社会福利发展与西方社会有着明显的区别，秦晖②认为中国自秦汉以来的社会并非滕尼斯所讲的那种以个人为本位的社区，基于地缘、血缘等自然形成的小共同体（社区）也并非西方那样发达。而是中央集权国家下无数小农的个体家庭直接作为“编户齐民”隶属于皇权及其下延权力组织（吏权），于是在微观层面上，中国缺乏强固的小共同体纽带，即缺乏“社区”意识。秦晖③总结中国共同体公益发展时指出，我

---

① 秦晖．传统十论［M］．上海：复旦大学出版社，2003：143.

② 秦晖．1998—1999：大共同体本位与传统中国社会［J］．社会学研究，1998（5）：46.

③ 秦晖．传统十论［M］．上海：复旦大学出版社，2003：152.

国传统时代在国家组织早熟、严密控制下，民间公共生活并不活跃，共同体公益不发达，这与传统中国大共同体压抑下“伪个人主义”有关。这导致中国当下的社区保障，一方面，在城市公民文化、公民意识推动人们参加第三部门活动，但由于体制的制约，这些活动带有明显政府的影子；另一方面，在农村社区出现了许多民间互助组织乃至宗族复兴现象，为农民提供相当一部分保障，但它们并未建立在公民意识的基础上。

随着中国的产业结构调整、社会转型及去单位化，原来由国家或单位承担的相关社会功能被释放到城市社区，社区的社会功能应及时迅速扩张。社会保障作为一种社会功能，被中央和地方政府引入到城市社区。社区实质上已经承接的社会保障功能有：①劳动与就业服务：为失业人员进行登记，为下岗职工、失业者及新增就业人员提供就业服务。②实施最低生活保障制度：接受社区居民最低生活保障津贴的申请并对其资格进行鉴定，受托发放最低生活保障津贴。③计划生育及残疾人保障服务。④离退休人员管理：目前正在从只负责离退休人员原来所在单位与社区的协调工作向直接管理过渡，即将离退休职工的档案关系从原单位转移到社区，与此同时，按照费随事转的原则，政府拨给原单位的职工活动经费也转给社区。⑤司法服务：为社区居民提供社会保障方面的司法咨询，街居两级还承担着对老人的社会福利服务，以及社区环境、卫生、文体、教育、治安等方面服务。

第三节　社区保障的实践与创新

一、社区保障的实践

我国 20 世纪 80 年代以前，社会福利大多体现在单位的福利保障，80 年代后，社区保障这一概念在社会保障职能的分化的过程开始出现。1986 年，随着市场经济体制改革加速和社会保障制度开始建设，单位福利的模式开始逐步向社会保障模式转变。1986 年全国人大通过的《中华人民共和国城市居民委员会法》提出居民委员会应该开展便民便利的社区服务活动，这是第一次在法律条文中引入“社区服务”的概念。1987 年，民政部在城市基层开展以困难对象为服务主体的社区服务，在城市管理中第一次引进社区这一概念。1991 年，社区建设这一概念由民政部提出，全国各个城市中开始广泛开展社区建设活动，不到一年的时间里，全国七成的街道办事处都有了社区服务。1993 年，民政部等 14 个部委联合发布了《关于加快发展社区服务的意见》。1994 年，党和国家领导人高度重视民政部联合中国社工协会在全国范围内开展的评选表彰优秀社区服务志愿者活动。1995 年，民政部颁发了《全国社区服务示范城区评审办法》和《全国社区服务示范城区标准》，1996 年，在南京召开创建示范城区工作的专题会议，南京市玄武区等多个城区创建全国社区服务示范城区的优秀经验得到了推广。1998 年，国家机构改革，国务院赋予民政部指导社区服务管理工作、推动社区建设的职能。1999 年，民政部开始发起“全国社区建设实验区”工程，先后选择了 26 个城市社区进行社区建设试点，积极探索社区自治的思路和对策。2000 年，中共中央办公厅和国务院办公厅正式转发了《民政部关于在全国推进城市社区建设的意见》，提出由地方党委和政府领导，民政部门牵头，有关部门配合，社区居民和社会力量广泛参与的新的社区建设工作体系，明确了社区建设的指导思想、主要内容、目标任务和基本原则。2002 年，民政部在吉林省四平市召开全国社区建设现场会，提出以社区为平台、社区组织为依托、信息技术为手段，整合城市民政工作。由此，社区在原有的职能基础上，开始针对居民提供基本生活、咨询、邻里互助、就业培训、志愿者和困难救助等多种服务，社区保障进入政府主导下以社区自治为核心的“国家 + 市场 + 第三部门”阶段。

社区蓬勃发展的过程中，社区保障的内容和功能也逐步扩大。1999 年国务院颁布施行了《城市居民最低生活保障条例》，为困难群体提供最基本的生活保障，社区主要负责低保人员的申请、鉴定、发放城市最低保障金，对全体低保对象实行动态管理，邻里互助制度也在一些社区开始建立起来。社区保障还提供了多种多样的福利服务，应对现代家庭功能的弱化，比如，以社区为依托开展居家养老服务，社区还根据广大居民群众的需要，开展了以困难社会群体为对象的互助活动。在社会保险方面，社区及时掌握和反馈离退休人员、下岗人员以及工伤和生育者的具体情况，有些社会保险金直接由社区代为发放。在优抚方面，通过开展拥军活动，设立残疾人服务站点等。在社会福利方面，社区对于有工作能力的社区残疾人员和无业人士进行登记管理，为他们开展技能培训活动，积极为他们增加就业机会等。如上海市普陀区长寿街道2001年已有各类民间组织227个。南京市社区民间组织2006年已经发展到3.9万多个，其类型主要集中在文体活动、社区维权、社区服务和社区救助等几大方面，如居家养老中心、残疾人服务社、民办养老机构、法律服务站、脑瘫儿童康复机构、插花协会和青少年篮球俱乐部等，这些第三部门能够有效地缓解就业压力，帮助社区居民排解矛盾纠纷，解决实际困难和缓解社会冲突，被认为是和谐社会的“活细胞”。

可见，我国社区保障正经历一个从无到有、逐渐发展成熟的过程。

二、社区保障的创新

（一）社区保障的官办民助性质

国外社区保障大多体现出强烈的官办性质，具体的运营则交付到民间力量的手中，政府负责出资，有的地方政府全权负责，有的地方政府负责大部分资金，其余资金由社会筹集得来，由于西方国家福利水平普遍较高，在20世纪70年代发生的福利危机中，政府注意挖掘社会力量从事保障工作，从而减轻政府的负担，然而即使经过这样的改革，发达国家依然是由社区负担着社区资金的主要来源，它的财政主体的这一性质没有任何变化，政府只是注意充分利用社区已有的资源，将可能的服务放到资助对象所生活的社区当中。

日本非常注重非营利组织在社区保障方面的作用。欧美的非营利组织大多依托大型基金会，规模庞大，相对而言，日本的非营利组织的特点是小规模和贴近民生，这些组织大多自发形成，在社区活动中十分活跃，这种模式已经为广大居民所认同，在居民日常生活中扮演了重要角色。其可划分为四种类型，前两种为政府助手型和社会福利协会型，是政府福利提供体系的重要补充形式，半官方的性质较显著，政府的资助是其主要的资金来源，根据政府的意图来确定提供的福利服务项目，尽管政府决策性占较大因素，但其公益性却不可忽略。第三种是社团组织经营型，资金在很大程度上依靠组织成员的集资，同时也部分接受政府资助和社会捐助，由于它的财源一部分是收集会员的会费所得，因此相对来说，它的社会公共性较弱，组织内部成员构成主要的服务对象。第四种是居民互助型，即那些生活在一起的民众自发形成社会福利服务供给体，也就是居民互助型组织，它是适应社会需求变化出现的一种新形式，营利不是它的目的，主要是为了传达居民之间的互助精神，营造良好的、民主的社区生活环境，它的主要经济来源是政府补贴。社会资助以及无偿的志愿服务等。近年来居民互助型组织发展得非常快，因为它具有成本小、亲情深、能够满足居家养老需求的特点。后两种社区组织的独立性和自主性均高于前者。以上四种社区福利服务各有特色，它们形成了覆盖整个日本社区服务的重要网络，其中有80%的社区养老服务是由它们提供的，这些非营利组织是日本养老福利服务的主要力量。

（二）社区资源多元化

国外的社区除了政府对社区的资助外，其他方面的资金也十分充足，同时注重发掘社区内的资源。以美国为例，其社区资金来源主要有四个方面，首先是来自联邦政府的支持，联邦政府对社区的资金支持是比较慷慨的，每年政府通过各种渠道大约提供26亿美元用于社区发展。其次是地方政府——主要是州政府的支持，州政府成为美国社区的专门机构——社区发展公司最重要的支持。再次是基金会的资金支持，福特基金会在20多年的时间里，提供了大约1.7亿美元的资助与贷款给社区发展公司，还资助了一批提供技术支持给社区发展公司的国家和地方组织。最后是宗教组织支持，教会和国家宗教委员会定期为社区筹集资金。另外在美国，企业也积极主动地参与到社区建设中，成为社区建设的一支重要力量。

（三）社区保障服务的专业化

社区保障服务的最终落脚点是社区工作者的实务工作，因此社区工作者的素质决定了社区保障的最终执行效果。加拿大要求社区保障的实务工作者具有较强的综合素质以及专业化的工作技能。首先，社区保障的实务工作者必须具有综合性的能力去充分挖掘社区的资源，把社区居民组织起来以保证社区资源能够被充分地挖掘和加以运用。其次，社区工作者服务领域从养老、教育、医疗保健、社区发展到社区活动组织等，这要求工作者的角色多样化，不仅是服务的提供者，还具有规划、管理、组织的角色，社区工作者的综合素质和工作能力在很大程度上决定了社区工作的实践成效。

以日本的社区养老服务为例，第二次世界大战以后日本经济经历了一段时间的飞速发展之后，陷入了长期的滞胀阶段，同时日本也是全球老龄化进程最快、老龄人口比例最高的国家。为此，日本政府建立了以年金—医疗—护理为核心的老年福利体系和以家庭养老为中心、以社区老年服务为补充的老年服务模式[①]。社区充分利用各种资源为老年人提供各种综合性的服务。这些服务主要包括：上门服务，社区派出不同类型的社区服务人员到行动不便的老人家里进行走访，提供生活照顾和医疗服务等；白天服务，即对于那些行动不便、身体虚弱或患有身体障碍的老年人，社区人员可以在白天把他们接到社区服务设施，照顾饮食起居，开展功能训练，进行健康检查和生活心理指导，开展娱乐活动，晚饭后将其送回家中；短期留宿服务，对于那些护理者暂时无法护理的老年人，让他们短时间入住设施并接受生活协助等，还包括为临终前的老人提供临终关怀等服务；老年保健的咨询和指导服务，社区都建有老年人综合咨询中心，全天候解答老年人及其家属的问题，同时还通过热线电话和专人接待的方式，开展健康指导和咨询工作；为了充分发挥老年人的能量，增加他们社会活动的参与度，还建立了老人俱乐部。这些措施都充分地体现出日本社区服务设施

① 阎东彬．日本社区老年服务制度对我国的借鉴［J］．改革与开放，2008（8）：34.

建设的完善以及服务项目的专业化。

三、我国社区保障存在的问题

（一）行政化的社会保障运作范式的缺陷

目前正在我国城市社区形成的社会保障范式，功能上是政府职能的下延，组织上依托政府支持下的新事业单位，服务形式上以行政化服务为主。因此，这种范式运作的最大缺陷，是资金来源和资源运用均局限于政府体制之内，社会效益和资源利用效率不高。撇开政府责任的视角，从可能为社区提供资源的社区各类主体的角度看，无论企业、居民或其他社区组织尚未给社区提供他们所拥有的资源。国有企业、私营企业、三资企业，均没有向所在社区投入资源的意识。若干年前，国有企业附设的福利设施要向社区开放的社会呼声很高，但是随着近年国有企业的萎缩，企业福利设施大都倒闭，少量未倒闭的已经独立为新企业，致使企业与社区的这类联系也减少了。

同时，社区居民对社区的关注仅仅停留在休闲层面即自愿组成文体活动队等，并未投入社会福利、社会保障事业。尽管在政府免税政策鼓励下，在社区内组成了一些非正规劳动组织，不过这类组织被政府、社区和其本身仅仅视为经济性质，并没有发育社会福利与社会保障方面的功能。同时，在那些无法得到市场价格回报的社区公共服务或准公共服务方面，除了政府组织的事业单位或政府提供津贴的公共岗位之外，没有产生志愿性的社区组织提供或生产这类服务①。社区居民对社区保障也缺乏参与意识，社区保障应采取群众自愿、民主自治模式，但是目前社区居民参与意识不足，参与程度比较低。

（二）社区难以承载社会保障供给和传递功能

以居委会为社区边界无法承载社会保障操作系统的各项功能。居委会

① 杨团．社区公共服务的经验研究［J］．管理世界，2001（4）：21－24.

是我国城市中行政指令可抵达的最小的居民居住区。以居委会为社区边界，实施现行社会保障运作范式，主要是因为在收集与控制居民信息方面，居委会具有其他任何机构所不可替代的优势。

尽管居委会可以承担社会保障项目的某些核查功能，却缺乏与社会保障项目的规模效益相适应的组织和提供社会保障服务供给的资源与能力。社区提供社会保障服务的条件受到一定限制，主要是由于资金、设施不足和工作机构不健全决定的。社会保障服务离不开资金投入，目前我国社会保障服务资金主要来源于国家资助、社会捐助、有偿服务收入三个方面。由于国家和地方财政投入少，单位和个人向社会公益事业捐助能力有限，社区经营性收入基本没有。因此社会保障服务设施比较简陋，不能完全满足社区居民的需要。

（三）社区保障难以有效整合社区资源

社会保障体系与社区建设体系之间，是纵向与横向的关系，作为纵向体系的社会保障，如果不能与横向体系的社区建设找到适当的接口，就难以形成可持续成长的态势。社区中的社会保障操作大都是社保部门下达指令，未列入中央政府的全盘规划，这不利于操作的规范化和系统化。

对于社区建设体系，社会保障制度是相对成熟的系统和规范的制度，社区作为社会保障制度的实施场所，必须满足社会保障制度提出的实施要求和操作规范。但是，现行的规范的社会保障制度本身，不可能向社区提出改进社会保障目标和方式的需求。只有社区自身在运作社区建设的同时，才有可能不断发现新的社会保障需求和创造更适应社区自身的社会保障范式①。

面对社区的社会保障需求，应打破千篇一律的社会保障范式，创造适应社区居民需要的社区化的社会保障项目和操作方式，才属于社区这一社会主体对社会保障模式可能提供的积极而又富有成果的补充性的辅助作用。社区化的社会保障区别于现行体制的体制特征，是在现行社会保

---

① 杨团，葛道顺．社区公共服务社：消除边缘特性的社会政策研究与应用［J］．社会评论（2001年冬季号）：42.

障制度的总目标和操作目标下，给予社区根据自身的需要构建补充保障项目和选择操作方式的权利，推动社区自行调集配置各种资源，形成由政府、企业和非营利组织共同参与的社区合作机制，提供社会保障补充项目的供给①。

杨团②认为目前社区保障是中国社会保障体系的依托地和运作平台，从长远看，社区可能成为具有自我构建能力的社会保障制度的又一主体，即形成对社会保障主干制度具有重要补充作用的形态各异的社区化社会保障新范式。这一新范式能否最终形成，关键在于：第一，政府能否明确界定社会保障的社区界面，建立规范化的社会保障社区操作体系；第二，能否从整体上冲破现行的社区建设与社区发展的行政模式，培育具有社区意识、维护社区利益的社区组织，发展社区公共服务，发育社区经济。近期可行性建议是，依托国家的力量，区或街道委员会应建立具有权威性的统一的社区保障委员会，统一领导和规划安排社区社会保障工作，统一信息收集，统一申报批准，统一基金管理，统一标准待遇，统一给付发放。街道一级以社保机构为中心的各种社区社会保障项目归口统一领导，一个网络覆盖，一个基金托底。街道可以建立一个集职业介绍、就业指导、岗位开发、保障托底、社会救助、中介服务、信访接待、志愿服务为一体，信息上岗，服务联网，管理统一的社会保障服务中心，集中办理涉及社会保障的有关事务，将再就业工程、社会保障、社区服务有机结合，为社区成员提供“一站式”服务。

社区保障建设，既是社会主义市场经济发展的必然要求，也是从我国国情出发，完善社会保障体系的一项重要内容，应不失时机加快探索，逐步建立。

---

① 杨团．中国社区化的社会保障与非营利组织［J］．管理世界，2000（1）：22.

② 杨团，葛道顺．中国城市社区的社会保障新范式——大连与杭州社区个案研究［J］．管理世界，2002（2）：57－59.

第二章　劳动保障概述

劳动保障的目的是保护劳动者的基本权利，维护用人单位与劳动者之间的合法的劳动合同关系或劳动用工关系。而劳动法通过劳动基准制度、劳动合同制度、劳动监察制度等法律制度，构筑起保护劳动者权利的维权网络。《中华人民共和国劳动合同法》、《中华人民共和国就业促进法》、《中华人民共和国劳动争议调解仲裁法》是我国出台的关于劳动保障的三部法律，它们分别在2008年的1月和5月开始正式施行。这三部法律的制定和实施使我国的劳动保障体系得到了深层次的补充和完善。紧随这三部法律的出台，2008年的9月，《中华人民共和国劳动合同法实施条例》出台，这一条例是以贯彻实施《中华人民共和国劳动合同法》为目的的，使《中华人民共和国劳动合同法》在操作性上更强。翁晓霞[①]认为在全球的金融危机的大背景下，在国家社会就业格局发生重大变化的条件下，劳动关系也随着现实情况的变化发生着巨大的变化，我国社会劳动关系的各种矛盾进一步加剧。毛新春认为我国劳动保障制度存在一些问题，比如就业矛盾尖锐，人口老龄化的压力很大，劳动者职业技能总体水平偏低，劳动关系向多元化的趋势发展，协调劳动关系的任务也变得繁重起来。这就使得有必要完善我国的劳动保障法律、法规体系，促进保障人民的劳动权利和劳动利益。

第一节　劳动保障相关理论

一、劳动保障概念

（一）劳动保障

劳动保障是指国家为了保护劳动者的基本权益进而所采取的一切措施

---

① 翁晓霞．再谈中国劳动保障法律、体系的完善［J］．辽宁行政学院学报，2010（4）：54－55.

和行为的总和，包括制定的法律以及制度。劳动保障的目的在于保护劳动者的基本权利，维护用人单位与劳动者之间的合法的劳动合同关系或劳动用工关系，确保现代生产和市场经济运行的稳定性和安全性。

（二）劳动保障的主体

劳动保障的主体分为两类，第一类是指劳动者作为独立的个体，享受独立人格、法律地位和物质利益的保障；第二类是指用人单位，这也是劳动保障主体的一部分，也享受法律地位和物质利益的保障。也有人认为应在劳动者一方加上工会，作为签订和履行集体合同的必不可少的当事人。但对工会以什么样的法律身份加入劳动关系当中，尚存在较大的争论。

（三）劳动保障的内容

劳动保障包括三方面的内容：一是主体的独立人格；二是主体的法律地位；三是主体的物质利益。主体的独立人格是获得法律地位的前提，而独立的法律地位又是实现物质利益的前提。劳动保障首先要确立和维护劳动者与用人单位的独立人格和法律地位。劳动者要独立于国家、独立于资本、独立于其他任何人，成为能够自由支配自己劳动力、享有自主择业权的主人；用人单位要独立于国家、独立于其他单位，成为能够自主经营，拥有用工自主权的市场主体。劳动保障其次是要保障主体的物质利益。维护主体人格和法律地位的目的是为了实现与保障主体的物质利益。

（四）劳动保障体系建设内容

劳动保障体系分为四个部分，即核心制度、激励制度、约束制度和完善制度，共同构成一套完整的劳动保障体系。核心制度归纳为生存权和发展权两类，其作用在于维护和保护劳动者的基本权益；激励制度建设的作用在于调动保护劳动者的基本权益的组织和个人参与劳动保障的积极性；约束制度建设的作用在于对政府和社会在劳动保障缺位方面的监督；完善制度建设的作用在于随着国家社会经济的发展，政策环境的变化，对劳动保障制度进行调整、补充和完善。

（五）劳动保障体系建设的主体

劳动保障体系建设的主体包括三个方面：政府、社会组织和劳动者本身。政府是劳动保障体系建设的主要参与者，其通过对劳动保障相关法律、法规的制定执行来保障劳动者的权益；社会组织在劳动保障体系建设中发挥着执行者的作用，贯彻执行国家、政府制定的劳动保障的法律、法规，使劳动者的权益保障能够落到实处；劳动者本身是劳动保障的权益的直接受益者，在劳动保障体系建设中，最终的目的就是要使劳动者的权益得到保障，只有在劳动者的权益得以保障的前提下，劳动者的工作积极性才能调动，才能发挥人力资源的作用。

二、劳动保障相关研究

（一）劳动权益保障研究

国内学者对劳动权益保障的研究倾向于对农村进城务工的劳动者以及农民工的劳动权益得不到有效保障方面。在对农民工劳动权益保障的研究上，汪政杰认为农民工在民主管理权、劳动就业权、获取劳动报酬权、职业安全权和社会保障权上劳动权益受到侵害，并且分析其原因，提出了完善农民工劳动权益保障的政策思路。在对组织社会责任与劳动者权益保障的研究上，张晓阳、李岩[①]认为组织社会责任问题在我国还没有全面展开和落实，而我国的劳工保护在立法和司法层面都存在很多问题，迫切需要组织社会责任的推行。

（二）劳动保障监察制度模式研究

劳动保障监察制度的综合型模式特点是劳动保障监察部门有着很大的权力范围，凡是涉及劳动保障监察的所有事项都可以囊括到劳动保障监察部门的职责权限中，并且是由中央直接管辖和隶属。权力集中，权限范围

---

① 李岩．西方社会保障思想的经济学脉络分析［J］．经济师，2011（4）：44－45.

大，对劳动者的保护力度也大。这种模式主要是法语和英语非洲国家、西班牙语国家采用。日本劳动标准监督实行中央直辖型的纵向管理体制，劳动省下设劳动标准局，它拥有广泛的责任并直接对部长负责[①]。这一模式的机构设置对于我国劳动保障监察部门的机构设置有着重要的启示。劳动保障监察制度的联邦制模式，大多数是在联邦制国家所采用，如美国、加拿大、澳大利亚、德国等国。其劳动保障监察制度有着相似点，劳动保障监察部门在省一级或联邦一级有专门的机构负责，在地方或在各州，虽然也设有独立的劳动保障监察机构，但省级或联邦级的负责大部分工作，并且对地方和各州的工作实行监督。比如美国在联邦设立的职业安全卫生署负责职业安全卫生，并监督州独立设立的监察机构。这种模式是以国家性质所划分的。各个联邦制国家对于省或者州级的劳动保障监察部门的职责权限的划分还是不能一概而论，但普遍涵盖广泛的监察职责，不仅包括职业安全卫生，而且包括其他有关劳动者权益的事项。

（三）劳动技能培训研究

职业技能培训是实现充分就业的重要途径，以下以美国为例介绍其政府公共就业服务政策。美国公共技能培训立足于加强高技术人才的培养，第二次世界大战结束后，公共就业培训政策经历了“有限政府理论”、“企业化政府理论”、放松规划治理的演变过程。美国政府公共就业培训开展得较早、重视程度较高，具有培训内容全面、针对性强、符合劳动力市场需求、法律机制健全的突出特征。另一大特色在于培训主体的市场化、多样化，培训机构包括政府、企业、个人多种主体，市场化程度高，通过在培训学校之间引入竞争机制，提高了办学质量，同时也减轻了政府的财政负担。经过多年的发展，公共就业培训取得了可观的成就，使高学历、高技能人才比率大幅提高，培训机构培训的学生就业率不断提升。职业技能培训强化了劳动力技术素质，有效缓解了就业压力。具体措施包括：制定各种法案，以法律的形式动员全国力量加强职业培训；改革培训管理体

---

① 陈玉萍．国外的劳动监察制度［J］．中国劳动保障，2010（5）：61.

制，调动私人企业和社团参与的积极性；注重时效，实行多种形式的培训；探索企业与学校相结合，实行半工半读培训方式。

（四）就业保障研究

近年来，发达国家政府在肯定非正规就业对于降低失业率的贡献的基础上，采取了诸多有效促进非正规就业发展的政策措施。如法国通过各种政策不断鼓励用人单位减少雇佣全日制工人，积极拓展各种非正规就业方式，以最大限度地安置失业人员，如非全日制就业、临时就业、小时劳务与钟点工等。法律中还规定，企业配置全日制就业员工时要优先考虑提出改变就业方式的非全日制就业劳动者的要求。德国将促进非正规就业与青年就业计划结合起来，如果企业让55岁以上员工在退休前10年转为非全日制员工，并将由此空出的工作安排给实习生或其他求职者，联邦政府将给予企业转变就业方式的劳动者工资的20%作为补助。另外，联邦政府还通过积极立法的方式来保障非正规就业的发展。如《就业促进法》规定，雇主不得以就业方式为由，将非全日制就业者与全日制就业者区别对待；《报酬继续支付法》规定，非全日制就业者有权申请带薪休假；《单位组织法》规定，非全日制就业者同全日制就业者在企业民主管理中享有同等权利，在企业委员会中有选举与被选举资格。英国通过修订《禁止性歧视法》、《雇佣关系法草案》、《雇佣保护法》等，将“对不合理解雇的申诉权资格”、“享受40周延长产假资格”中要求两年连续工龄改为一年，并把除自营就业外的所有劳动者都纳入到《雇佣保护法》的保护范围，有效地促进了非全日就业与全日制就业平等待遇的落实。

（五）我国劳动保障的实践——“上海模式”

基于就业形势的日趋严峻及扩大就业的迫切需要，上海市政府于1996年率先引入非正规就业的概念，并结合具体实践进行了改造，提出具有上海特色的“非正规就业劳动组织”，使其在拓宽就业渠道、构建就业托底机制方面发挥了积极作用，成为维护社会稳定的有效就业方式，取得了重大成效，被国际劳工组织誉为“上海模式”。其成功之处在于政府作用的强化，政府政策的支持成为关键因素，政府在促进非正规就业形成中发挥了不可替代的作用，这与欧洲等国家或地区的灵活就业模式有着显著的差别，探索出了具有中国特色的非正规就业发展道路，值得借鉴。

通过国际经验及区域比较分析，我们可以看到，随着经济增长与高失业率并存的特点日益突出，加强政府作用、强化宏观调控已成为普遍的政策方式。首先，要适应区域经济社会发展的需要，协调各个利益群体的关系，加快就业体系政策的制定，改变就业政策事后性的缺点，变被动政策为积极地促进政策，力图做到全面、系统、前瞻。其次，拓宽就业政策的覆盖面，从困难群体覆盖到全体社会成员，从单项的社会救济拓展到全部劳动就业保障。最后，强化各项政策之间的协调性，突出就业政策的群体效应，政策制定时广泛吸纳各个群体的意见建议，给予就业困难群体一定的话语权，信息披露公开透明。

第二节　我国劳动保障的历史沿革

随着生产力的发展，20 世纪中叶起，中国逐步由传统、封闭的农业社会向现代、开放的工业社会转轨。工业化大生产逐步取代了传统农业生产而占据经济发展中的主导地位，与农业生产相适应的宗族保障机制由于劳动力的较大范围流动失去了原有功能，随之而来的是原子化个体面对社会化大生产遇到疾病、年老、失业、工伤等特定事件的无助，个人风险必然会演变为群体风险，进而形成社会风险。因此，新中国成立之时党和政府以列宁的国家责任理论为依据，借鉴苏联的经验，建立了国家保障、城镇单位保障和农村集体保障相结合的劳动保障制度，在保障困难群体基本生活的基础上，解除了劳动者的后顾之忧，为经济的较快发展创造了良好的制度支持环境[①]。

---

① 陈华．“相对弱资本”和“绝对弱劳动”格局下的浙江劳动保障［D］．浙江大学硕士学位论文，2010：8－11.

一、计划经济背景下的劳动保障

（一）“统筹分配”的劳动保障制度

所谓统筹分配就是国家把城镇所有的劳动力统一分配给全民所有制和集体所有制用工单位，以固定工的形式，使劳动者与企业保持固定的劳动关系。城市职工的劳动保障实行由国家财政提供保障的制度。而农村的劳动保障，限于财力，主要由农村和集体经济加以解决。

由国家扮演着社会保障制度的确立者、保障者的角色，再由国家和单位共同扮演着社会保障的供给者与实施者的角色，国家与单位相互依存，共同承担责任，而社会成员则被分割在各个单位（在城市是各种机关、事业单位和企业单位，在农村则是人民公社和生产大队或小队等集体组织）并与所在单位构成不可分割的关系，享受着相关的社会保障待遇，是一种典型的国家—单位保障制度。从积极方面来看，这种制度保证了我国经济建设对劳动力的需求，使劳动力得到充分运用，促进了社会和经济的进步，提高了劳动者家庭收入，对社会成员可能遇到的各种风险发挥了很好的保障作用，虽然计划经济时期的劳动保障水平比较低，但制度设计相对完备，相关社会成员都可以从劳动保障体系中获得帮助。但是其消极作用也是显而易见的，主要表现在这套制度限制了劳动者创造就业机会的积极性，也限制了企事业单位根据自己的需要选择劳动者的主动性，人为地使劳动力的供给与需求脱节，使劳动力资源得不到优化配置，从而影响了社会和经济的发展，还形成了就业与社会保障的“大锅饭”。国家、单位和职工个人利益的高度一致性，使得企业演变为负责职工及其家庭成员生、老、病、死的一个职工大家庭，这种单位就使得我国的企业文化具有传统宗族保障的文化特色。

“文化大革命”时期，负责劳动保险事务的工会陷入了瘫痪状态，劳动部门的作用受到了削弱，政府已经无法有效地掌控劳动保障事业的发展。作为劳动保障事业主体的劳动保险停止运行，劳动保障逐步演变为单位保障制度，进入自我封闭的单位化阶段。“文化大革命”不仅使劳动保障制度几近毁灭，更使得中国传统的互帮、互助、互济的“仁爱”观念受到严重冲击，劳动保障文化从根基上受到了侵害。

（二）“三结合”与“四项规定”摸索改革中的劳动保障制度

20 世纪 80 年代的改革开放试点时期，我国仍然维持并巩固着国家—单位保障制模式，这一阶段的主要工作是为了解决历史遗留问题和恢复被“文化大革命”破坏了的退休制度等，尽管个别地区在劳保医疗、退休费等方面进行了改革试验，但并未触动国家—单位保障制度的根基。

但是进入 80 年代后，我国面临严峻的就业形势：下乡知青落实政策回城以及每年大中专毕业生等累计 4500 万人需要安排就业。为了扩大多渠道就业，政府在 1980 年 8 月提出了“三结合”就业方针：在国家统筹规划和指导下，实现劳动部门介绍就业、自愿组织起来就业和自谋职业相结合。如此一来，以公有制为主体多种所有制并存的混合所有制开始出现，市场作为一个概念开始流行；国家不再包揽所有公民的劳动保障，一个依赖国家和集体的新的劳动保障形式开始出现，开阔了建立新的劳动保障体制的视野。

1986 年六届人大四次会议通过的《国民经济和社会发展第七个五年计划》，首次提出了社会保障的概念，明确规定国营企业用劳动合同制取代计划经济时期的“铁饭碗”，而且规定了合同制工人的退休养老实行社会统筹并由企业与个人分担缴纳保险费的义务；同年国务院发布了《国营企业实行劳动合同制暂行规定》和《国营企业职工待业保险暂行规定》，虽然在当时并未成为真正有效的失业保险制度，但它确实是为了满足企业破产和职工失去工作时对失业期间生活保障的需要，并希望借此推进劳动力的市场化和人的社会化，从而具有明显的制度重构与制度创新的象征意义。在这些文件的基础上，国务院作出了打破“铁饭碗”和“大锅饭”的“四项规定”：企业新招的职工实行合同制；企业招收员工要面向社会公开招聘，全面考核，择优录取；对职工实行待业保险；企业可以辞退违纪职工，同时成立劳动服务公司和建立劳务市场。

“三结合”和“四项规定”对企业用工形式进行了改革和完善，破除了固定用工制度，使企业可以根据自身需要选择职工。建立劳动力市场使供需双方能双向选择，加速了劳动力的合理配置和流动，使合同工、临时工开始成为我国劳动用工制度的重要形式，打破了“铁饭碗”制度。待业保险的出现，使我国对职工的保险制度由企业保障向社会保障方面发展，为建立与社会主义市场经济相适应的劳动保障体制开了先河。

二、市场经济和全球化背景下的劳动保障

1992 年邓小平同志发表讲话，在改革开放的基础上进一步促进了人们思想观念的解放。党的十四大明确宣布我国经济体制改革的目标是建立社会主义市场经济体制，至此我国劳动保障改革的重点是如何建立与社会主义市场经济体制相适应的劳动保障体系。

1993 年 11 月，中共十四届三中全会通过的《中共中央关于建立社会主义市场经济体制若干问题的决定》，其后，政府加快向现代政府角色转变的步伐，主动退出对经济领域的直接干预，尤其是对国有企业有限度的劳动保障支持；制定和完善劳动保障的法律、法规，为经济发展、社会进步创造良好的法治环境；完善公共服务职能，在稳定社会发展的同时不断提高国民福利水平。在这样的背景下，劳动保障已经从单位封闭的小范围拓展到社会化阶段，单位和个人共同分担缴费义务使得职工对劳动保障制度有了全新的认识，明确了公民个人在劳动保障制度中的权利和义务。1995 年 1 月 1 日起施行的《中华人民共和国劳动法》使我国劳动法制建设迈上了一个新台阶，它填补了我国法制建设的空白，结束了过去仅仅依靠劳动法规性文件调整劳动关系的历史。其突出了对劳动者权益的保护，第一条就提出：“为了保护劳动者的合法权益，调整劳动关系，建立和维护适应社会主义市场经济的劳动制度，促进经济发展和社会进步，根据宪法，制定本法。”

劳动法在维护劳动者的合法权益上，既明确了指导方针，也规定了具体措施，原则性和可操作性相结合，在维护劳动者合法权益方面解决了有法可依的问题，促进了我国劳动保障事业的法制化、制度化的进程。1998 年政府在保留民政部设置的基础上，成立了劳动和社会保障部，并动员民

间力量参与劳动保障事业的发展，推行社会保障事业的社会化。1998 年以来，国务院颁布了《关于切实做好国有企业下岗职工基本生活保障和再就业工作的通知》、《关于实行企业基本养老保险省级统筹和行业统筹移交地方管理有关问题的通知》、《关于建立城镇职工基本医疗保险制度的决定》等。

截至 2002 年 7 月 30 日，我国批准了 21 项国际劳工公约，包括 1990 年 11 月批准的第 100 号《同酬公约》，1997 年 5 月批准的第 122 号《就业政策公约》，1998 年 10 月批准的第 138 号《最低就业年龄公约》等。1999 年 1 月，在瑞士达沃斯世界经济论坛上，联合国秘书长安南提出了“全球协议”，号召公司遵守在人权、劳工标准和环境方面的九项基本原则，从企业内部出发，就是要保障员工的尊严和福利待遇；从企业外部出发，就是要发挥企业在社会环境中的良好作用。国际劳工组织和联合国等机构通过的公约和国际会议对我国的劳动就业和社会保障领域的立法都产生了重要影响。在全球化的背景下，我国一方面要充分利用发展机遇；更重要的是遵循世界惯例，融入国际社会，因此，劳动保障新文化的提出不仅仅是我国国内劳动保障事业建设的要求，而且也是经济全球化发展的趋势和要求。

第三节　我国现行劳动保障存在的问题与对策

我国现阶段由于社会生产力水平还不高，一方面，资方无力解决资本积累与提高雇佣劳动力工资水平的矛盾，为加快资本积累，势必会压低雇佣劳动力的工资水平，一定会引起雇佣劳动者的极大不满，容易引发劳资双方的矛盾激化。另一方面，由于我国劳动力市场还不规范，劳资双方的发育和组织程度均处于初期。劳资矛盾冲突的过程，也是劳资双方利益博弈的过程。重新发现劳动价值、提高劳动者工资、改善劳动条件、重视人才资源的开发、完善民主管理制度等成为劳资力量转化的标志。在劳资矛盾冲突中，双方逐步认识到，只有劳资合作、和谐相处才能实现共赢。劳资双方博弈力量的转化和劳资合作达到互惠互利的目的主要依赖于双方博弈争取均衡的结果，但也离不开社会和政府的调解与协调，尤其在双方博弈力量严重失衡，劳动者处于较弱势地位的时候显得尤为重要。因此，对于现阶段的我国来说，需要一个强有力的政府发挥更多的作用，建立一个完善的利益表达和利益均衡机制，以维持社会的稳定，促进经济和社会的现代化。

一、我国现行劳动保障存在的问题

（一）政府定位偏差

在资本相对具有一定优势地位的买方市场中，政府并没有发挥非市场因素的制衡作用。从理论上讲以社会公益为目标的政府、以雇员利益为目标的工会和以雇主利益为目标的雇主组织是参与劳动保障体系制衡的三方主体。但是劳资关系却呈现出了资本强势的特点，具体表现在：由于各种主观、客观原因，致使政府、企业工会定位发生偏差，实际作为不足。这不但弱化了当地劳资关系调整体制的建立，而且致使资本更加巩固其对于劳动力的相对强势地位。2000 年 11 月在“全国建设企业工会组建工作会议”上中共中央政治局常委、全国总工会主席尉健行针对非公有制企业劳资矛盾的突出问题，尖锐地批评了一些干部只吸引投资而看不到调整劳资关系重要性的错误倾向。会议指出有的党员领导干部存在担心建立工会会挫伤业主的积极性，影响企业发展的“模糊认识”。

政府定位偏差具体表现在，劳动保障制度建设不到位。由于中国经济的高速发展，市场化进程日新月异，经济先行而法律却相对滞后。无论是国家的有关法律还是省级的法规建设起步晚，推行落实更是缓慢，现存的体制不健全，一些过时的条款仍然在执行。另外劳动保障制度执行不严。各级劳动部门的工作人员萎缩，政府对劳动执法力量投入明显不足，劳动执法的权威也没有树立起来，资金和人员的短缺问题非常突出。

（二）劳动保障制度建设不到位

制度建设的运行效果与制度规范性密切相关，基层劳动保障部门就业促进机制制度建设的不规范性突出表现在促进人力资源开发的劳动就业培训制度中，导致面对目前的就业困难局势，劳动者接受就业培训的积极性逐渐降低，用人单位开展在职培训热情不高，基层劳动保障部门因为经费不足等原因缺乏推动职业技能培训的有效手段。对基层劳动保障部门的公共就业培训缺乏规范性、制度性的有效监督，没有独立的监督反馈机构来确保培训的质量，难以保证培训水平的提升、培训项目的不断改进。缺少竞争机制，缺乏对培训后的跟踪调查，没有有效衡量培训对促进就业效果的评估体系。此外，培训机构中还存在管理层次过多、体制重叠、成本过高等诸多问题，机构内部人力、物力管理效率较低，激励机制欠缺，培训项目还有与市场需求脱节的现象，职业培训规划、与就业信息有效衔接等方面还需进一步提高。

随着就业促进法、劳动合同法等法律、法规的相继出台，我国劳动就业立法建设开始进入快车道，为配合就业促进机制制度建设，各地方政府也不断抓紧修改完善法规条例，但有鉴于立法机制的相对薄弱，目前的立法脚步还跟不上就业环境的快速变化，在部分领域呈现出一定的滞后性。

（三）劳动保障制度执行不严

虽然为配合就业促进机制的实施，基层劳动保障部门相继出台了大量社会就业政策，但也因此出现了政策配套性较差、系统性不高、后续保障措施不到位的现象，劳动监察与劳动争议仲裁是维护就业公平制度中的关键一环，应为劳动力市场的完善提供保障作用，然而在各基层劳动保障部门的具体实践过程中，却存在法律立法理念不清的问题，不能有效保护就业者合法权益，不能发挥促进就业公平功能。一方面，法律规定用人单位存在下列四种行为的，劳动者既可以申请仲裁，又可以通过劳动监察部门处理：一是违反劳动保障法律、法规或者规章延长劳动者工作时间的；二是克扣或者无故拖欠劳动者工资报酬的；三是支付劳动者工资低于当地最低工资标准的；四是解除劳动合同未依法给予劳动者经济补偿的。劳动监察与劳动争议仲裁受理范围的交叉，造成了实践中的混乱，是导致行政不作为的根源。另一方面，劳动监察部门作出的行政赔偿处理决定无强制执行权，造成执法力度不够，劳动监察队伍相对薄弱，不利于保护就业者合法权益，易产生岗位流失、失业者不就业的不良氛围。

不严格执行国家工时制度，随意延长工作时间；劳动卫生条件恶劣，职业安全危害严重；违法使用童工；不执行国家最低工资标准，无故拖欠克扣工资等已严重影响劳动关系的和谐稳定。此外，安全生产和职业卫生问题突出，职工的劳动保护权益得不到保障。许多企业不执行国家劳动安全卫生规程和标准，不对工人进行安全卫生教育，不提供必要的安全卫生防护设施和防护用具，导致伤亡事故较多。私营企业忽视劳动安全和生产安全，缺乏最起码的劳动保护条件，侵犯劳动者的生命健康权的情况也很普遍。一些企业主追求经济效益，疏于管理，设备陈旧，对职工上岗也不进行培训，生产上野蛮操作的现象也较严重，缺乏最起码的安全保护措施。一些私营企业主让工人长期在空气严重污染甚至在有毒有害和极不安全的环境下劳动，却无任何劳动保护用具和劳动安全设施。私营企业大多数使用外来劳动力，部分企业对这些工人的食宿管理松弛，脏乱差的状况十分突出。

（四）工会缺乏独立制衡力量

工会的主体身份在法律上是明确的，2003 年下半年全国总工会第十四次代表大会根据《中华人民共和国工会法》第六条，修改了工会章程，确定："维护职工合法权益是工会的基本职能。"工会基本职能的新定位，在总体上强化了工会为职工维权的目标。但现实情况是，工会正面临着不少现实问题的尖锐挑战，企业工会缺乏独立制衡力量。一般企业中工会的地位低，实际作用弱，在企业内部并没有形成制衡机制，一些企业中工会是由业主、二业主等操作。小企业联合工会制度还不完善，其运作效率问题也没有得到很好的解决。大量农民工和转制企业的职工缺乏维权意识，这给政府的劳动执法带来了重重困难。这些情况比较典型地反映了私营企业工会在维权上的乏力。私营企业的劳动争议在企业内部解决得不多，往往进入仲裁。在工会体制内，目前劳动争议主要依靠区域工会组织解决，如乡镇工会，这个比例在上升。在这种情况下，私营企业内部工会的维权行动，劳资双方进行的“集体谈判”的效果是令人怀疑的。

由于劳动力供过于求，大多数劳动者来自农村，缺乏必要的知识、法律意识和组织程度，在劳资关系中处于弱势地位，当自身利益被资方损害时，许多工人表现出惊人的忍耐力。但一旦超出忍耐程度，就会发生劳动争议。但是在劳动争议中，工会维权作用显现得不充分。有相当一部分非公企业没有建立工会组织，大部分进城务工人员没有加入工会组织。

二、提升我国劳动保障的对策

（一）提供公共就业服务，提升人力资本存量

2008年开始实施的就业促进法对建立公共就业服务体系作出了明确规定，基层劳动保障部门作为公共就业服务的实施主体，按照制度化、专业化、社会化建设的要求，大力完善公共就业服务制度，能够对劳动者广泛开展就业政策信息咨询、职业指导、职业介绍等“一站式”服务。

在严峻的就业形势下，以传统的正规就业为主的就业模式正在逐渐被以正规就业与灵活多样的非标准就业二元就业格局所取代。非标准就业具有强大的吸纳劳动力就业的能力，可以在正规就业与失业之间形成缓冲，有效地减轻就业压力，对于我国劳动力市场进一步完善也能够起到重要的推动作用。而我国目前非标准就业的发展速度却因传统观念的影响等因素明显滞后于发达国家，因此，将非标准就业渠道拓展工作纳入到公共就业服务体系中，是保障其快速健康发展的重要途径。基层劳动保障部门在发挥公共就业服务的功能主体作用的同时，可以兼顾扶持非标准就业的发展，转变过去因政府政策偏向造成的对非标准就业劳动力市场的歧视和分割，统一人力资源管理；逐步建立对非标准就业的适度管理体系，维护非标准就业劳动者权益，使其享受与正规就业者同等社会保障待遇，进而保

障非标准就业的岗位持续拓展，提升人力资本存量。

基层劳动保障部门应为促进就业工作的可持续发展提供更加有效的措施。充分利用基层劳动保障部门优势，全方位探索在新的经济形势发展下构建就业促进机制，把劳动保障同促进就业有机结合起来，推动劳动力市场统一、公平发展，必须有完善的组织保障。合理、高效的组织结构是就业促进机制良好运行的基本前提和组织保障。组织结构设置是组织各部分排列顺序、集聚状态、联系方式及各要素之间相互关系的设置模式，组织结构是由按职能目标、权责分配、工作程序设置的各个层级、各个部门、各个职位等所构成的完整体系。组织结构设置受组织规模、管理理念、内外环境、管理体制等因素的制约，同时又要能够保证决策执行的实效与质量，具有相对稳定性。组织结构设置是机制构建的重要组成部分，是对就业服务机构进行有效宏观调控，建立功能完善、结构优化、布局合理的就业服务网络的重要前提。就业促进机制功能的有效发挥，有赖于机构的合理设置、部门职能的明晰。充分发挥基层劳动保障部门组织构架及各子系统的效能，必须理顺部门间职责关系，明确科室责任。

（二）建设基层劳动保障部门就业促进机制的组织信息网络

健全就业信息网络系统，统一人力资源管理。以服务平台为中心，努力解决求职难、招聘难、信息不对称的矛盾，逐步统筹、整合各类就业信息网络，形成统一、规范、便捷的就业信息系统，推动公共服务就业信息平台向基层发展。

建立严格的信息管理制度，做好网络维护，保证就业信息网络正常运行。健全劳动力市场信息公开发布系统，大力收集职业需求信息，建立用人单位空岗报告制度，开通免费信息查询服务，使用人单位和求职者迅速便捷了解供求信息。建立岗位供求状况分析报告系统，及时向社会公布报告结果；探索建立工资指导价位信息。构建覆盖街道、社区的统一职业介绍信息网络，强化职业介绍职能，进一步提升职业介绍工作向制度化、规范化方向发展。探索建立劳动力市场信息网络、职业介绍信息网络与公共就业培训网络的衔接，转变职能，促进政府培训向主动化发展，定期公布劳动力市场供求信息，强化岗位需求信息对公共就业培训的导向作用。做到公共就业培训机构根据岗位需求，适时调整培训项目，同时用人单位通过统一的网络能够了解劳动者详尽的培训信息、技能掌握现状，及时录用适宜的员工，劳动者也可按照劳动力市场信息，自主选择有针对性的技能培训。

基于公共就业三级服务网络，依托街道劳动保障服务中心，设立社区劳动监察工作站，实现劳动监察网络化管理，提高劳动保障监察覆盖面，达到无缝隙覆盖目标，全面保证调整劳动关系、维护劳动者和用人单位合法权益的落实。严格制定分级管理、职责明确的工作制度，建立劳动监察基础信息台账，充分调动保障协管员作用，搭建底数清、使用便捷的信息平台，根据年检信息，建立用人单位基本信息数据库、诚信档案，实行动态管理。

（三）严格仲裁、监察机制，维护就业公平

进一步完善社会保险扩面工作，严格仲裁、监察机制，为稳定就业供给来源、打造和谐公平劳动就业关系提供保障。基层劳动保障部门应认真研究区域内“五险”扩面资源情况，确定社会保险扩面重点，要在完成其他险种任务基础上，将重点放在任务数量大、资源潜力小、工作推动困难的城镇职工基本养老保险、工伤保险和城镇居民基本医疗保险这三个险种上。为了有效地推动扩面工作，实行劳动保障各项工作联动，社会保险扩面工作与劳动保障监察工作相结合，把社会保险扩面工作作为劳动监察的重要工作之一，同时加强与工商、税务、区外经贸委等相关管理部门的联动，相互协调，形成合力，提高工作效率。

发挥劳动监察实现为劳动基准所规定的劳动者最低利益的作用，严厉制裁用人单位的违法行为。基层劳动保障部门的政府行为是实现公平的重要手段，通过完善政策法规、强化劳动监察和劳动仲裁作用的发挥、建立促进就业公平的组织、制订职业培训计划、加大安置服务力度等措施，是营造公平就业环境的基本保证。社会就业体系的构建对象是全体劳动者，因此必须以公平性作为基本理念，使每个社会成员都具有平等的权利，以

公平行为目标，运用各种手段，将政策向帮助困难群体就业和改善困难群体生活方向倾斜，为社会成员提供平等的发展条件，缓解个、群体之间的矛盾，促进社会协调发展。

（四）完善工会制度，建立相对独立工会组织

冯钢[①]认为就我国目前的情况而言，虽然劳动法提倡在劳资之间进行集体协商、集体谈判，但是协商、谈判是讨价还价，它的前提应该是双方力量的均衡，换句话说，工人至少应该有集体退出的权利。作为工人集体斗争的唯一合法组织，工会却存在着一些内部矛盾，因此，工会不能成为工人集体行动的组织者，甚至也不能成为集体行动的象征，因而国家保护工人利益的法律规定经常被忽视甚至违背。他提出，劳动力市场化意味着工会必须是工人自己独立的利益代表，工会必须从国家政权组成部分转变成工人阶级的利益组织化机构，因为相对于实力雄厚的雇主强势，工人的力量非常薄弱，加之其他不利条件，工会真正成为工人利益的聚合组织必须经过长期而曲折的发展过程。现阶段，在民营资本粗具规模，劳动力量却仍在孕育成长，并在积极寻求平等的讨价还价可能性，我们要做的就是加强和完善工会制度，使其成为工人利益的聚合组织。

企业工会应加强对劳动者的教育，做好思想工作，鼓励为企业的发展出谋划策，通过多种形式，引导它们自强、自立、自信，努力提高劳动者的素质。企业工会能否履行好代表和维护职能，与工会干部尤其是工会主席的素质密切相关。企业中，大多数工会干部从未做过工会工作，因此，对他们的培训尤为重要，是当务之急。就培训的内容讲，应该突出政策、法规和工会职能以及集体谈判、签订集体合同劳动争议调解等业务知识。就培训的方式讲，宜采取就地、业余夜校、短期、专题培训和“一事一训”的方式。

现行的《中华人民共和国工会法》、《中国工会章程》对企业组建工会虽有法律规定，但没有法律责任。企业主对组建工会持无所谓态度，即使

① 冯钢．企业工会的制度性弱势及其形成背景［J］．社会，2006（3）：56.

建了，也是名存实亡，不能代表劳动者讲话。有的企业主随意解除“不听话”的工会主席的劳动合同。因此，必须对上述法规、章程、条例进行修改，明确企业工会的组织形式、领导体制、活动方式等问题。在国家立法或修改法律条件不成熟前，可先行订立地方法规，尽快明确企业工会的组织体制和维护职能问题。从一些企业的实践看，企业工会的组织体制，应根据企业规模的大小，通过建立工会、分会、小组或设立组织员等形式，而对它们实行工作指导的是企业工会联合会。建议在条例中明确规定一条：非因个人有严重过错和违法行为，不得变更、解除工会主席、副主席、委员、工会小组长及组织员的劳动合同。只有用法的形式确立企业工会在企业中的应有地位和作用，才有可能保证企业工会工作的正常开展，更好地担负起履行代表和维护职能。个体、企业中的工会干部必须从劳动者直接产生，真正代表劳动者的利益，而绝不能由企业主点名或委派。要把热心为劳动者办事、敢于为劳动者讲话、善于维护劳动者的权益、在群众中有一定影响和威望的人选为工会主席。工会组成人员必须经会员代表大会直接选举产生，真正体现民意。在企业里，劳动者一旦被选为工会主席，就应为劳动者的合法权益开展工作。

企业工会履行代表和维护职能的手段，第一，依法实行全员劳动合同制度。指导和帮助每个劳动者与企业主签订劳动合同，确定好劳动关系，这是对劳动者就业权的最关键的维护。第二，实行集体谈判平等协商与签订集体合同制度。工会当然地代表全体劳动者依照劳动法的规定，就劳动报酬、工作时间、休息休假、安全卫生、保险福利等与企业主逐一谈判，经协商一致后，签订集体合同草案，并经全体劳动者讨论通过，正式签订。这是对劳动者切身利益的根本保证。第三，依法建立劳动调解委员会，调解劳动纠纷，协调劳动关系，及时化解和企业主的矛盾。企业工会协调劳动关系的主要方式应该是：建立工资谈判制度，通过谈判、帮助员工谋取生活保障；提请上级工会和政府部门帮助解决谈判解决不了的问题，即开展斡旋工作；对严重侵犯员工合法权益的重大问题，可以组织员工开展必要的斗争。

第三章　社区劳动保障立法与管理

社区劳动者的合法权益能否得到切实、有效的保障，直接影响着劳动者、用人单位和社区之间的关系，以及社区的安定和谐。保护社区劳动者的合法权益的最科学有效的措施是制定社区劳动保障法律。社区劳动保障立法应遵循权利与义务对等原则、效率原则、公平原则、充分的政府责任和相对的社会责任相结合的原则，明确界定社区居民委员会在社区劳动保障中的职责和功能、社区劳动保障的投入机制等。同时，政府将社区劳动保障纳入社会劳动保障管理，并用社区劳动保障法律管理社区劳动保障行为；社区机构用社区劳动保障法律治理社区劳动保障行为，有效地保障社区劳动者的合法权益。

第一节　我国社会保障立法概述

社会保障制度的健康发展离不开完善的法制保障。对社会保障而言，法制系统是统率性的、规范性的、最高层次的系统，也是最基础的系统。完善社会保障立法，不仅关系到我国社会主义市场经济法律体系的完整性和统一性，而且对建立和完善市场经济体系、促进经济健康发展具有重要意义。

一、社会保障法的含义

《中华人民共和国社会保障法》，是调整以国家和社会为主体，为了保证有困难的劳动者和其他社会成员，以及特殊社会群体成员的基本生活，并逐步提高其生活质量而发生的社会关系的法律规范的总和。社会保障法具有以下基本特征[①]：

---

① 王广彬．社会保障法［M］．北京：中国政法大学出版社，2009：1－6.

（一）广泛的社会性

社会保障法是典型的社会法，因而社会性是社会保障法最主要的特征。其社会性表现在：第一，目的的社会性。社会保障的设立即为社会利益，保障社会全体成员的生活安全，所以社会保障法的目标即在于通过保证社会成员的基本生活需要来获得社会稳定。第二，享受权利主体的普遍性。社会保障的权利由全体社会成员享有，而且随着经济的发展，可以享受保障的成员数目以及可以享受的社会保障项目会越来越多。第三，社会保障责任和义务的社会化。社会保障要获得长久的生命力，需要整个社会的参与，社会保障通过立法，采取国家、用人单位和社会成员共同负担的原则，将责任和义务分散到整个社会，以资金来源的多渠道来保证社会保障的正常运转。

（二）严格的法定性

社会保障法是社会法，有其自身的特点，它不同于私法的意思自治，也不同于公法的国家行使行政权力。它带有明显的国家干预法的特征，是国家为了保障公民的基本生活需要而强行规定的一系列准则，从社会保障项目的确立、社会保障资金的筹集和缴纳到社会保障的享受人群范围，以及社会保障金的发放都有明确的法律规定，任何单位和个人不能任意更改。

（三）实体法与程序法的统一性

实体法和程序法是对法律功能的划分。规定社会关系参加者实体权利和义务的法是实体法；为保障实体法的实现，规定实体法的运用和实现手续的法是程序法。一般而言，实体法和程序法是一种互为依存的关系，有一定的实体法，就有与之对应的程序法，例如民法与民事诉讼法、刑法与刑事诉讼法。但社会保障法则不然，其既有实体性法律规范，也有程序性法律规范，并非具单一特性的实体法或程序法。之所以如此，是因为社会保障法所调整关系的复杂性。社会保障法调整的是一个在社会保障领域中由各种社会关系、各个运行环节组成的系统，因而社会保障法就必须不仅有具体的权利与义务的规定，还要有维持程序正常运转的程序性规定。例如社会救助性，既有救助对象所享受的权利与义务的实体规定，又有救助对象的资格认定以及发放手续的程序性规定。

（四）特定的立法技术性

社会保障的运营需以数理计算为基础，这使得社会保障法在立法上有较高的技术性。“大数法则”和“平均数法则”在社会保障立法中会经常用到。另外，还有一些保障项目在费率、范围等的确定上会常用到统计技术。以养老保险为例，我国养老保险立法中的关键技术，涉及退休后平均存活年数的确定、养老保险基金的社会统筹范围的确定、养老保险费率的确定等种种问题，都需要运用数理计算来确定。

二、我国社会保障立法的历史演进①

了解我国社会保障立法的历史演进和发展趋势，对于加快我国社会保障法律体系建设具有重要意义。新中国成立前我国社会保障立法经历了北洋军阀政府时期的社会保障立法、广东革命政府和武汉国民政府时期的社会保障立法、南京国民政府时期的社会保障立法、革命根据地和解放区时期的社会保障立法几个不同的历史时期。新中国成立以来，我国社会保障立法经历了一个从创建、发展到停滞与恢复再到创新这样一个曲折发展的过程，目前基本上形成了现代社会保障法律制度框架。

（一）新中国成立前的社会保障立法

1. 北洋军阀政府时期的社会保障立法

中国工人阶级自诞生之日起，就不断地为争取自身权利而斗争。在工人运动的压力下，1914 年 3 月北洋军阀政府颁布了《矿业条例》，其中“矿工”一章规定：矿业权者所定之矿工服务规则，应呈由该管矿务监督

---

① 在黄艳（2000）、徐清照（2009）研究的基础上，根据实际需要进行了删减和补充。

长核准，方生效力；矿工工价应于每月按预定日期，以通用货币一次或两次发给；矿工如因工作负伤，致罹疾病或死亡时，矿业权者应给予医药、抚恤等费用。第一次世界大战后，随着中国资本主义的进一步发展，工人队伍不断扩大，工人阶级的社会劳动保障立法意识不断增强。北洋军阀政府在1923年3月颁布了《暂行工厂通则》，规定男子未满10岁，女子未满12岁，厂主不得雇佣之；男子未满17岁，女子未满18岁为幼年工；幼年工每日工作不得超过8小时，成年工不得超过10小时；成年工每月至少给2日休息，幼年工至少3日；因工作致伤病者，厂主应负担其医药费，并不得扣除其伤病期内应得之工资；女工产前产后，厂主应各停止其工作5星期，并酌给予相当之扶助金。此外，还就工资给付、危险工作禁止、工人实习教育、工厂卫生等作了若干规定。这是北洋军阀政府第一项关于社会劳动保障的专门法规。以后又颁布了《矿工待遇规则》、《煤矿爆炸预防规则》等法规，对矿工的工作时间与休息时间、童工女工的保护、安全卫生的设置与防护、劳动保险等都作了一些规定。

2. 广东革命政府和武汉国民政府时期的社会保障立法

1924年中国国民党一大召开，国共合作实现，孙中山重新解释三民主义，确立了联俄、联共、扶助农工的三大政策，广东革命政府制定了一系列社会劳动保障法。1926年9月国民党第二次全国代表大会通过了《工人运动决议案》，作出了实行8小时工作制、制定最低工资标准、保护女工和童工等规定。同年8月颁布了《劳工仲裁条例》、《国民政府解决雇主、雇工争执仲裁条例》。广东革命政府迁至武汉后，武汉国民政府又发布了《临时工厂条例》、《上海工资调节条例》。

3. 南京国民政府时期的社会保障立法

1928年6月，南京国民政府颁布了《劳动争议处理法》，同年颁布了《工会组织条例》。1929年10月颁布了《工会法》，同年12月颁布了《工厂法》。1930年颁布了《工会施行法》，同年10月颁布了《团体协约法》。1932年12月颁布了《修正工厂法》、《工厂检查法》。1936年颁布了《最低工资法》。1943年国民党政府在重庆颁布了有关职工福利的四项立法。1947年国民党政府重新修正了《工会法》，以加强对工会的控制。国民党政府的社会劳动保障立法，主要是为了缓和阶级矛盾，从内容上看，大多是加强对工人运动的控制和镇压，只是在其间零星地点缀着一点没有保障的、无法实现的工人的权利。

4. 革命根据地和解放区时期的社会保障立法

土地革命时期，中国共产党在革命根据地进行了一系列的社会劳动保障立法。1930 年 1 月江西省行政委员会颁布了《赤色工会组织法》，规定了工会的性质、任务和活动原则。同年 6 月，全国苏维埃区域代表大会通过并发布了《劳动保护法》，对工作时间、休息时间、工资、抚恤、工会、社会保险、劳动保护监察等方面作了规定。1931 年 11 月，中华苏维埃第一次全国代表大会通过了《中华苏维埃共和国宪法大纲》，对劳动立法的宗旨、原则作出了规定。同时还通过了《中华苏维埃共和国劳动法》，对雇佣的手续、集体合同与劳动合同、工作时间、休息时间、工资、女工、青工、童工、劳动保护、社会保险和工会等作出了具体规定。

抗日战争时期，陕甘宁边区政府在 1940 年制定了《陕甘宁边区劳动保护条例》，规定女工产假两个半月，工资照发；疾病医疗费由厂方负责；根据病假天数，工资分别从全发到全部停发；职工死亡，厂方负责埋葬并酌情给予抚恤。1940 年晋察冀边区政府制定了《边区政府工伤人员伤亡抚恤条例》，规定机关工作人员疾病伤亡时，发给生活费。同年，晋绥边区颁布了《关于改善工作人员生活办法草案》。1941 年晋冀鲁豫地区政府颁布了《晋冀鲁豫边区劳工保护暂行条例》，并于 1942 年 11 月、1943 年 9 月两次作了修改和补充。

解放战争时期，各解放区先是沿用了抗战时期边区的劳动立法，后来根据形势的变化，进行了适当调整。1945 年 11 月，晋察冀边区行政委员会制定了《关于改定中小学教职员待遇标准的决定》。1948 年上半年，东北行政委员会批准了哈尔滨市政府草拟的《战时劳动法》。1948 年 8 月全国第六次劳动大会通过了《关于中国职工当前任务的决定》，决定就新时期解放区社会保障立法作出了全面系统的规定。1948 年 12 月东北行政委员会颁布了《东北公管企业战时暂行劳动保险条例》。

（二）新中国成立后的社会保障立法

1. 初创时期（1949 年 10 月至 1957 年年末）

新中国成立后，1950 年 6 月，政务院颁布了带有失业保障性质的《救济失业工人暂行办法》（以下简称《暂行办法》）。1951 年 2 月，政务院颁布实施了《中华人民共和国劳动保险条例（草案）》（以下简称《保险条例（草案）》）。《保险条例（草案）》和 1950 年颁布的《暂行办法》，对职工的医疗、生育、养老、病假、伤残、死亡、失业等待遇都作了最低标准的规定，从而解除或减轻了职工因生、老、病、死、伤、残、失业等造成的特殊困难，保障了职工的基本生活。1953 年政务院、1956 年国务院两次修订了《保险条例（草案）》。直至 1956 年，我国当年享受保险待遇的职工人数相当于当年国营、公私合营、私营企业职工总数的 94%。1956 年我国颁布了《中华人民共和国女职工保护条例（草案）》。1957 年，卫生部制定了《职业病范围和职业病患者处理办法的规定》，扩大了我国社会保险的保障项目。此外，国家机关、事业单位的社会保障制度也以颁布单行法规的形式逐步建立起来。1950 年颁布了《革命工作人员伤亡褒恤暂行条例》，1952 年颁布了《国家工作人员公费医疗预防的指示》、《国家工作人员公费医疗预防实施办法》、《各级人民政府工作人员在患病期间待遇暂行办法》，1955 年颁布了《关于女工作人员生育假期的通知》、《国家机关工作人员退休处理暂行办法》、《国家机关工作人员退职处理暂行办法》。这些单行法规分别对疾病、养老、生育、伤亡等项的保险待遇作了规定。截至 1957 年年末，我国统一的社会劳动保障制度基本框架已形成，在保障水平、管理方式等方面初步完成了基本立法工作。

2. 发展时期（1958 年年初至 1966 年 4 月）

1958 年 3 月，国务院颁布了《关于工人、职员退职处理的暂行规定》、《关于工人、职员退休处理的暂行规定》，放宽了退职、退休条件，适当提高了待遇，解决了企业和机关退休退职办法不一致的矛盾。同时，为解决劳保医疗和公费医疗中存在的浪费问题，1965 年和 1966 年我国分别颁布了《关于改进公费医疗的通知》和《关于改进企业职工劳保医疗制度几个问题的通知》。为了保证职工在病伤或生育时获得合理的休养和病伤、产假待遇，做好职工因病伤丧失劳动能力的鉴定工作，卫生部和全国总工会研究制定了《批准工人、职工病伤、生育假期的试行办法》、《医务劳动鉴定委员会组织通则》。这期间，为了方便移地居住的退休职工及时享受待遇，减轻基层负担，避免支付差错，全国总工会于1960年制定了《关于享受长期劳动保险待遇的移地支付试行办法》，建立了移地支付社会保险待遇的办法。而为了合理解决轻工业、手工业集体所有制企业中职工的退休退职的福利待遇问题，1966年4月颁布了《关于手工业厂、社职工、社员退休福利统筹办法（试行草案）》、《关于手工业厂、社职工、社员退职处理办法（试行草案）》，这两个试行草案对集体企业职工的退休退职的实施范围、退休退职的条件和补助标准以及统筹基金的来源和征集及其使用都作了明确具体的规定，具有很强的操作性。通过以上的改进立法，我国的社会劳动保障立法得到了进一步的发展。

3. 停滞和受破坏时期（1966年5月至1976年10月）

1966年5月“文化大革命”开始，在这一时期，我国的社会劳动保障立法制度受到严重干扰和冲击，社会劳动保障立法处于停滞状态，已建立的社会保障制度遭到严重破坏。在理论上，《中华人民共和国劳动保险条例》被否定；在实践上，劳动保险管理机构被撤销，社会保险金的征集、管理和调剂使用制度被停止，正常的退休退职工作在一些地区被迫中止，异地支付保险待遇的办法也被迫停止执行。特别是1969年国家发布了《关于国营企业财务工作中几项制度的改革建议（草案）》，停止提取社会保险金，取消了社会保险费统筹制度，将社会保险改为企业保险，降低了劳动保障的社会化程度，大大削弱了劳动保险的功能和意义。总之，在“文化大革命”时期，我国的社会劳动保障立法不但没有进步，反而大大地倒退了。

4. 恢复与改革时期（1976年10月至2010年10月）

1976年10月，“文化大革命”结束，中国进入了一个新的历史时期，社会劳动保障制度也得以全面恢复和重建。1986年国务院发布了《国营企业实行劳动合同制暂行规定》，确立了劳动合同制工人的养老保险制度。

同年，发布《国营企业职工待业保险暂行规定》，初步建立了我国的失业保险制度。1987 年国务院发布了《职业病范围和职业病患者处理办法》。1988 年国务院颁布了《女职工劳动保护条例》，进行了生育社会保险试点，1994 年，劳动部颁布了《企业职工生育保险试行办法》，对生育保险的实施范围、统筹层次、基金筹集和待遇支付等进行规范。1990 年国务院发布了《关于加强养老保险基金的征缴和管理工作的通知》。同年还发布了《关于企业职工养老保险制度改革的决定》，明确了企业职工养老保险改革的方向。1992 年年初，劳动部、国家体改委、人事部、全国总工会联合发出《关于深化企业劳动人事、工资分配、社会保险制度改革的意见》，要求继续推进养老保险制度的改革，逐步建立国家基本保险、企业补充保险和个人储蓄性保险相结合的多层次养老保险体系。基本养老保险所需资金按照国家、企业、个人三方面共同负担的原则，由社会保险管理机构统一筹集。适当扩大待业保险范围，完善待业保险制度。加强待业保险基金的管理，按国家政策用好基金，使之尽快运转起来，并建立、健全审计和检查监督办法。1992 年，广东、海南、深圳的社会保障制度综合改革试点开始运转，进行了以待业、养老保险为重点的社会保障制度的改革。1996 年 8 月，全国人大常委会通过了《中华人民共和国老年人权益保障法》，规定了对老年人的社会保障。同时加强了失业保险，直至 1994 年年底，全国有 27 个省、自治区、直辖市颁布了失业保险的地方性政策和法规，其中有 26 个省、自治区、直辖市将失业保险覆盖范围由国有企业职工扩大到非国有企业职工，全国参加失业保险的职工达 9500 万人。1994 年，全国人大通过《中华人民共和国劳动法》，对中国劳动者享有的社会保险和福利待遇作出了明确的、系统的法律规定。围绕着劳动法的施行，劳动部颁布了 17 个配套规章。建立了以“最低生活保障线”为依据的现代社会救济制度。在医疗保险方面，1995 年，我国实行了大病医疗统筹和试行医疗费用社会统筹和个人账户相结合为主要内容的医疗保险制度改革，在江苏省镇江市、江西省九江市进行试点，探索建立社会统筹与个人账户相结合的医疗保险制度。1996 年试点扩大到 38 个城市。在工伤保险方面，1996 年，劳动部发布了《企业职工工伤保险试行办法》，规范了工伤保险的认定条件、待遇标准和管理程序，建立了工伤保险基金。

1997年以来，我国社会保障改革步伐加快，国务院于1997年发布了《关于建立统一的企业职工基本养老保险制度的决定》，统一了城镇企业职工基本养老保险制度；1998年发布了《关于建立城镇职工基本医疗保险制度的决定》，明确了城镇职工基本医疗保险制度的模式和改革方向；1999年发布了《失业保险条例》，进一步明确了覆盖范围、筹资办法、缴费比例、享受条件和保障水平。同年，国务院颁布了《城市居民最低生活保障条例》和《社会保险费征缴暂行条例》，进一步规范了城市贫困居民社会救助和社会保险费征缴工作；2004年颁布了《工伤保险条例》，进一步明确了覆盖范围、筹资办法、缴费比例、享受条件和保障水平。为配合国企改革，妥善处理分流下岗人员和保障城镇贫困人员基本生活，1998年后我国逐步建立起了“一个中心、两个确保、三条保障线”的政策体系。2000年国务院颁布了《关于印发完善城镇社会保障体系试点方案的通知》，并在辽宁省试点，探索社会保障制度从单项制度推进向系统建设转变、以覆盖国有企业为主向以覆盖城镇从业人员转变的经验，3年试点取得了较大的成功。到2004年年底，以养老保险、医疗保险、失业保险和城市居民最低生活保障制度为主要内容的、适应社会主义市场经济基本要求的社会保障体系框架初步形成。

2005年以来，我国社会保障立法进入了城乡统筹发展时期。2005年国务院颁布了《关于完善企业职工基本养老保险制度的决定》，实现了养老保险覆盖范围由职工向城镇灵活就业人员的拓展，改革了养老金计发办法，强化了激励约束机制，建立了长效机制；2006年，国务院颁布了《国务院关于解决农民工问题的若干意见》，国务院办公厅转发《劳动保障部关于做好被征地农民就业培训和社会保障工作指导意见的通知》，推进了农民工和被征地人员社会保障制度建设；2007年，国务院颁布了《国务院关于在全国建立农村最低生活保障制度的通知》、《国务院关于开展城镇居民基本医疗保险试点的指导意见》，全国建立兜底性的城乡最低生活保障制度，同时将医疗保险由职业人群拓展到城镇非职业人群。2008年12月，发布了《中华人民共和国社会保险法（草案）》。2009年，卫生部、民政部、财政部、农业部、中医药局联合下发了《关于巩固和发展新型农村合作医疗制度的意见》，民政部、财政部、卫生部、人力资源和社会保障部联合下发了《关于进一步完善城乡医疗救助制度的意见》。

5. 飞跃与创新时期（2010 年 10 月至今）

（1）《中华人民共和国社会保险法》（以下简称《社会保险法》）2010 年正式颁布。长期以来，我国的社会保障立法主要散见于一些行政法规、规章和政策中，制定的主体主要是国务院各部委，并且大部分都是以部委“通知”、“暂行规定”或“办法”的形式发布的行政规章。2010 年，十一届全国人大常委会十七次会议于 10 月 28 日以高票通过了社会保险法，至此我国社会保障立法迈出历史性步伐。《社会保险法》作为新中国成立以来第一部关于社会保障的法律文件，填补了我国在社会保障领域立法的空白。《社会保险法》的颁布，对于提高基本养老保险统筹层次、完善社会保障基金的监管等，具有划时代的意义。作为新中国首部社会保障法律文件，《社会保险法》规定：国家建立基本养老保险、基本医疗保险、工伤保险、失业保险、生育保险等社会保险制度，保障公民在年老、疾病、工伤、失业、生育等情况下依法从国家和社会获得物质帮助的权利。《社会保险法》的颁布确立了覆盖我国城乡全体居民的社保体系；首次将实现全国统筹作为社保的目标，提高了统筹的层次，规定了养老、医疗保险可以实现异地“漫游”，改变了养老保险“带不走、挪不动”的现实积弊；同时，确立了科学严密的监管体系。

（2）《中华人民共和国劳动合同法》（以下简称《劳动合同法》）修正案 2013 年 7 月 1 日正式施行①。为了严格规范劳务派遣用工，切实维护被派遣劳动者的合法权益，促进劳动关系的和谐稳定，《劳动合同法》实施 4 年后首次修改聚焦劳务派遣问题。2012 年 12 月 28 日，十一届全国人大常委会三十次会议通过了《关于修改〈中华人民共和国劳动合同法〉的决定》（以下简称为修正案）。和原劳动合同法相比，修正案有以下几大亮点：第一，提高了准入门槛。修正案将经营劳务派遣业务的最低注册资本

---

① 李凌云．劳动保障立法新年“四大亮点”[EB/OL]．中工网（2013）：http：//right. workercn. cn/c/2013/01/10/130110113420695381764. html.

要求由“五十万元”提高至“二百万元”，并规定应当“有与开展业务相适应的固定的经营场所和设施”及“符合法律、行政法规规定的劳务派遣管理制度”。同时，修正案规定经营劳务派遣业务实行行政许可制，未经劳动行政部门许可，任何单位和个人不得经营劳务派遣业务。第二，保障了同工同酬。修正案进一步强化了被派遣劳动者的同工同酬权。修正案规定，用工单位应当按照同工同酬原则，对被派遣劳动者与本单位同类岗位的劳动者实行相同的劳动报酬分配办法。用工单位无同类岗位劳动者的，参照用工单位所在地相同或者相近岗位劳动者的劳动报酬确定。劳务派遣单位与被派遣劳动者订立的劳动合同以及与用工单位订立的劳务派遣协议都应当符合同工同酬原则。第三，限制了数量岗位。为了遏制劳务派遣使用过多、过滥的势头，修正案强调“劳动合同用工是我国的企业基本用工形式。劳务派遣用工是补充形式，只能在临时性、辅助性或者替代性的工作岗位上实施”。其中，临时性工作岗位是指存续时间不超过六个月的岗位；辅助性工作岗位是指为主营业务岗位提供服务的非主营业务岗位；替代性工作岗位是指用工单位的劳动者因脱产学习、休假等原因无法工作的一定期间内，可以由其他劳动者替代工作的岗位。修正案同时规定，用工单位应当严格控制劳务派遣用工数量，不得超过其用工总量的一定比例，具体比例由人力资源和社会保障部规定。第四，明确了过渡条款。为实现新旧立法的平稳过渡，修正案重点解决了三个问题。一是已经订立且在修正案施行之日存续的劳动合同和劳务派遣协议继续履行。二是劳动合同和劳务派遣协议的内容不符合修正案关于同工同酬规定的，应当进行调整。三是原已经营劳务派遣业务的单位，应当在修正案施行起一年内依法取得行政许可并办理公司变更登记。具体办法将由人力资源和社会保障部会同其他有关部门规定。

（3）“特殊工时管理”将立法。为了规范特殊工时管理，维护劳动者合法权益，人力资源和社会保障部于 2012 年公布了《特殊工时管理规定（征求意见稿）》并于 2013 年正式出台①。首先，此征求意见稿适用人群较广，除现行有关规定所适用的企业外，事业单位、民办非企业单位、律师

① 雷南．2013 劳动保障立法前瞻之——“特殊工时管理”将立法［J］．农民文摘，2013（2）：16.

事务所等有雇工的，都可以参照此规定，实行特殊工时的核算。其次，明晰了“不定时”岗位类型。例如，某些对企业经营管理负有决策等领导职责的高级管理岗位，某些可以自行安排工作时间的研发创作等岗位。不定时工作制劳动者的年工资不得低于企业所在地上年度职工平均工资。再次，改革了单一的工资计算方式。受季节、资源、环境和自然条件限制需要集中作业的岗位，可以申请以季度或者年为周期综合计算工时；部分中断作业可能会影响社会公共利益的岗位，可以申请以周、月或者季度为周期综合计算工时。最后，明晰了“工作时间”、“工作间歇”、“夜班”等概念。工作时间，是指作业时间、准备与结束时间、各类放宽时间和非劳动者个人原因造成的且劳动者处于待命状态的非生产工作时间、停工时间的总和。企业在保障正常生产运营的情况下，日工作时间超过 4 小时的，应当保证劳动者享受不少于 20 分钟的工间休息时间，工间休息时间计入工作时间。从事影响公共安全利益的机动车驾驶员等岗位人员，每驾驶 2 小时应当保证不少于 10 分钟的休息时间。夜班是指企业在 22 时至次日 6 时这一时间段安排劳动者工作且时间达 2 小时及以上的情形。企业安排劳动者从事夜班劳动应当支付夜班津贴。

（4）《生育保险办法》正在加紧制定[①]。为了保障职工生育期间获得经济补偿和基本医疗服务，均衡用人单位生育费用负担，促进公平就业，2012 年 11 月 22 日人力资源和社会保障部公布了《生育保险办法（征求意见稿）》（以下简称《征求意见稿》），目前该办法也在加紧制定当中。《征求意见稿》主要有以下几点：第一，将扩大保险覆盖。依据现行规定，生育保险只能覆盖城镇企业及其职工。为贯彻《社会保险法》加快建立覆盖城乡居民的社会保障体系的要求，《征求意见稿》将生育保险的适用范围确定为我国境内的国家机关、企业、事业单位、有雇工的个体经济组织以及其他社会组织及其职工或者雇工。第二，将降低缴费比例。根据近 20 年各地生育保险基金的收支情况及生育保险支出占工资总额的比例情况，《征求意见稿》规定，用人单位的缴费比例一般不超过 0.5%，比现行规定

---

① 李凌云．劳动保障立法新年“四大亮点”[EB/OL]．中工网（2013）：http://right.workercn.cn/c/2013/01/10/130110113420695381764.html.

的1%左右大幅度降低。具体缴费比例由各统筹地区根据当地实际情况测算后提出，报省、自治区、直辖市批准后实施。为有效控制用人单位的缴费负担，《征求意见稿》同时规定，缴费比例超过0.5%的，应当报人力资源和社会保障部备案。第三，将提高保险待遇。《征求意见稿》扩大了生育医疗费用的范围，除了女职工在孕产期内因怀孕、分娩发生的医疗费用以及计划生育的医疗费用以外，将诊治妊娠合并症、并发症的医疗费用也列入其中。这对保障母婴安全、减轻家庭负担都大有裨益。同时，依照现行规定，女职工应到指定的机构领取生育生活津贴和生育医疗费补贴，这势必出现自己先垫付生育医疗费而后报销的情况。而《征求意见稿》规定，职工就医发生的应由生育保险基金支付的生育医疗费用，由社会保险经办机构与协议医疗服务机构直接结算，即将事后保险变为直接结算，方便了女职工及其家庭。第四，将方便异地生育。与现行政策“参保地生育、参保地享受”的规定不同，《征求意见稿》规定，女职工在协议医疗服务机构发生的生育医疗费用，符合生育保险药品目录、诊疗项目及医疗服务设施标准的，由生育保险基金支付。需急诊、抢救的，可在非协议医疗服务机构就医。女职工异地生育，其生育医疗费用结算范围和标准按照参保地有关规定执行，具体管理办法由统筹地区根据当地实际情况制定。这些规定为在一地工作、在异地生育的女职工打开了方便之门。

(5)《工资支付条例》期待新的进展①。收入增长与分配公平需要立法的保障，然而，一直被视为收入分配体制改革重要组成部分的《工资条例》由于在制定过程中遭到国有垄断行业的异议和抵制，已被长期搁置。目前规范工资支付方面的全国性法规只有1994年劳动部印发的《工资支付暂行规定》，而由人力资源和社会保障部负责起草的《工资支付条例》将结束“暂行”的局面，并将立法层次提高到行政法规。相比之前遭到垄断行业反对的《工资条例》，由于涉及的利益冲突相对较少，格局较为简单，于2009年左右开始启动的《工资支付条例》的制定目前正在有条不紊地进行。《工资支付条例》主要在于解决工资支付问题，包括规范工资

① 李凌云．劳动保障立法新年“四大亮点”[EB/OL]．中工网（2013）：http://right.workercn.cn/c/2013/01/10/130110113420695381764.html.

发放的方式，工资计算方式，用人单位依法破产时工资清偿和用人单位代扣、代缴款项，最低工资标准等内容。该条例将在吸收各地工资相关条例有益经验的基础上，重点解决农民工工资拖欠问题。

三、我国社会保障立法存在的问题

（一）社会保障立法的理念不成熟，立法未能与国际接轨

我国的社会保障立法没有一个成熟的理论定位，对社会保障立法的基本原则、效率与公平、社会保障与社会福利、社会保障体系的统一、农村社会保障体系的建立等方面在理论上认识不统一，导致目前各类政策和制度相互冲突，制约着社会保障立法的完善。此外，尽管我国从 2001 年起正式加入世界贸易组织至今已有 10 余年时间，与其他国家和地区的经济联系也日益紧密，但我国有关社会保障制度方面的法律对涉外社会保障的规定不够完备，这不仅影响了我国对外交流的顺利进行，而且不利于我国经济社会的稳定和发展。

（二）整体立法滞后，社会保障的法律实施机制薄弱

目前我国有关社会保障的规定，整体上缺乏统一性，体系结构残缺，远远没有形成以社会保险法、社会福利法、社会救助法、优抚安置法等为主体框架的、统一的社会保障法律体系。国家立法滞后，地方立法分散，适用范围比较广泛的社会保障立法尚未建立，使得当前许多社会保障方面的争议都处于无法可依的状态。同时由于我国目前所构建的社会保障体系背后无法律的支撑，导致在实践中法制化程度很低。我国相关立法对权利和职权规定较多，对义务和责任规定不足，致使很难建立起法律、法规执行的责任机制。社会保障领域合法的筹资机制、稳定的保障机制、严格的管理机制、有效的运行机制和有力的监督机制都不够健全，没有建立起相互独立的社会保障监督机构和管理机构，使得社会保障制度实施过程中存在的违法行为得不到有效的打击，公民的社会保障权利受到侵犯时得不到司法救济。

（三）社会保障法的立法层次低，立法主体多元化

尽管我国于2010年制定了新中国成立以来第一部关于社会保障的法律文件，但我国至今没有制定统一的社会保障法。社会保障的内容被分散在其他法律、行政法规、行政规章、地方性法规和政策中，地区间、部门间的立法难以统一协调，导致社会保障的覆盖面小、保障程度差、规范性不足。社会保障工作由多个部门分头管理，部门利益法律化问题严重。立法主体责任不清，使得社会保障法律、法规、规章之间存在矛盾和冲突，降低了法律约束力，不利于法律的遵守和适用，弱化了法律的统一性、稳定性和权威性。

（四）法律、法规中原则性规定过多，缺乏可操作性

宪法中的原则性规定应当通过法律的具体规定加以实施，倘若法律的规定缺乏可操作性，则只能通过行政法规加以解决，而如果行政法规的规定过于笼统，则必须通过行政规章、地方性法规等具有可操作性的实施细则保障实施。而在我国的立法中，一直沿用宜粗不宜细的思路，据统计，我国《失业保险条例》共33条，约4000字；《社会保障费征缴暂行条例》共31条，约4200字；《工资支付暂行规定》共20条，约2100字，《关于建立统一的企业职工基本养老保险制度的决定》共10条，约2500字。可见，我国目前的社会保障法规的条文较为粗疏，规定过于笼统，使得在实际运用时困难重重，可操作性差。

（五）立法发展失衡，覆盖范围狭窄

受到城乡二元体制的影响，我国的立法理念和立法实践一般都存在城乡差异，在社会保障立法方面表现出只有城市居民才能享受的特征。尽管从2005年起，我国社会保障立法逐渐走向城乡统筹阶段，但以往的社会保障立法重心更多地落在城镇，城市居民的生活得到了基本保障，而广大的农民（包括失地农民、乡镇企业职工、民工和未离开土地的农民）仅享受着极其有限的几种类型的社会保障，承受着巨大的社会风险。中国拥有世

界上数量最多的老年人口，其中75%在农村。据统计，2010年建立社会保障网络的乡镇虽达20054个，却仅占全国乡镇总数的41%，建立社会保障基金会的村委会仅占39%，未纳入社会保障的农村人口还很多。由于我国农民既无一定的生产资料，更不占有社会稀缺资源，所以一直处于弱势的地位，以农村养老保险为例，从1992年中华人民共和国民政部公布实行的《县级农村社会养老保险基本方案（试行）》到2009年《国务院关于开展新型农村社会养老保险试点的指导意见》的颁行，10余年的时间内国家并没有根据经济与社会的发展及时地对相关法律制度作出调整，城乡公民享受社会保障待遇的差别很大。

四、完善社会保障立法的建议

（一）加快建设社会保障立法体系

市场经济的持续、健康发展需要社会保障制度的支持，社会保障立法是建立我国社会主义市场经济法律体系的重要组成部分，没有完善的社会保障制度，劳动用工制度的改革就难以实施。目前，通过立法建立、健全社会保障制度，为劳动用工制度的改革提供较好的法律环境已成为当务之急。因此，今后，一方面，要制定社会保障的基本法——社会保障法，确定实行社会保障的基本原则、范围及项目，为各项保障制度确定基本的法律依据；另一方面，要加快社会保障项目的单项法规建设，结合社会保障制度改革的进程逐步制定养老保险法、失业保险法、医疗保险法等法律，使社会保障项目的实施具有可操作性。

同时，由于目前我国社会保障领域在城乡之间，国家机关与非国家机关之间，正规群体与非正规群体之间存在差异，使得我国社保制度难以体现全员参与、机会公平等理念。而随着我国改革开放的深入、产业结构调整、企业经营管理方式变革，加上固有的城镇就业压力和农村剩余劳动力向城市的转移，我国城镇将持续增加大量的非正规就业群体。因此，应尽快建立完善的社会保障立法，解决非正规就业人员的参保问题，针对他们的就业形式设计出更加灵活的制度，针对在城市有稳定的工作和收入的农民工应尽快制定政策，将其纳入社会保障体系。通过加快社会保障立法使人人享有公平的社会保障。

（二）协调社会保障立法的内容，加强社会保障立法实施的有效性

协调社会保障立法的内容，要求一方面要加强社会保障立法的内部协调，以社会保障法为社会保障立法的基本法，其他社会保障立法必须以该法确定的适用范围、基本原则、基本制度为依据，不得与该法相冲突，同时各单项社会保障立法的原则、制度、措施等应彼此协调一致；另一方面应使社会保障立法与其他相关法律部门的立法相衔接，在法律责任方面与行政处罚法、刑法等相衔接，以加强社会保障立法实施的有效性并避免与相关法律部门的冲突。

加强社会保障立法实施的有效性，需要进一步建立、健全社会保障的行政执法和司法体制。首先，应建立和完善社会保障监督机构，完善其工作职能，并赋予其行政执法权。在社会保障项目的实施、社会保障资金的筹集、运用及发放等方面充分发挥行政管理和监督职能，堵塞社会保障资金的流失，对社会保障过程中的违法行为进行行政处罚。其次，要完善社会保障的司法体制。加强对社会保障纠纷案件的审理，在有条件的地方设立人民法院劳动和社会保障法庭，专门从事审理劳动和社会保障争议案件。人民法院对社会保障领域发生的违法案件应依法及时审理，对拒不缴纳法定社会保险费，拒不履行支付保险金义务，不当使用、贪污、挪用、侵占保险基金的行为人，应依法追究其法律责任，以保护劳动者的社会保障权益不受侵犯。

（三）立足我国实际，加快与国际社会保障制度接轨

经济全球化背景下，立足我国具体国情，参照国际社会保障制度标准，完善我国社会保障制度立法，是建立、健全我国社会保障体系的需要，也是我国社会保障立法的必然趋势。市场经济是一个完整的法制体系，加入世界贸易组织不仅在企业规则和贸易规则上要与国际接轨，在法制上也要逐步与国际接轨。尽管我国已经加入了一系列国际劳工公约，如

《残疾人职业康复与救济公约》、《就业政策公约》、《本国工人与外国工人事故赔偿同等待遇公约》等，这些公约中规定的标准，是我国立法必须参照的。我国还签署了《经济、社会、文化权利公约》须履行其相关的义务，定期向国际人权组织报告实施情况，接受监督检查。此外，我国作为世界贸易组织的成员国，还必须在立法中参照世界贸易组织中有关劳工和社会保障的相关约定。但仅仅从这些方面考虑还远远不够，我国在社会保障立法过程中，还需要更多地参照和借鉴国际标准，以进一步实现与国际的接轨。

第二节　社区劳动保障立法

随着社会主义市场经济体制的逐步建立，原有“单位制”解体所剥离出来的社会职能和一些政府职能逐步还原给社会，由社区来承担，这使得社区亦成为各种利益关系的交汇点和各种社会矛盾的聚焦点。加强社会管理的重心在社区，改善民生的依托在社区，维护社会稳定的根基也在社区。同样，和谐社区的建立也势必要求社区发挥其在社会劳动保障管理过程中的实施、监督作用。

一、加快社区劳动保障立法的必要性

社区作为一种新型的社会自治组织，正逐渐取代街道居民委员会，成为城市改革的平台，城市管理的“总抓手”，在社会主义市场经济建设中发挥着重要作用，已日渐成为社会建设的着力点和党在基层执政的支撑点。从社区工作的现状来看，由于承接了政府和企业分离的职能，社区事务日益繁重，教育引导和管理服务的压力成倍增加。特别是随着改革开放的不断深入，人们的思想观念、思维方式、人际关系也发生了新的变化，民间纠纷呈现出许多新情况、新特点和新趋势。仅仅通过民事调解方式远远不够，迫切需要通过法律途径、运用法律手段解决，需要法律意识的引

入和法律手段的介入，法律进社区已经成为社区建设中的一项紧迫的任务。

立法，通常是指立法机关按照立法程序制定、修改或废止法律的活动。广义的立法还包括由立法机关授权其他国家机关制定法规的活动。本章所指的社区劳动保障立法，仅指创制新的法律或法规。世界一些发达国家在推进社区建设过程中，不断建立和完善涵盖社区自治、社区社会保障、社区农业发展、社区土地、社区教育、社区矫正、社区日常生活等各方面的立法，为本国的社区建设提供法律依据。然而，令人遗憾的是，在我国的法律体系中，最基层的行政区域在城镇为街道，在农村则为行政村，并没有社区这一概念。换言之，社区这一概念在法律领域还是个没有身份的“黑户”[①]。近年来尽管不少专家学者就社区管理和建设立法、社区矫正立法等问题开展了许多有意义的探索，但有关社区立法的进程仍然十分缓慢，更少有人关注社区劳动保障立法。目前有关社会劳动保障的法律、法规甚少提及社区在劳动保障工作实施、监督中的地位和作用，仅有在提及劳动保障事务所和工作站的建设、劳动保障监察问题时，才会出现“社区”二字。

然而，社区是社会的细胞，社区和谐是社会和谐的基础，和谐社区的建立是一个事关党和国家大政方针的贯彻落实、人民群众的切身利益、城乡基层社会的和谐稳定的复杂的系统工程。而社区劳动者的合法权益能否得到切实、有效的保障，直接影响着劳动者、用人单位和社区之间的关系及社区的安定和谐。因此有必要进一步明确社区的法律地位，加强除社区建设、社区矫正以外的社区劳动保障方面的立法。

二、社区劳动保障立法的立法权限

在现代法治国家，任何社会经济制度的建立都有赖于相关法律、法规的制定，否则，其制度建设就难以顺利进行，社区劳动保障制度的建立也不例外。根据宪法和立法法的有关规定，我国的立法体制较为复杂，国家

---

① 庾向荣．社区立法，先明确法律地位［N］．华西都市报，2011－04－11.

立法权由中央和省一级的有关国家机关分享，既有国家立法机关的立法又有国家行政机关的立法，既有中央一级的立法又有省一级的立法。社区劳动保障立法属于社会保障立法范畴，因此，科学地划分社会保障立法权限，是建立结构合理、层次分明、规范详尽的社会保障法律体系的前提，也是进一步推进社区劳动保障立法的前提。

目前我国采用的是统一而又分层次的立法体制[①]：

全国人大及其常委会行使国家立法权。全国人大制定和修改刑事、民事、国家机构和其他的基本法律。全国人大常委会制定和修改除应当由全国人大制定的法律以外的其他法律；在全国人大闭会期间，对全国人大制定的法律进行部分补充和修改，但不得同该法律的基本原则相抵触。

国务院即中央人民政府根据宪法和法律，制定行政法规。

省、自治区、直辖市的人大及其常委会根据本行政区域的具体情况和实际需要，在不与宪法、法律、行政法规相抵触的前提下，可以制定地方性法规；较大的市（包括省、自治区人民政府所在地的市、经济特区所在地的市和经国务院批准的较大的市）的人大及其常委会根据本市的具体情况和实际需要，在不与宪法、法律、行政法规和本省、自治区的地方性法规相抵触的前提下，可以制定地方性法规，报省、自治区的人大常委会批准后施行。

经济特区所在地的省、市的人大及其常委会根据全国人大的授权决定，还可以制定法规，在经济特区范围内实施。

自治区、自治州、自治县的人大还有权依照当地民族的政治、经济和文化的特点，制定自治条例和单行条例，对法律、行政法规的规定作出变通规定。自治区的自治条例和单行条例报全国人大常委会批准后生效，自治州、自治县的自治条例和单行条例报省、自治区、直辖市的人大常委会批准后生效。

国务院各部、各委员会、中国人民银行、审计署和具有行政管理职能的直属机构，可以根据法律和国务院的行政法规、决定、命令，在本部门

---

① 杨景宇．我国的立法体制、法律体系和立法原则［J］．政府法制研究，2003（6）：1－24.

的权限范围内，制定规章。省、自治区、直辖市和较大的市的人民政府，可以根据法律、行政法规和本省、自治区、直辖市的地方性法规，制定规章。

因此，从我国的立法体制和社会保障的发展需要分析，社会保障的基本制度须由全国人民代表大会或其常务委员会制定法律，执行社会保障法律的事项可由国务院制定行政法规，执行社会保障法律、行政法规的事项可由国务院相关部委制定部门规章，具有地方特色的社会保障制度可制定地方性法规或规章①。从社区劳动保障立法权限角度来看，国务院及其相关部委，尤其是人力资源和社会保障部、各级地方政府应该都有权限制定有关社区劳动保障的规章制度。

三、社区劳动保障立法的目的与原则

目前，我国的法律体系可划分为宪法及宪法相关法、民法商法、行政法、经济法、社会法、刑法和诉讼与非诉讼程序法七个门类②。而社区劳动保障立法属于社会法范畴。所谓社会法是规范劳动关系、社会保障、社会福利和特殊群体权益保障方面的法律关系的总和。社会法是国家干预社会生活过程中逐渐发展起来的一个法律门类，所调整的是政府与社会之间、社会不同部分之间的法律关系③。

根据社区劳动保障立法所处的法律体系，社区劳动保障立法的核心是要处理好政府与社区的关系，科学界定社区在劳动保障中的责任、权利、义务，将政府不该管、管不好的事情从基层政府职能中剥离出来还给社区，由政府与社区自治组织相互配合、相互协助进行管理。因此，社区劳动保障立法的目标在于明确政府与社区自治组织之间的关系，明确界定社区居民委员会在社区劳动保障中的职责和功能，政府对社区居民委员会的相关活动进行支持、指导和帮助。同时，社区居民委员会和其他居民自治

① 余卫明．论社会保障立法权限［J］．社会保障问题研究，2003（9）：107－116.

②③ 杨景宇．我国的立法体制、法律体系和立法原则［J］．政府法制研究，2003（6）：1－24.

组织、用人单位要各负其责，相互配合、协调发展，共同促进社区和谐劳动关系的建设和发展。

为此，社区劳动保障立法应坚持以下原则。

（一）权利与义务对等原则

社区劳动保障立法应明确社区中劳动合同双方当事人的权利和义务，着眼于构建与发展和谐稳定的劳动关系，促进社区和谐。社区劳动保障首先要确立和维护劳动者与用人单位的独立人格和法律地位。劳动者要独立于国家、独立于资本、独立于其他任何人，成为能够自由支配自己劳动力、享有自主择业权的主人；用人单位要独立于国家、独立于其他单位，成为能够自主经营，拥有用工自主权的市场主体。其次要保障劳动者和用人单位的物质利益。同时由于社区劳动保障立法属于社会法，因此在立法时也应该体现其作为社会法的性质和特点，在兼顾用人单位和劳动者各自特殊利益、体现双方共同利益的前提下，重在保护劳动者的合法权益。

（二）效率原则

效率原则就是社区劳动保障相关制度的建设必须注重实效，保证提高效率。效率原则首先要求提高社区劳动保障相关制度本身的效率，即提高社区既定社会劳动保障资源的利用效果，在现有社区劳动保障资源不变的情况下实现较高的社区劳动保障水平；其次要求社区劳动保障制度与市场制度分工明确，即限制社区劳动保障法的调整范围、避免进入市场法的调整范围而破坏市场机制发挥作用从而降低经济效益；最后要求限制社区劳动保障规章制度对劳动力市场的过度干预。

（三）公平原则

公平原则是社会保障法的基本原则，也是社会保障法的立法初衷。因此，对于从属于它的社区劳动保障法律、法规也应坚持公平原则。社区劳动保障对象是社区劳动者和用人单位。因此，社区劳动保障法律、法规应当遵循公平原则确定各方的权利和义务。对任何劳动者或用人单位而言，都只能以市场交易规则为准则，享受公平合理的对待，既不享有任何特权，也不履行任何不公平的义务，权利与义务相一致。

（四）充分的政府责任和相对的社会责任相结合原则

该原则主要解决的是国家在社区劳动保障中承担何种义务以及国家和社会的责任如何分配的问题。虽然不同的社会保障法律关系中，其权利与义务的对应关系各不一样，国家的责任也有绝对责任和相对责任之分，但无论如何，国家应承担主要责任是社会保障立法的基本原则之一。因此，对于社区劳动保障法律、法规而言，国家也应该承担主要责任。社区作为社会自治组织只承担部分责任。

（五）协调原则

协调原则是指社区劳动保障制度必须实现内外部的协调一致。所谓外部协调即要与社会历史背景相适应、与其他法律制度相配套衔接。具体而言，即指在进行社区劳动保障立法时必须考虑到我国经济发展的实际水平，同时还要考虑到各地的发展状况不平衡，允许各地区在一定范围内制定一些适合本地区发展水平的社区劳动保障地方性法规。除此之外，还要注意社区劳动保障法律制度应与其他法律制度配套衔接。社区劳动保障制度内部的和谐统一，即要求其与相关劳动保障立法的配套衔接、我国整体的社会保障立法与国际社会保障立法的配套衔接。

四、社区劳动保障立法的建议范畴

在基本规范布局上，社区劳动保障立法应当采取“权利—义务—机制—责任”的布局结构，使其具有较强的可操作性，切忌粗线条、空洞或宣言式、口号式的表述，以使其能够在现实社会生活中得到很好的贯彻执行。

加强社区劳动保障工作的立法，规范建设与管理，使之步入良性发展轨道，是一项十分紧迫的任务，建议尽快制定并实施相关法律规范，重点规范以下内容。

（一）规范社区劳动保障机构的功能定位

依照我国人力资源和社会保障部的要求，各地需要在街道、乡镇和社区建立起基层劳动保障公共服务机构。所谓基层劳动保障公共服务机构是对乡镇（街道）劳动保障所、社区（村）劳动保障工作站的统称。它是实施劳动保障公共服务的重要窗口，是落实政策措施，推进劳动保障事业城乡统筹发展的重要依托。但不少基层劳动保障公共服务机构还存在机构不健全、设施设备不齐，人员、工作经费落实不到位，工作职责不清，工作程序不规范，保障条件差等问题比较突出，特别是农村基层劳动保障公共服务机构建设严重滞后，已经成为制约劳动保障事业城乡统筹发展的瓶颈。而功能定位不清晰是基层劳动保障公共服务机构建设滞后的一个重要原因。因此，应尽快规范包括社区在内的基层劳动保障公共服务机构的功能定位、工作职责和工作要求，以进一步加强基层劳动保障公共服务机构规范化建设。

（二）规范社区劳动保障的基本条件

社区劳动保障以社区内的劳动者和用人单位为服务对象，社区劳动保障机构是劳动保障系统对外服务的窗口，要有方便人民群众的专门的服务场所。因此，应用法规的形式对社区劳动保障机构用房、基本标准等作出明确规定。同时，规范政府补助的标准，使之既能适应工作与功能的需要，又不至于舍本逐末。

（三）规范社区劳动保障的投入机制

由于社区劳动保障机构需要提供大量免费的劳动保障服务，如就业推介、法规宣传、法律咨询等，不管是采取政府购买公共服务或“收支两条线”，都需要政府的投入支撑。因此，这些投入必须是稳定的、可靠的、持久的，社区劳动保障机构才能健康地运行。因此，建议社区劳动保障机构的人员和工作经费纳入当地政府财政预算，切实保证经费来源。

（四）规范社区劳动保障的人才保障

当前，社区劳动保障机构人才瓶颈问题尤为突出。尽管国家、省（自治区、直辖市）出台了一些扶持政策，但从总体上看，尚未形成人才科学、合理流入社区劳动保障机构的引导机制，尚未形成稳定人才队伍的有效保障机制，无法形成合理的梯队结构，队伍的流动性较大。这些都需要通过立法来保障社区劳动保障机构从业人员的稳定，通过激励机制，使适用人才流入、留住。

第三节　社区劳动保障管理

社区劳动保障工作在当前整个社会劳动保障工作中居于基础性地位，加强社区劳动保障工作，对整体推进劳动保障工作具有非常重大的意义。

一、社会劳动保障管理机制概述

社会劳动保障管理主要是指社会保障机构的设置及其职能权限的划分。近年来，社会劳动保障管理体制不断趋于完善，但社会劳动保障管理过程中的实施、监督和决策三者的关系始终没有能够理顺。因此，明确实施机制、监督体制和决策体制的改革思路和行动目标，对于完善社会劳动保障管理体制有着非常重要的作用。

（一）实施机制——力求实现社会劳动保障事业的统一管理

改革开放以前，人事部、劳动部、民政部等主管我国的社会劳动保障事业；改革开放之后，我国于2008年组建了人力资源和社会保障部，统一管理社会保险。然而，社会福利、社会救助、医疗保健等工作，仍在民政部等其他部门的管理之下。统一管理社会保障事业能够避免各自为政的混乱局面，有效地提高了管理工作的效率。但是，实现社会保障事业的统一管理，还要结合中国城乡差距等中国社会保障等现状来考虑。改革开放之前，我国实行优先发展重工业的战略，国家把绝大多数资源都投向了城镇；改革开放之后，国家虽然日渐加大对农村的扶持力度，但城乡之间仍有很大的差距，这导致城乡居民对社会保障的不同需求。城镇居民看重的是，在“单位”退休后，丧失劳动能力后的远期需求；农村居民更看重的是，其所占有耕地本身自然条件遭遇风险后的即期需求。在社会保障的具体项目中，不同的社会保障措施也存在差异。从社会保障资金的来源来说，养老保险、医疗保险、住房补贴等与人们的生活联系较密切的保险措施，通常是由政府、企业、个人三方承担的筹资机制。工伤保险、生育保险等与人们的生活较少联系的保险措施，是由政府和企业两方面来分担保障资金。另外，社会救济、社会福利等，这些是为了提高低收入者和困难群体的生活水平和质量。其社会保障资金，主要是由政府筹集。因此，社会保障工作的统一管理，需要针对不同的受益人群，根据不同措施的性质，对社会保障进行分层、分类管理，社会保障的管理工作才能进一步提高效率和彰显公平。

（二）监管体制——建立和完善社会保障监督体制

在目前的社会保障管理体制中，行政主导往往替代监管部门的作用，是一种“管办合一”的状态。这样政府在具体业务的执行过程中难免出现纰漏。1993 年以后，政府提出了行政管理和社会保险基金经营分开的思路，这相对于政事不分、管办不分的旧体制的确是一个进步，但是却很难将其付诸行动之中[①]。因此，政府必须加快建设行政、司法、社会监督“三位一体”的监管体系。其中，行政监管是社会保障监管体制的核心，政府应当设置尽可能统一的社会保障监督管理机构，权责对等地集中监管全国主要的社会保障事务。同时，国家要充分发挥司法监督作为最后监督的作用，以期对社会保障运行过程中的违法犯罪行为起到有效的震慑作用。此外，国家还应该落实工会、雇主组织等社会群体的监督权利，这不

---

① 宋士云，吕磊．中国社会保障管理体制变迁研究（1949—2010）［J］．贵州财经学院学报，2012（2）：65－72.

仅有利于进一步完善社会保障管理体制，也有利于工会等社会团体组织的发展与完善。

（三）决策体制——解决社会保障法制建设滞后带来的不良问题

以国外社会保障的经验来说，国外通常是先制定社会保障的基本法律，再根据基本法律的规定来实施具体的社会保障措施，即“立法先行”。由于我国现代社会保障事业起步较晚，至今仍然没有出台一部涵盖社会保障领域的基本大法。因此，我国相关部门制定的规章制度，也就缺乏社会保障领域的基本法律支持，而使得我国在对社会保障工作的衡量上没有统一的标准，普遍缺乏对违法者相应法律责任的界定，个别条令之间甚至在相关规定上相互冲突，这严重影响了法律的严肃性和可操作性，致使社会保障工作效率性和公平性较差。随着社会保障管理工作的发展和法制化环境的健全，再逐步将法制化的管理推广到社会保障的其他领域。总之，社会保障的管理工作，实际上就是社会保障的相关管理部门不断发现新问题、解决新问题的过程。只有各相关管理部门统筹决策，在遵循社会保障发展基本规律和充分考虑国情的前提下，以科学管理的理念为指导，我国社会保障管理体制建设才能少走弯路，进一步向前推进。

二、社区劳动保障平台管理

社区劳动保障工作在当前劳动保障工作中，处于基础性地位。加强社区劳动保障工作，对整体推进劳动保障工作具有非常重大的意义。根据中央精神以及我国劳动就业和社会保障事业发展的需要，我国劳动和社会保障部要求各地在街道、乡镇和社区于2003年6月底建立机构、人员、经费、场地、制度和工作“六个到位”的劳动保障事务所和工作站，作为把劳动就业和社会保障工作延伸到街道、乡镇和社区，服务于全社会的工作平台。因此，目前，社区劳动保障工作主要借助社会劳动保障平台来实现。

社区劳动保障平台是联结政府与人民的基层服务窗口，是实施劳动保障公共服务的重要窗口，是落实政策措施、推进劳动保障事业城乡统筹发展的重要依托。社区劳动保障平台负责在基层开展就业和社会保险服务工作，并承担区（县）劳动保障部门委托交办的其他业务性、事务性、服务性工作，其主要职责是：①宣传贯彻国家劳动保障相关政策，认真做好下岗失业人员的管理和服务工作，为辖区内下岗失业人员提供政策咨询、职业指导、职业培训、职业介绍等服务。②组织实施社区就业工作，开发社区就业岗位，举办社区就业实体。动员并组织未能继续升学的新成长劳动力参加劳动预备制培训，组织开展再就业援助，促进就业困难人员就业和再就业。③办理核发“再就业优惠证”的有关工作，为自谋职业的下岗失业人员申请小额担保贷款办理有关手续。④负责退休人员的社会化管理，负责退休人员领取养老金的资格认定，协助有关部门在退休人员中建立、健全党的组织，开展文体活动。⑤做好灵活就业人员接续社会保障咨询和服务工作。⑥负责辖区内劳动力资源统计和劳动保障信息网络建设工作，建立劳动保障数据库，收集和提供劳动力供求信息，做好劳动保障统计调查工作。近年来，社区劳动保障工作平台在联系社会、服务社会、采集信息、掌握动态、维持稳定等方面发挥了重要作用。

社区劳动保障平台的建设从一开始就应该要坚持高标准、严要求。为进一步推进社区劳动保障工作全面开展，不少研究者们提出了可资借鉴的平台管理模式，为建立高效率良性运作的社区劳动保障平台提供了指导①。

（一）城乡两头并进

由于我国社会劳动保障的城乡差异，为了满足城镇化和农村现代化建设的需要，提升全民的劳动保障水平，可以考虑在面积较大、任务较重和具备条件的地方建立几个农村劳动保障示范工作站，探索农村和城市的劳动保障事业共同进步、协调发展。农村与城市的基层劳动保障机构的工作重心和任务各有侧重。农村劳动保障机构主要任务是负责农村富余劳动力的输出、劳动事务代理和社会保障服务。在县（市、区）内建立以就业服

---

① 杨志银．社区劳动保障平台运作管理模式研究［J］．云南财经大学学报（社会科学版），2004（4）：76－77.

务站为龙头、劳动力市场为载体、乡镇劳动保障所为基础、村（居）委会为依托的劳务输出组织管理服务体系，发挥平台的组织、指导劳务输出的功能；在县外建立劳务输出服务体系，就是在用工需求量大、外出务工人员密集的地区设立劳务站，负责收集信息、协调关系、维护权益、大力加强跟踪服务，促进劳务输出工作有序进行。

（二）三项经费保障

在《政府预算收支科目》中增设的“就业补助”款级科目中，体现出各级财政用于社会保险补贴、岗位补贴、小额贷款贴息、再就业培训补贴、职业介绍补贴、社区劳动保障工作补贴等项支出，使这些支出的应备条件、额度标准、手续流程规范化。街道和乡镇劳动保障所的经费完全由财政提供，社区劳动保障站的工作经费，从再就业资金中给一点，同级财政补一点，社区劳动保障站自己努力多挣一点。

（三）明确四项任务

社区劳动保障机构建立起来后，需要明确当前的四项任务：一是要明确地方各级政府的任务。省（自治区、直辖市）里根据全省（自治区、直辖市）国民经济和社会发展规划确定的劳动保障目标任务，结合各地情况分解到地方，地方根据当地的国民经济和社会发展规划，确定劳动保障的目标任务，把控制失业率、净增就业岗位、落实就业和再就业政策、加大再就业资金投入和帮助困难群体作为考核地方政府政绩的指标内容，定期进行检查。二是明确劳动保障部门的任务。三是要结合城镇与农村劳动保障工作的重点、特点和中心任务，分别明确社区劳动保障机构的任务。四是明确考核地方政府、县（市、区）劳动保障部门和社区劳动保障服务站的指标、标准与程序。

（四）规范五个管理

第一，要规范相关部门之间的行为。就业和再就业工作，除劳动保障部门外，工会、妇联等群众性组织和社会组织也在开展，有必要对此进行规范性管理。第二，要对公益性岗位的开发和使用进行规范管理。社区服务活动和公益性岗位涉及规划、工商、民政、劳动和社会保障等多个机构，凡属于政府投资开发的公益性岗位应由劳动保障部门统一负责掌握使用和调度，用来优先安排大龄失业人员和困难群体就业，这需要多方面的配合和支持。第三，规范劳动保障部门内部的管理制度和原则、工作内容和流程等。要健全劳动就业制度、社会保障制度、教育培训制度、公共就业服务制度和绩效考评制度等。要建立再就业援助机制、失业预警机制等，市场调节就业，劳动者自谋职业、自主创业和流动就业的就业机制与就业格局。第四，按照“六个到位”的要求，对街道、乡镇和社区劳动保障工作机构进行规范建设。第五，平台建成后，规范性地开展下列工作：规范社会化服务的内容、标准和流程等，规范档案、台账项目管理等，规范执法检查行为、劳动用工合同和社会保障办法等。

第四章　社区人力资源开发

在推动一国经济快速发展的因素中，最关键的因素之一是人力资源。一个社区要实现可持续发展，必须注重人力资源开发工作。我国一些行政村之所以变成经济百强村，建构起较完善的、高水平的社区保障体系，关键是这些农村社区有一批经济能人。他们是社区最有竞争实力的人才，是他们敢想敢干，用自己的才智在社区建立了强大的社区集体经济体系，使自己的村庄变成适合居住和工作的现代社区。

第一节　社区人力资源开发概述

资源是人类社会生存和发展的基础，也是人类社会生产资料和生活资料的天然来源。资源是指在一定时空下能够产生经济价值并用来提高人类当前或未来生活福利的一切自然环境和各种条件。资源一般分为自然资源和社会经济资源。

一、人力资源的含义

人力资源一词由“人力”与“资源”组合而成，人力资源作为第一资源和一种特殊的资源，是以人的生命力为载体的社会资源，伴随社会经济的发展和现代科学技术的进步，其地位和重要作用日益凸显。但对人力资源的内涵和外延，国内外并没有统一的解释。南京大学赵曙明认为，人力资源是指依附于劳动者、可以用劳动者的数量和质量表示的资源，是潜伏于人们体内的生产能力，对经济发展起着生产性的作用，使国民收入持续增长。人力资源是最活跃、最积极主动的生产要素，是积累和创造物质资本，开发和利用自然资源，促进和发展国民经济，推动和促进社会变革的主要力量。清华大学张德提出，人力资源是处于劳动年龄段内的、已经投入经济建设和尚未投入经济建设的人口的能力，即能够推动经济和社会发展的劳动者的能力[①]。本书认为，人力资源是指在一定时间和空间内，一定社会组织内的具有智力劳动能力和体力劳动能力，能够推动经济社会发展的全部人口的总和，包括数量、质量，是质和量的统一。人力资源的数量和质量存在结构性差异，这种差异主要表现为自然结构、空间结构、社会结构、文化程度结构等。

（一）人力资源数量

人力资源数量是指在一定时间和空间内，具有智力劳动能力和体力劳动能力的人口总和。其影响因素包括人口规模、人口年龄、人口性别、生育率水平、死亡率水平和人口迁移与流动等。人口规模是特定时间点和区域内的人口数量，人力资源数量与人口规模呈正相关关系；人口年龄构成是在人口规模既定的条件下不同年龄的人口与比例，人口年龄构成直接决定现实人力资源数量多少。在现代社会中生育率水平的高低和变化影响着人口规模、人力资源数量，死亡率的变动也影响着人力资源的数量。现代社会的人口迁移与流动，推动或拉动某些地区人力资源数量增减和人力资源空间分布的变化。

（二）人力资源质量

人力资源质量是指一个国家或地区，在一定生产方式下，人口群体所具有认识与改造世界的条件和能力。概念中的“人口群体”是指一个国家或地区的人口总体；“世界”既包括自然界，又包括人类社会；“条件”指人口群体认识和改造世界所具备的身体素质、科学文化素质、思想道德素质；“能力”指人口群体具备上述三个条件的状况及其作用的发挥。人口质量越高，人口总体认识与改造世界的条件和能力越强；人力资源质量越低，人口总体认识与改造世界的条件和能力越弱。总体人力资源质量水平，体现着社会物质文明、精神文明和身体健康的程度。

---

① 侯光明．人力资源战略与规划［M］．北京：科学出版社，2009：7－9.

人力资源质量主要包括人口总体的身体素质、科学文化素质和思想道德素质。这三方面的素质能综合反映人口总体认识与改造世界的条件和能力。人口的身体素质、科学文化素质和思想道德素质之间，存在着相互联系、相互作用、相互制约的关系，共同构成了人力资源质量这一综合体。

人口的身体素质，是指人口总体的身体发育情况、健全程度、体质强弱、耐力优劣、寿命长短、智力高低、动作灵敏度等身体健康状况与大脑机能状况及生命周期等。人口的身体素质是人力资源质量的载体和自然基础。

人口的科学文化素质，是指人们通过各种形式所获得的科学文化知识、经验、技能以及用来认识、改造世界的智慧与创造力。人口的科学文化素质是人类认识和改造世界过程的长期积累，是人类认识和改造世界能力的主要表现，是人力资源质量高低的主要标志，是人口质量的核心。因为，人口的科学文化素质高，一方面，懂得食物营养、体育锻炼等的重要性，一般会加强自身保健，促进其身体素质的提高；另一方面，理解和接受事物快，一般易于把握自己的行为，促进其思想道德的提高。所以，人们往往把人口的科学文化素质作为衡量人力资源质量的主要标志。

人口的思想道德素质，是从人们的思想意识方面来考察人力质量的，主要包括人生观、道德观、思想品质、传统习惯等。人口的思想道德素质对人们认识和改造世界的能力发挥着重大作用。

人力资源质量具有双重属性。人力资源发展过程是社会、历史过程和自然、生理过程的统一。因此，人力资源质量也具有相应的社会属性和自然属性。人力资源质量虽然具有社会、自然的双重属性，但其本质属性是社会性。因为，人力资源质量虽然受到自然规律的支配，但这些自然规律借以发生作用的物质条件是由社会生产力和生产关系等社会经济因素所决定的。从人类历史上看，人力资源质量绝不是永恒不变的自然范畴，而是随生产力发展不断提高的历史范畴。

二、人力资源开发

人力资源开发指的是为充分、合理地发挥人力资源，以提高一个国家或地区经济社会发展能力而进行的人口数量适度控制、劳动力素质改善、能力提高以及劳动力资源的有效配置和供给及其相关的一系列开发活动。人力资源开发主要包括：①教育。包括正规教育、非正规教育和在职训练等。通过教育，可以提高人的知识水平和文化修养，提高劳动力的工作能力、技术水平和熟练程度，提高劳动者的素质。②医疗、保健和营养。实行适度的人口控制政策，通过医疗保健，有效地提高劳动力的健康水平，改善其营养状况，延长其预期寿命。③合理配置人力资源。人力资源开发包括对劳动力人口（现实的或潜在的）的教育、培训、配置和使用等环节，教育是人力资源开发的基本环节[①]。

人力资源开发宏观上是指一个国家或一个组织通过一系列有目的和有计划的教育培训活动，并与一定范围内人力资源的开发对象结合，充分发掘人力资源能力，提升人力资源智能资本、技能资本和健康资本存量，达到人力资源合理配置和利用，从而产生高效率的投资行为。人力资源的微观开发是指人力资源的个体为提高其收入水平而参加的自我教育活动，目的是提升个体人力资源的质量。

人力资源开发主要是宏观开发，通过各种有效的教育培训活动对人力资本进行投资是其主要的开发方式，其目的是提高人力资源的质量，改善人力资源结构，充分挖掘劳动者个体的潜能，促进人力资源在社会经济活动中的合理流动与配置，从而推动经济社会持续、健康发展。其核心是开发人的潜能，其重点是提升人的能力。它是一个复杂的、贯穿于人力资源发展全部过程的社会系统工程，是特殊性的开发、投资性的开发、系统性的开发、动态性的开发。人总是在特定的背景中获得发展的，人力资源能力来源于专业化教育或工作经验，来源于个体自组织与外在环境的双向互动。人力资源开发不仅指人的身体健康，比如预期寿命、婴儿死亡率、发病率和营养水平，同时还包括了社会文化方面，如教育与就业率、社会内聚力和稳定性、政治观点表达、文化多元性以及生态和谐等。

---

① 陈金芳，何侃．教育与人力资源开发［M］．郑州：大象出版社，2005：346.

三、社区人力资源开发

社区人力资源是特定社区范围内、一定时间内的人口的体能和智能，是社区人口中扣除无劳动能力人口后的全部人口，也称为社区“劳动力资源”。社区人力资源是推动社区经济社会发展的基础性资源，是数量和质量的统一。社区人力资源数量是指在一定时间内、在社区范围内具有智力劳动能力和体力劳动能力的人口总和；社区人力资源质量是指一定时间内具有体质、智力、知识、技能水平的社区人力资源，表现为人口总体的身体素质、科学文化素质和思想道德素质水平。

社区人力资本是通过对社区人力资源的投资开发形成的，是可以带来财富和能够增值的那部分人力资源。社区人才资源，是社区人口中具有较高专业学历或已经具有相应专业技术职称任职资格的、有一定专业技术特长与管理能力的专业技术人员和管理人员。在我国，具有一技之长的能工巧匠也属于社区人才范畴。

社区人力资源开发是一个国家或地区对所辖范围内的社区人力资源进行的规划、教育培训、合理配置、健康保障等一系列活动，也就是对特定时空内的全体社区人口进行认真分析的基础上，确定其健康、素质水平，并通过一定手段调控人口数量，开展职业技术培训与教育，发展义务教育、公共卫生事业和社会保障事业等，达到提高社区人口整体素质的目的，并不断促进社区内劳动力资源合理配置、转移和利用的活动。

社区人力资源开发需要对特定社区人力资源进行共性和特殊性分析，从而确定不同人群在知识和技能上的共同性与差异性，根据不同情况进行有针对性的有效资本投资。通过开展培训和教育等方式持续提高社区劳动者的素质、知识和技能，满足社区经济发展和人力资源个体的需要，促进社区经济社会健康可持续发展是目前一段时期内社区人力资源开发的重点。现阶段实施社区人力资源开发，对人力资本加大投资是现代化发展的内在需要，是我国经济结构和产业结构调整的需要，也是加速推进社区人力资源向外部转移进程的需要。

第二节　社区人力资源规划

人力资源规划又称人力资源计划。社区人力资源规划就是对社区人力资源进行计划，社区人力资源规划的制定和实施必须服从社区总体发展目标，为实现社区发展目标提供人力资源保障。

一、社区人力资源规划概述

（一）社区人力资源规划的含义

社区人力资源规划是指根据社区的发展目标与社区内外部环境和条件的变化，运用科学的方法对社区人力资源需求和供给进行预测，制定相应的政策和措施，从而使社区人力资源供给和需求达到平衡的过程。它包括预测社区未来的人力资源供求状况，制订行动计划及控制和评估计划等过程。

（二）社区人力资源规划的目标和任务

社区人力资源规划的目标和主要任务是：①确保社区在适当的岗位上获得适当的人选（包括数量、质量、层次和结构），并使社区和个人得到长期的益处。②在社区目标和个人目标达到最大一致的情况下使人力资源的供给和需求达到平衡，实现人力资源的最佳配备，最大限度地开发人力资源潜力。③分析社区在环境变化中的人力资源需求，并制定必要的政策和措施以满足这些要求。通过制定人力资源规划，一方面，保证人力资源管理活动与社区的战略方向和目标相一致；另一方面，保证人力资源管理活动的各个环节互相协调。

（三）社区人力资源规划的原则

1. 一致性原则

有价值的人力资源计划必须既具有内部的一致性又具有外部的一致性。内部的一致性是指招募、甄选、配置、培训以及工作评价等人力资源计划的设计彼此匹配；外部的一致性是指人力资源计划应当成为社区总体计划的一个组成部分，同社区的整体发展计划相匹配。

2. 全面性原则

人力资源总体规划应具有全局性。从横向看，人力资源规划要涉及社区的管理、服务等各个部门；从纵向看，人力资源规划要涉及人员补充、人员使用、人员接替与提升、培训开发、薪酬福利、激励、劳动关系、退休裁员等各个方面。

3. 准确性原则

人力资源规划应对未来人力资源供需状况进行尽量准确的分析预测，并制定相应措施以确保社区的人力资源需求。如果误差过大，会导致调整规划成本过高或根本无法实现社区的目标。

4. 可控性原则

人力资源规划是一个长久持续的动态工作过程。由于社区内外诸多不确定因素的存在，造成社区战略目标的不断变化，也使得人力资源规划不断变更，因此规划应当具有可调整控制空间。

二、社区人力资源规划的主要内容

社区人力资源规划的内容较多，主要包括以下几个方面。

总体规划。总体规划即根据社区战略确定的人力资源规划总目标和总政策、实施步骤及总预算的安排。

配备计划。社区中各个部门、岗位所需要的人员都有一个合适的规模，这个规模是随着社区内外部环境和条件的变化而变化的。配备计划就是要确定这个合适的规模以及与之对应的人员结构情况，这是确定人员需求的重要依据。

人员补充计划。由于社区规模的扩大，原有人员的退休、离职等原因，社区中经常会出现新的或空缺的职位，这就需要社区制订人员补充计划，以保证在出现职位空缺时能及时地获得所需数量和质量的人员。

人员使用计划。人员使用计划的主要内容是晋升与轮换。晋升计划就是根据社区的人员分布状况和层级结构，拟定人员的提升政策。轮换计划即是为了使员工更好地适应社区的工作，得到全面发展而拟订的大范围地对员工的工作岗位进行定期变换的计划。晋升表现为员工岗位的垂直上升；轮换则主要表现为员工岗位的水平变动。

培训开发计划。通过培训开发，一方面可以使社区劳动力提高素质和能力，更好地适应正在从事的工作，以提高社区的管理水平；另一方面也为社区未来发展需要的一些职位准备了人才。培训计划与晋升计划、配备计划以及个人发展计划有密切的联系，培训的相当一部分工作应在晋升之前完成。培训计划应着重培训时间和培训效果的保证。

劳动关系计划。即关于如何减少员工投诉和不满，减少和预防劳动争议，改进劳动关系的计划。可以通过让员工参与管理、加强沟通的方法来进行，还可以制订管理人员继任计划和员工个人职业规划。

退休裁员计划。社区每年都会有一批人因为达到退休年龄而离开社区。在经济不景气时，有的社区还常常采取提前退休、买断工龄甚至下岗等特殊手段裁减冗员。在这些方面，社区都应根据人员状况提前做好计划。

三、社区人力资源规划的主要环节

社区人力资源规划的编制一般可分为以下几个步骤[①]。

（一）收集有关信息资料

人力资源信息资料是制订人力资源计划的依据，信息资料的质量如何，对人力资源计划工作的质量影响很大。人力资源计划有关的信息资料

① 曾建权．人力资源管理理论与实务研究［D］．天津大学博士学位论文，2007：73－76.

主要分为内部信息和外部信息。内部信息主要包括：社区发展目标、职位的调整情况（职位的类型及基本要求）、社区人力资源现状（如人员素质、人员能力、性别、年龄等）、社区工作人员的考核与培训及教育情况，还包括社区工作人员的薪金、福利待遇情况、辞职率和流动性等等。外部信息主要包括：宏观经济形势、社会建设目标、社区管理水平、劳动力供求状况、人口和社会发展状况、政府的相关方针政策和法规等。

（二）人力资源需求预测

在掌握了社区内、外部信息后，就要结合社区内、外部环境条件对社区未来的人力资源需求进行分析和预测。对社区外部环境因素进行分析是进行人力资源规划的前提。社会、政治、法律及经济环境（包括未来社会经济发展状况、经济体制改革进程等）等会影响社区的人力资源需求，以信息技术等为代表的技术革命也将对社区人力资源需求产生重大影响。此外，社区产品或劳务需求的变化也会影响社区人力资源需求。人口、交通、文化教育、劳动用工制度、人力竞争、择业期望则构成社区外部人力资源供给的多种制约因素，只有了解和掌握这些外部环境因素的变化，才能为社区制定出有效的人力资源规划。社区的管理方针、预算以及行动规划也对人力资源需求有着直接的影响，如社区拟建立新的部门，其人力资源需求就要跟着变化。

在综合分析以上因素的基础上，才能进行人力资源需求的预测。所谓人力资源需求预测是指以社区的发展目标、发展规划和工作任务为出发点，综合考虑各种因素的影响，利用合适的信息和技术对社区未来需要的人力资源数量、质量等进行估计的活动。它是编制社区人力资源规划的起点，其准确性对规划的成效有着决定性的作用。在具体操作中，目前国内外对人力资源需求进行预测的方法和技术主要有德尔菲法、趋势分析法等，社区可根据实际情况选择采用不同的方法。

（三）人力资源供给预测

人力资源供给预测包括两方面：一方面是内部人员拥有量预测，即根据现有人力资源及其未来变动情况，预测出计划期内各时间点上的人员拥有量；另一方面是外部供给量预测，即确定在计划期内各时间点上可以从社区外部获得的各类人员的数量。一般情况下，内部人员拥有量是比较透明的，预测的准确度较高，而外部人力资源的供给则有较高的不确定性。社区在进行人力资源供给预测时应把重点放在内部人员拥有量的预测上，外部供给量的预测则应侧重于关键人员，如高层管理人员、技术人员等。分析社区现有的人力资源状况是制定人力资源规划的基础工作。实现社区战略，首先要立足于开发现有人力资源，因此人力资源部门要经常了解内部人员情况，做到心中有数，对不合适的人员加以调整，确定人力资源的内部供给情况。在这一阶段的主要工作有以下几个方面。

一是掌握内部人员的基本情况。这是指在本社区内人力资源信息库或资料中查出社区中各种人员的数据，各个部门各种人员的配备，每个工作人员的性别、年龄、工作经历、培训、教育以及每个人的发展规划和技能水平等资料，还有目前本社区内各个工作岗位所需要的知识技能以及各个时期中人员变动情况等，列出详细的人才目录，以供分析和比较。

二是根据以上信息，掌握社区职工的自然流失情况（如伤残、退休、死亡等），并根据到期的离职情况，估计可能的人力损耗。

三是分析社区内人力资源流动情况，包括晋升、降职、平调等，这里应格外注意对可晋升人员的鉴别。这一阶段，还应该确认全体人员的合格性，对不合格的人员要进行培训。大材小用，小材大用的都要进行调整；掌握职位空缺情况，分析哪些职位可以在社区内部调整、哪些职位需从外部招聘。作出这些判断时，往往还需要参考过去人力资源规划的效果。

四、岗位分析：社区人力资源规划的关键

社区人力规划成功的关键在于分析空缺岗位的需求，然后确定与标准岗位性质相同的附属岗位。因此，在对岗位做好分析界定后，才能作出符合需要的人力资源规划。我们需要了解岗位任务、解决的问题及所需要的知识、经验和技能，以及对人员素质的要求。无论是进行选拔、培训，还

是确定薪金，我们都需要了解某项工作有何具体要求，需完成哪些任务，以及这项工作所涉及的范围和复杂程度如何。

（一）岗位分析的主要用途

1. 招聘与选拔

可提供有关某项工作所涉及的目的、义务及各种相关信息，并可指出影响此项工作的自然、社会和经济因素。这些信息，可以有效地说明能胜任此职的最佳人选需具备哪些素质。

2. 培训与发展

通过对每项工作所包含的各项内容进行详细分类总结，可明确规定出为保证目前或日后在工作中创造佳绩应需何种知识和技能，以及应持何种态度。

3. 报酬的确定

指出各工种在重要性、复杂性以及工作量上的相对性。报酬多少会尽量根据雇员的个人业绩优劣而定，并会建立起各类不同工种之间的相对价值体系。

4. 机构的发展

重新审视各岗位的结构或内容，且需格外关注各岗位之间的有机联系，以确保机构自身的灵活性，以及对不断变化环境的适应能力。

（二）岗位分析中的关键问题

岗位的目标是什么？这项岗位最终要取得怎样的结果？从社区的角度来看，这项岗位具有哪些重要意义？为何设置这一岗位？工作的意义何在？

岗位在社区中的位置如何？它直接为谁效力？哪些职位与该岗位同属一个部门？它最频繁的对内对外联系有哪些？

需具备何种技术、管理及人际关系的协调能力？岗位的基本要求是什么？岗位主管的工作环境在技术、专业以及经济方面的状况如何？需要哪些专业技术？如何掌握技术知识，脱产培训还是在职培训？

他的行动或决策受何种因素控制？他依据怎样的原则、规章制度、先例和人事制度办事？他能否改变自己部门的结构？他有何种权力？

工作最终要取得什么重要成果？除能圆满解决问题之外，他还直接负责什么工作？他是负责具体处理某事还是负责监督别人来处理此事？用何种标准衡量工作的绩效？是由他来确定任务还是由他来社区完成任务？

第三节　社区人力资源培训

培训作为人力资本投资和再生产的重要手段，能有效优化社区人力资源，保证社区人力资源的持续良性发展。

一、社区人力资源培训内容

（一）根据社会需要确定培训内容

无论是哪一种培训，最重要的就是要发现哪种培训具有价值，哪种培训价值不高。为此，社区必须根据社会发展计划设计出有效的培训规划，进行社区分析、任务分析、人员分析等工作，发现培训需求并制定培训规划。

首先，培训计划应从社区整体目标和战略要求出发，从提高整个社区人力资本竞争优势的高度思考与审视社区培训需求，将培训计划纳入社区发展战略中。从战略的角度制订培训计划，主要考虑人力资源培训能否给社区带来人力资源提升，是否对促进社区管理和发展有益。

其次，根据社会岗位需求和岗位职位要求，确定被培训者究竟需要提高哪些方面的知识技能。此项工作主要分为三个环节。第一，建立明确的职系和资位体系。所谓职系，就是对社区的所有被培训者根据其在工作中主要应用的技术类别进行纵向的分类。当然，职系中还可以再细分为职（工）种。第二，系统分析每一职系主要应有的知识和技能。第三，制定资能规范表。对每一个职系的每一个职位都制定一张资能规范表，表中除了该职位的任职资格和职业生涯外，主要是根据上一步骤的分析，对每一个任此职位的人规定一系列必须掌握的知识和技能要求。在社区中每一个被培训者都有一个确定的资格职位。通过学习掌握这些知识和技能，使其具备任本职位的必要条件，如果有晋升或调动就必须通过学习，掌握相应新职位所必须具备的知识和技能。

最后，在收集被培训者绩效考评结果、体能测试成绩和培训调查问卷等信息的基础上，将被培训者个人的目前绩效和技能水平与培训预期绩效要求和技能标准相对照，确定每个被培训者个人的教育培训需求。

这三个层次的评估分析不是孤立的，而是循环往复、连续反馈、相互协同进行的。职业教育培训评估还可以针对新老被培训者的不同情况来进行。新被培训者和从事新工作的被培训者，可以采用工作任务分析的方法，也就是通过设计编制工作说明书、工作规范和任务分析记录表等明确工作任务和内容，从而确定对新被培训者和从事新工作的被培训者进行哪些方面的岗前教育和技能培训。对在职被培训者的教育培训需求，可以采取工作绩效分析的方法，即通过绩效考评了解被培训者的绩效差距，并从中分析哪些是由于主观努力不够或不愿付出导致的绩效差距，哪些是由于技能水平低和不能做而需要教育培训来解决的棘手问题。另外，即使是被培训者目前的工作绩效是令人满意的，但由于科技进步、工作转换、被培训者晋升等原因，也会提出教育培训的需求，社区需要随时对被培训者这方面需求作出评估。

（二）培训内容的时效性

被培训者作为培训投资的物质载体，其生命是有限的，而技术和知识又是不断发展的，这就决定了人力资本具有明显的时效性。社区培训后的人力资本如不及时加以充分利用，其价值必然会随着时间的推移而出现贬值，具体表现为知识陈旧、技术生疏、体力不支等现象。尤其在信息化、数字化、网络化的现代社会条件下，知识更新周期日益缩短，产品技术更新升级日益加快，使得人力资本的时效性日益凸显。随着知识经济时代的到来，知识迅速成长为最重要的生产要素，知识量每五六年就增加一倍。社区培训的主要内容是丰富被培训者的知识，提升被培训者的技能，发展被培训者的能力。这种知识、技能和能力同样会出现损耗，这种损耗可以分为有形的损耗和无形的损耗。其中，有形损耗主要是指由于生疏、遗忘等引起的知识和技能的减少。人力资本投资具有相继性特点，即后期的投资必须以前期的投资为基础和前提条件，所以培训的有形损耗不仅影响即期投资的收益，而且影响后续培训的收益。无形损耗是指由于科学技术的飞速发展使得原有的知识和技能以及能力变得相对落后。科技的快速发展、市场的动态变化、产品生命周期的急剧缩短都加速了社区在职培训人力资本的无形损耗。在这种背景下，若社区培训的内容不能紧密地结合实际需要并及时更新，就将面临无形损耗的风险。从人力资本的损耗性进行分析，社区培训内容应该具有时效性。

（三）加强心理健康方面的培训

随着我国社会的不断发展，人们面临的社会竞争日益激烈，多元文化的碰撞，价值观念的冲突，生活、工作压力加大，人们出现了各种程度不同的适应不良及心理问题，这些问题影响了人们的工作积极性，妨碍了劳动力素质的提高。一些与工作压力有关的慢性疾病有较高的发病率，几种常见慢性病如高血压、高血脂、慢性胃炎等的患病比重都呈上升趋势。因此，劳动力心理健康问题已经成为21世纪管理者面临的新课题。心理健康培训是一项专业化程度很高的系统工作，主要应该包括以下内容。

1. 自我认知的培训

正确的自我认知是心理健康、个人成长及良好人际关系的先决条件。自我观念是人们一切行为的根本决定因素，也是被培训者成长的基石和潜能开发的基础。但是在现实中，人们常常为了维护自尊而回避甚至拒绝对自己进行新的了解，因为他们担心这种反思和了解会使自己最后看不起自己，从而产生自卑感，感到软弱、无能、羞耻，所以人们常常会保护自己理想的自我形象，但这往往是造成心理冲突、人际关系紧张的主要因素，并进而影响到自我成长。心理学家认为，人的自我包括三个内容：一个是真实的我，即指个人所具备的一切潜在条件；一个是现实的我，是指目前个人身心各方面的状态；一个是理想的我，指个人对于自己的期望，希望自己能成为什么样的人，能做什么样的事①。自我认知培训就是帮助被培训者整合三个自我，形成正确的自我认知。

2. 人际交往培训

人际关系不仅会影响到工作积极性，而且会影响到劳动力的情绪及身心健康。人际交往培训主要帮助正确认识周围的环境和周围的人，学习人际沟通的原则和技巧，学会尊重、理解和宽容与其交往的人，克服人际交往中常见的偏见和障碍，培养和形成建立良好人际关系的能力。

3. 压力缓解培训

在现代社会中，工作压力大是一个普遍现象。由于工作压力大等原因，中年人死亡率明显上升已经成为社会关注的热点问题。劳动力压力培训主要帮助被培训者分析压力的来源，正视各种压力，并学会通过各种行之有效的手段缓解压力、释放压力。

4. 挫折培训

挫折是人们在从事有目的的活动中，遇到困难和障碍，致使个人目的不能实现、需要不能满足时的情绪状态或反应。面对挫折，人们会出现诸如攻击、合理化、投射、冷漠、逃避等一系列行为表现。这些行为表现可能使受挫者暂时应付了挫折，但不能最终解决问题。培训者首先要以宽容和理解的态度来对待挫折时出现的各种非理性行为，在恰当的时候帮助其分析挫折产生的真正原因，并教会其如何分析和应对挫折。通过长期的疏导和调控，使培训者获得一种强大的心理承受力以应付各种挑战。

5. 职业生涯培训

所谓职业生涯，是指一个人一生所从事的各种职业。职业生涯培训主要帮助被培训者正确认识自己的优势和不足，为自己设立事业目标，并帮

---

① 郑杭生．社会学概论新修（第四版）［M］．北京：中国人民大学出版社，2013：118－119.

助被培训者顺利实现自己的目标。此外，面临离职或下岗时，会产生无助、失望、自卑、抱怨等一系列心理困扰，这也是心理培训的一个重要内容。

二、社区人力资源培训方法

人力资源培训是一个系统的工程，正确培训内容的选择是社区成功进行人力资本投资的前提，如何将选择和制定的培训内容用最有效的方法传递给受训者，提高培训的收益率，也是培训的一个重要环节。但是，目前我国人力资源培训存在诸多问题：培训的形式单一、方法传统、课程开发缓慢。例如培训仍以课堂讲授为主，重知识培训，轻技能训练；教学上采用单向教学方式，不是互动教学方式。大部分培训仍采用传统灌输式的教育方法，很少给被培训者各种实践机会。

（一）传统人力资源培训方法

1. 师带徒

师带徒是一种最为传统的培训方式。最早的师带徒培训没有一定的方法和程序，徒弟只是从观察和体验中获得技能，因而成效相当迟缓。后来的师带徒培训是作为一种在职培训的方法，其形式主要是由一名经验丰富的员工作为师傅，带若干名新劳动力。通常是在需要手工艺的领域中使用这种培训，如管道工、理发师、木匠、机械师和印刷工等。随着师带徒培训在实际工作中的应用，其外延和内涵也在不断丰富和发展。导师制的推行即是师带徒的演绎，它从手工艺领域扩展到所有有关知识、技能的领域，导师对学徒的指导不仅包括知识、技能的指导，也包括品行、态度等方面的指导。

2. 岗位轮换

岗位轮换是指根据工作要求安排新劳动力在不同的工作部门工作一段时间，通常时间为一两年，以丰富新劳动力的工作经验。现在，许多社区采用岗位轮换的方式培养新进入社区的年轻的管理人员和有管理潜力的未来的管理人员。一般而言，岗位轮换有助于年轻管理人员和预备管理人员扩展其管理知识和技能，了解整个社区情况。

3. 讲授法

讲授法是指培训师用语言将他想要传授给培训对象的内容表达出来的一种培训方式。在这种培训方法中，培训对象是信息的被动接受者，培训需求与培训对象之间的沟通在大多数时候也是一种单向沟通。因此，这种方法缺乏一种互动性。于是现代培训强调双向教学法，即由两位教师同时登台授课。这种新型教学法是从演讲方法演化而来，从某种意义上说是课堂讲授的科学升华。传统的课堂讲授，由一位教师主宰课堂，教师讲，学员听，容易形成“一言堂”。而双向教学法因为有两位教师共同授课，可以为学员营造一种讨论的氛围和合作的环境。

传统的在职培训方法对于被培训者知识获得和技能提高都有着非常重要的意义与价值，但这些方法对于被培训者态度等方面的改变相对较少，而且比较难以调动被培训者的主动性和积极性。

（二）案例研究法

案例研究法指为参加培训的学员提供如何处理棘手问题的书面描述，让学员分析和评价案例，提出解决问题的建议和方案的一种培训方法。案例分析法针对某个特定的问题，向培训对象提供一个描绘实际中和可能存在的问题与情境的案例，其中会包含大量的背景材料。培训对象往往组成小组来完成对案例的分析，进行判断，提出解决问题的方法。随后，集中讨论发表自己小组的看法，同时听取别人的意见。案例学习法旨在给受训者提供一种经验、一个认识和分析实际情境并提出对策的模拟实战机会，从而培养参加者分析、解决实际问题的能力。

（三）体验式培训

20 世纪 70 年代以来，体验式培训逐渐兴起。这种区别于传统认知式培训的新方式，有效地促进人力资源开发，也为人力资源开发提供了新的视角。

体验式培训即指通过设定特殊场景，让个体成员通过在活动中的充分参与，来获得个人经验，然后在培训师的指导下，团队成员共同交流，分享经验，提升认识的培训方式。它与传统的培训模式有很大区别，前者以培训对象为中心，以学为主，强调成员的充分参与和经验的共同分享，能有效提高参与者解决实际问题的能力，改善人际关系。而传统培训模式则以培训者为中心，以教为主，把培训对象看作是消极被动的接受者，容易形成心理惰性和知识壁垒，不利于群体沟通，最终导致较差的培训效果①。

专业培训机构提供的体验式培训，大都把培训对象带到大自然中，通过专门设计的、富有挑战性的课程，利用种种典型场景和活动方式，让团队和个人经历一系列考验，磨炼克服困难的毅力，培养健康的心理素质和积极进取的人生态度，增强团结合作的团队意识。一般而言，从培训活动的开始到培训效果的应用，体验式培训主要包括活动、发表、反思、理论、应用五个环节。其中，最重要的就是体验后的经验分享这一环节，培训对象能挖掘到课程与自身工作间的共同要素，并通过分享交流吸收别人发现的共同要素，大大拓宽经验有效迁移的范围。此外，体验式培训有其独特的课程设计，这些课程设计总的思路是以体能活动为引导，以心理挑战为重点，以人格完善为目的。培训课程可分为个人项目和集体项目：个人项目要求每一个人充分发挥出体能和心理上的潜力，经受一定难度的考验，最大限度地完成活动指标；集体项目以复杂性、艰巨性为特征，要求全体成员共同营造良好的团队气氛，以相互理解、信任、协作、融洽和默契来克服活动中的困难，达到活动目的。培训一般在户外进行，以短期培训为主。它的价值在于帮助参加者理解与日常工作相关的知识和经验，并辅导他们开发有助于加强这些关系的特定技巧。

体验式培训形式广泛，比较流行的主要有行为学习法、户外培训、沙盘模拟、教练等方式。目前在我国应用较为普遍的是行为学习法和户外培训。行为学习法源于第二次世界大战时期英美军队的培训方式，目前已在工商界乃至政府机关中广泛开展。行为学习法主要包括任务描述、目标设置、计划、行动、成果展示和回顾六方面。在实施过程中，学员通常被分

---

① 郑茂雄．体验式培训：社区人力资源开发的新视角［J］．广西社会科学，2005（2）：163－166.

成2~4个组，进行3~5天的集中式驻地学习。其有两个核心思想：一是“做中学”；二是建立系统分析的心智模式。通常在3~5小时的学习计划中有一个主要的学习目标，并在学习培训的过程中贯彻实施。户外培训的目的在于，如果培训对象能够超越挑战，那么，在工作中的种种挑战将相形见绌，培训对象在工作中的行为将同户外培训一样取得成功。户外培训的形式很多，如丛林跋涉、球类比赛、乘筏漂流、方向训练、攀岩洞穴、探险以及潜水等。户外培训应考虑特定目标、挑战和任务、发现式学习等内容①。

三、构建社区人力资源培训体系

建立以就业为主要目标的社区人力资源培训系统，涉及社会就业、社区人员技能需求、教育培训能力等方面，相应地就必须由政府、社区、培训机构、培训者个人共同参与。各方只有在明确各自的权利、责任以及义务的基础上才能有效运行系统，达到人力资源培训的目的。

（一）政府

政府是整个社会的协调者，尤其在我国这样一个经济社会还不是很发达的发展中大国，这一点尤为重要。然而，政府作为宏观调控的管理者，本身并不适合包办该事项，政府应该以管理者、协调者和服务者的身份来参与该体系。例如，在国家宏观管理环节制定人力资源的相关法律和政策，强调基础教育、专业培训，鼓励人才流动，解决人才培养、储备、交流、合理使用等问题。在区域管理中，各级政府可以在政府管理部门搭建人力资源信息、管理平台，为社区、培训机构与个人架起沟通的桥梁，有条件的地区还可以建立统一的人才库，为人才建立统一的评估标准，为社区培训、选拔、招聘人才提供客观、规范、有效的指导。在整个培训系统的各方之中，政府应以系统协调者的身份出现，综合各方所需，并考虑培

① 郑茂雄．体验式培训：社区人力资源开发的新视角［J］．广西社会科学，2005（2）：163－166.

训对象的实际需求，协商制订系统的培训方案，扮演培训方案制订者的角色。

（二）社区

社区应是培训方案的提出者，也是培训结果的直接受益者之一。让社区参与到培训体系中来是可行的，社区提供有关培训需求的信息，并把大部分培训内容放到外部培训系统中去运作。而社区根据社区及地区发展的需要，制订各阶段的培训方案，吸纳培训人员有计划、有针对性地去完成自身技能与素质的提高。

（三）培训机构

目前我国的培训机构主体还是拥有师资的各类学校。学校作为培训方案的执行者，必须具备各课程开发能力，能够为外部提供教育服务。我们必须面向市场，提倡多元化办学，提倡一校多制，强调学历教育与培训并举。也就是说，应把一部分社会服务的职能引进学校，让学校开始介入社会、经济、文化的发展，并由此来获得良好的声誉。学校必须逐渐把自己的一部分职能纳入到市场机制中，依照市场要求来决定自己的部分师资及学科方向，将自己纳入区域人力资源发展的系统范围。

（四）培训对象

在整个培训体系中，个人处于一个培训对象的角色上，被培训的人都希望通过培训来提高自己的知识技能与资历。个人应有职业危机感，不断强化自己的学习意识，通过学习相关的专业技能来确保自己在职业中的领先地位。同时，还要积累一些可转换的技能，确保在需要时，可以转行到其他可行的职位上，以使自己的职业生涯不断拓展。

第四节　社区教育与社区人力资源开发

社区教育是在一定地域范围内，充分利用各种教育资源，旨在提高社区全体成员整体素质和生活质量，促进区域经济建设、社会发展和教育自身发展的教育活动。大力发展社区教育，能有效促进社区人力资源开发。

一、社区教育的含义

社区教育思想最早可以追溯到丹麦人柯隆威（N. Grundtvig）1844 年创办的第一所“民众高等学院”。而现代意义上的社区教育则是在 20 世纪欧美一些国家出现的，至今已有百年的历史。美国教育家约翰·杜威（John Dewey）对社区教育进行了研究，提出“学校是社会的基础”的思想，这一思想由曼雷（F. L. Manley）和莫托（C. S. Mott）在美国密歇根州进行了实验，此实验方案把学校与社区沟通起来，学校成为社区的一种资源，被社区利用，为社区服务①。社区教育从居民需要出发，体现当地民众的需要和利益。进入 20 世纪以后，随着工业生产的集中和扩大，城市开始支配工业国家人们的生活，教育在帮助人们进入和适应工业组织上的作用越来越重要，教育机会平等、民主的口号受到普遍认同，教育的范围进一步扩大，社区教育在不同领域、从不同的角度相继发展起来。

在社区教育的发展过程中，不同的国家走过了不同的道路，体现了不同的特色，形成了对社区教育不同的理解。如北欧诸国把社区教育界定为“民众教育”，日本把社区教育界定为社会教育，美国则把社区教育看作是向社会提供教育服务的非正规教育。也就是说，现代社区教育由于其发展历史不长，各个国家具体国情的不一致，所遵循的发展历程和模式也不一样。另外，因为现代意义上的社区教育体现的是一种全新的教育思想，是

---

① 张光辉．我国社区教育发展探析［J］．职业教育研究，2010（8）：22－24.

对传统教育观念的革命性发展，内涵具有前所未有的复杂性、包容性、边缘性和前瞻性，不是传统教育概念能轻易概括得了的。

尽管各国对社区教育的界定不同，采取的措施也不尽相同，但经过各国之前的实践和切磋探讨，人们对社区教育的理解正在不断深化，并取得越来越多的共识。

第一，社区教育是由社区举办的教育，是社区内所有教育机构、教育力量的协同教育活动，是学校教育与社会教育的结合。

第二，社区教育是适应社会发展需要而产生的，它是为社区所有成员提供的教育服务。

第三，社区教育不仅仅是专业学科的教育，已经发展成为扫盲教育、法制教育、道德教育、生态环境保护教育、人口教育、家政教育、妇女教育、卫生教育、艺术欣赏、闲暇教育、健康活动等多形式、宽领域、全方位的教育活动[①]。

由此来看，社区教育既包括学校教育，也包括校外教育和家庭教育；既包括普通教育，也包括职业技术教育和成人教育；既包括青少年教育，也包括学前教育和继续教育，乃至终身教育。从社区教育的机构来讲，既包括公立的文化或技术学校，也包括各种私立学校。就内容而言，既包括科学技术知识的教授，又包括思想观念、伦理道德的培育。另外，社区教育并不是仅仅指有关社区的教育，或为了社区发展的教育，它更重要的是社区的居民对教育拥有的决定权，以及为创造社区教育而负有的责任。

2006 年 12 月，我国标准化管理委员会发布了《社区服务指南第三部分：文化、教育、体育服务》，该国家标准对社区教育作了下列定义：在社区中，开发、利用各种教育资源，以社区全体成员为对象，开展旨在提高成员的素质和生活质量，促进成员的全面发展和社区可持续发展的教育活动[②]。

---

① 傅忠道．社区工作基础知识 1000 答［M］．北京：中国青年出版社，2001：404.

② 中国国家标准化管理委员会．社区服务指南第三部分：文化、教育、体育服务［M］．北京：中国标准出版社，2007：8 – 9.

综合以上对社区教育的各种定义，我们认为，社区教育是在一定地域范围内，充分利用各种教育资源，旨在提高社区全体成员整体素质和生活质量，促进区域经济建设、社会发展和教育自身发展的教育活动。在社区发展史上，社区教育的开展是一项意义重大的事件，它广泛地凝聚着社区居民，以丰富的内容、灵活多样的形式推动着终身教育体系的构建和教育改革的进行。

二、改革开放以来社区教育的发展

人民公社建立后，我国对农民的教育开始了新的探索。其间，农村教育经历了“大跃进”的全民办学、全民上学，恢复时期缓慢地向前发展。“文化大革命”期间，社区教育一度停滞。

改革开放后中国社区教育逐渐兴起。20 世纪 80 年代我国社区教育首先在城市兴起。到 1990 年，上海全市有 2/3 的区建立了社区教育委员会的区级机构，140 多个街道中有 126 个成立了街道一级社区教育委员会。1994 年上海创办了第一所经市政府批准试办的社区学院（上海市金山社区学院）。1996 年上海市社区教育研究中心成立。北京、天津等地也都开始试办社区学院，推行社区教育[①]。

1990 年以来，随着城市社区教育的不断发展，社区教育由城市迅速向农村发展，许多农村地区包括西部地区的一些边远贫困农村也建立了社区教育机构。目前社区教育方兴未艾，在经济发达地区，呈现出蓬勃发展的趋势。1993 年《中国教育改革与发展纲要》（以下简称《纲要》）提出了“推进农村教育综合改革，促进教育同经济、科技的密切结合”的指导方针。我国农村各地在《纲要》精神的指导下，社区教育得到进一步发展。1995 年 10 月，国家教委会同农业部、国家科委召开了“全国农科教工作会议”，提出了农科教结合的诸多问题与解决办法。

---

① 杨应菘等．各国社区教育概论［M］．上海：上海大学出版社，2000：4.

1995年12月，国家教委提出实施“燎原计划”[①]，将农村教育综合改革县扩展到近千个，树立“燎原计划”示范乡近万个，以此加快农村科技的推广与普及，并确实取得了一定成效。截至1996年年底，全国实施“燎原计划”的示范乡有近万个，这些乡镇的办学条件得到了改善，教育功能得到了较充分的发挥，劳动者素质得到提高。1998年10月，中共十五届三中全会召开，专门研究农村问题，社区教育有了新的起色。

1999年1月国务院批转教育部《面向21世纪教育振兴行动计划》，其中明确提出“开展社区教育的实验工作，逐步建立和完善终身教育体系，努力提高全民素质”。2000年4月，教育部职业教育和成人教育司在全国推行社区教育实验工作，下发《关于在部分地区开展社区教育实验工作的通知》，并确定首批八个实验区。截至2007年，教育部先后确立了四批全国社区教育实验区，全国社区教育实验区已经发展到114个。在全国各地广泛开展社区教育实验的基础上，教育部于2008年2月命名了34个全国社区教育示范区[②]。这些举措进一步推动了社区教育实践的向前发展。

目前，我国社区教育正在积极地探索中，部分地区取得令人可喜的成绩，积累了许多有益的经验。如江苏省江阴市社区教育发展迅速，在社区教育方面进行了卓有成效的尝试。江阴市社区教育把教育与经济发展紧密结合起来，乡镇成人教育中心校为乡镇企业培养了一大批技术骨干和操作能手，为企业的技术升级培养了后备人才。在紧贴社区经济建设的同时，还根据社区成员个体的需求和社区发展的需求，担当起了党团员教育、人口教育、计划生育教育、妇女培训、家庭教育的重任。与此同时，辖区内公园免费开放，成为广大市民陶冶情操、闲暇教育的场所；图书馆、书店、文化馆发展迅速，群众文体活动丰富多彩，社区文化建设形

---

① “燎原计划”是经国务院批准，由国家教委提出并组织实施，以通过改革和发展农村教育，全面提高劳动者的文化技术素质，促进农村经济发展的计划。“燎原计划”与“星火计划”、“丰收计划”相配套，为其实施培训人才提供服务。“燎原计划”于1989年开始实施。

② 刘尧华．我国社区教育发展现状、问题及对策［J］．华中师范大学学报（人文社科版），2010（4）：144－150.

成特色[①]。

近几年，农民工群体是国家最关心的群体之一。然而，相对于城市居民来说，他们的科学文化水平、专业技术水平还是很欠缺的。广东省在农民工群体的社区教育方面做了很多工作。将社会工作者纳入农民工群体社区教育过程中来，运用助人自助、同理心、平等接纳的专业价值观，对其开展职业与技能教育、日常生活习惯教育、社会交往教育和心理层面的适应教育，让农民工群体内化城市社会的生活方式和文化价值观念，在心理上获得认同，在情感上找到归宿。在这个过程中，农民工获得各方面的教育资源，政府、社会组织、用工单位、社会工作者共同构成了农民工融入城市的支持系统，一起构成了农民工完整的社区教育体系[②]。

三、社区教育的主要内容

社区教育的内容是多元、多层次的，是从实际出发的。社区教育从内容上包括政治理论教育、文化基础教育、继续教育、职业培训教育、生活技能教育、健康教育、娱乐教育、优生优育优教教育、法制教育和公民教育等。而在现实实践中，我国社区教育的内容主要有公民素质教育、科学文化知识教育、职业教育、继续教育等。

（一）公民素质教育

公民的素质教育作为基础性的教育，是必不可少的。素质教育仅仅靠学校教育是远远不够的，只有建立大素质教育体系，使素质教育渗透到社会生活的各个角落、各个层次，通过学校、家庭、社会的共同协作，才会起到真正而全面的素质教育的作用。

对于社区教育而言，应通过显性课堂及各种隐性课堂、活动课堂的设置及灵活运用，注重对不同年龄、不同层次社区成员的思想道德素质、文

---

① 刘素芬．发达地区农村社区教育运行机制研究——以江阴市澄江镇为个案［D］．扬州大学硕士学位论文，2006：24.

② 向鑫．社会工作介入广东农民工社区教育服务的内容与路径［J］．广东工业大学学报（社科版），2008（增刊）：304－305.

化素质、心理素质、就业素质及创新能力的培养和提高。这种教育影响虽然不是系统的、专门化的，但通过潜移默化、润物细无声的点滴净化和引导，对社区成员产生的作用却是长远而持久的。许多地区将公民素质教育按照以下几个方面开展：时政常识、爱国主义、社会公德、法律常识、心理健康、文明礼仪、传统国学等。

由于社区居民年龄悬殊，从事职业不相同，文化修养有深浅，接受能力分强弱，兴趣爱好有广狭，道德水准有差异。因此，社区居民素质教育不能搞简单灌输，“一刀切”，而要摸清情况，分清层次，因势利导，体现个性和艺术性①。

（二）科学文化知识教育

现代的国际竞争强调综合国力的竞争，并且越来越强调国家软实力的竞争。中国是一个农业人口占大多数的国家，要想提升国家的软实力，必须提升农村居民的科学文化素质。当前社区居民科学文化知识水平普遍还比较低。因而在社区教育方面，必须加强科学文化知识的教育。

我国正走向学习化社会，社区变成学习化社区，公众享受终身教育正在变成现实。对社区进行科、教、文、卫知识的教育是进行公民终身教育的一个有效的组成部分。在这个过程中，要用农村居民所容易接受的方式，用通俗易懂的言辞，通过合适的途径，将知识传授给他们，从而塑造新一代农民。

文化知识的范围很广泛，为了使社区居民“学有所教”，要在调查了解的基础上，根据社区居民的需要，通过组织集体活动、集体讨论等方式设置切合实际的社区教育课堂②。在这一过程中会有很多困难，比如农村居民因自身基础差而不愿接受教育，或者因为忙于农活儿与照顾孩子而没时间接受教育，或者想打麻将、打牌而不愿学枯燥的知识，这时就需要采

① 张燕农，张琪．社区教育发展模式的理论与实践研究［M］．北京：首都师范大学出版社，2011：13.

② 张燕农，张琪．社区教育发展模式的理论与实践研究［M］．北京：首都师范大学出版社，2011：14.

取灵活多样的方式来开展文化知识的教育。比如可以将课程安排在农闲时节，或者是采用上夜校的方式；针对积极性不高的问题，可以从对孩子的学习辅导入手，农村家长在辅导孩子学习方面都会有一种无力感，可以从其重视孩子教育的心理入手来开展文化知识的教育。

（三）职业教育

2010年教育部出台的《国家中长期教育改革和发展规划纲要（2010—2020年）》中明确要求大力发展面向农村的职业教育。发展职业教育是推动经济发展、促进就业、改善民生、解决“三农”问题的重要途径，是缓解劳动力供求结构矛盾的关键环节，必须摆在更加突出的位置。要强化省、市（地）级政府发展农村职业教育的责任，扩大农村职业教育培训覆盖面，根据需要办好县级职教中心。加强涉农专业建设，加大培养适应农业和农村发展需要的专业人才力度。支持各级各类学校积极参与培养有文化、懂技术、会经营的新型农民，开展进城务工人员、农村劳动力转移培训，逐步实施农村新劳动力免费劳动技能预备制培训。

（四）继续教育

继续教育是面向学校教育之后所有社会成员的教育活动，特别是成人教育活动，是终身学习体系的重要组成部分。要更新继续教育观念，加大投入力度，以加强人力资源能力建设为核心，大力发展非学历继续教育，稳步发展学历继续教育。要重视老年教育，倡导全民阅读，加快各类学习型组织建设，基本形成全民学习、终身学习的学习型社会；建立、健全继续教育体制机制，政府将继续教育纳入区域、行业总体发展规划。

四、大力发展社区教育，促进社区人力资源开发

要解决我国社区教育发展的一系列困境，需要采取以下措施。

（一）调动各方力量，通过多种形式唤醒社区居民接受社区教育的意识

要唤醒农村居民接受社区教育的意识，可以从两方面入手：一是从他们最希望学习的技术入手，对其生活中需要的各种技术知识提供指导，增加其学习的动力；二是可以利用其“望子成龙”的心理，从其孩子的教育方面着手，教授与孩子生命周期相一致的亲子关系辅导、科学知识辅导，辅导孩子学习时加以宣传，唤醒其接受社区教育的意识。同时，还可利用电影下乡、图画发放、喇叭广播等多种方式，唤醒村民主动接受教育，提高自身素质的意识。另外，还要发挥党员、村委会干部和农民中的积极分子的作用，通过这些人员的带动作用，从而使更多的农民群众自愿加入到社区教育中来。

（二）加强社区教育队伍建设

社区教育队伍是搞好社区教育工作的关键。我国社区教育队伍由四个方面组成：①社区教育管理队伍。主要包括县、乡镇、居委会（驻区单位）的领导，相关部门的分管领导及从事社区教育工作的管理人员、教学人员；从事社区教育办公室工作的专职工作人员；社区教育的指导员、联络员。②社区教育专职教师队伍。主要由承担教学任务的专职教师和兼职教师组成，他们的主要任务就是对社区居民开展各个门类的教育教学工作。③社区教育志愿者队伍。主要由社区内的离退休老干部、老教师和有助于社区教育的专业技术人员及能工巧匠、在校大学生组成，已成为社区不可或缺的力量。④社区教育研究者队伍。主要由高等学校和教育科研机构的社区教育研究工作者组成，社区教育一线工作者也参与了研究工作。这支队伍承担了社区教育的各级各类课题研究工作，是社区教育发展的指导者与引导者。

社区教育的开展，需要一批素质优良的社区教育队伍。目前社区教育的管理人才和师资力量还非常缺乏。一方面应不断引进更多优秀的人才加入到社区教育队伍中来；另一方面也应进一步落实社区教育教师的各种待遇，留住优秀教师投身于社区教育。同时，还要积极发掘社区内部师资力

量，鼓励社区的各种实用人才、技术人才参与到社区教育中来，使其充分发挥自身潜力，促进社区教育的发展。

（三）加强社区教育实体建设，不断改善社区教育设施

教育实体建设包括各种教育基地建设和教育设施建设两部分。当前，我国农村直接实施社区教育的组织机构主要是各级学校，其中包括职业高中、电视中专、技工学校以及大量的成人培训班、大专班和普通高中班。这些社区教育实体能有效与当地经济社会相结合，成为该社区人才培养、科学实验、生产示范、科技推广、咨询服务的基地[①]。

教育设施包括教学设施与教学设备两部分，它们是社区教育正常运作的物质基础。社区教育的教学内容非常广泛，这就对教学设备的配备有了更高的要求。有条件的乡镇社区教育中心，要有与其教学相适应的校舍，有满足教学需要的场所和与教学相适应的各种教学设备。

（四）保证社区教育经费供给

经费是实施社区教育顺利推进的保证。必须确立并强化政府在社区教育发展中的义务，才能保证每个公民享受平等的教育权，特别是在教育方面，应对农民给予更多的教育关怀[②]。社区教育属于公共事业管理的范畴，而这一范畴的实施者主要是政府，因此解决社区教育经费不足的问题关键在政府，我国政府应加大投入力度，保证社区教育经费的正常支出，促进社区教育的顺利实施。但社区教育本身面广量大，而且有多种层次性，全部靠政府拨款还不够，因而还必须采取积极措施鼓励当地企业、社会组织和居民个人多方筹措，共同解决社区教育的经费投入问题。坚持以“政府为主，社会各方共同出资”的原则，保证社区教育经费供给。

---

① 刘洋．中国农村社区教育研究［D］．西北农林科技大学博士学位论文，2003：95－99.

② 张灵霞．新农村社区教育模式研究［D］．山西财经大学硕士学位论文，2010：24.

（五）加强社区教育统筹规划，促进社区教育均衡发展

我国要以城乡社区建设的总体规划为依托，进行社区教育的总体决策，使之成为社区建设的一个有机部分。我国是一个幅员广阔、地区差别巨大的多民族国家，各地发展不平衡。因此，从满足城乡社区成员教育需求的角度来看，我国社区教育必须逐步建立起城乡一体化、不同地区均衡发展的社区教育体系。为此，我国社区教育要在总体规划的前提下，结合政府与民间的力量，将经济建设与社区建设联结在一起，进而将地方建设与社区建设联结在一起。切忌一哄而起、一哄而散，搞形式走过场。我国的社区教育在地区之间、城乡之间发展很不平衡。教育部确定的 143 个全国社区教育实验区中，西部地区 21 个，中部地区 24 个，东部地区占 98 个；143 个全国社区教育实验区中，仅有 12 个非城市市区。按照《国家中长期教育改革和发展规划纲要（2010—2020 年）》中“广泛开展城乡社区教育”、“加强城乡社区教育机构和网络建设”的要求，在国家教育事业发展规划中，应加强中西部地区社区教育实验区建设，有针对性地选择一些中小城市和农村地区开展社区教育实验，为其提供扶持政策，投入相应的资源，以解决我国社区教育发展不平衡问题，促进我国社区教育整体提高到一个新水平。

第五章　社区就业资源开发

就业并由此源源不断地获得经济收入，是社区居民依靠个人能力实现生活保障的最有效、最体面的方式，也是倡导社区工作伦理的最佳途径。所以，任何社区都应鼓励社区劳动者积极就业。若要社区实现充分就业，必须大力开发社区就业资源。

第一节　社区就业概述

欧美发达国家的社区就业发展起步比较早，在不同历史阶段，学者们对社区就业有不同的认识。在我国，社区就业尚无标准的官方定义，但实际工作中已形成多种界定取向。我国社区就业的容量和潜力巨大，只要采取适当的措施合理开发，将对促进我国就业起到巨大的作用。

一、社区就业的理论基础

（一）灵活就业理论

20世纪70年代，世界各国和地区产业结构发生变化，第三产业不断扩大，给传统的就业模式带来挑战，灵活就业应运而生。灵活就业在国际上大多与非全日制就业和非正规部门经济就业的定义相关。

近几年来，灵活就业的概念开始在劳动部门流行。劳动和社会保障部劳动科学研究所课题组根据我国实际情况对灵活就业作出了如下定义：灵活就业是在劳动时间、收入报酬、工作场地、社会保险、劳动关系等方面不同于建立在工业化和现代工厂制度基础上的、传统的主流就业方式的各种就业形式的总称[①]。

灵活就业从内容和形态上都表现出很大的复杂性。我国是在一种市场经济并不是十分完善的经济体制下鼓励和推行灵活就业的，政府在这一领域进行了很多的行政干预，中国的劳动力市场是具有管制的市场。灵活就业结构与西方发达国家不同，质量低的灵活就业比重大，而发达国家则是以追求高质量的灵活就业方式为主。为了给灵活就业在经济学、社会学理论体系中恰当定位，有必要探讨灵活就业的性质，而我们在这里探讨的是我国转型期灵活就业的性质。

灵活就业是我国市场主体自发选择的结果。在我国计划经济时期，传统正规部门绝对垄断了国民经济，吸纳了几乎所有的城镇劳动者，加之严格的户籍制度禁止劳动力的城乡流动。而市场经济是竞争经济，劳动者有自主择业的权利，用人单位有自主用工的权利，劳动者的经济活动不再依赖于上级命令，而是围绕市场和消费者来自主决定，从而成为真正的市场主体，市场经济内在的不稳定性也决定了就业模式变化的趋势。同时，其经营活动、服务方式等完全按照市场机制来行事。而且，灵活就业在市场经济规律的作用下，较多地采取适用性技术，市场在资本、劳动等资源配置中起到了关键作用。进一步而言，灵活就业与市场经济是一种双向互动关系。灵活就业以面向社会困难群体为主。伴随着市场化改革的不断深化，劳动力市场上供求之间的结构性矛盾日渐突出，出现了一部分易受劳动力市场排斥、就业前景暗淡的困难群体。灵活就业有助于促进困难群体就业，减少贫困，改善劳动力市场分割状况，有助于实现社会公平。特别是在当前有些制度安排对困难群体不利的情况下，灵活就业政策面向困难群体倾斜，也有助于缓和社会矛盾。灵活就业强调对于困难群体的扶助，比单纯地对困难群体的社会救助和社会救济效果要好得多，这也正符合公共政策制定的基本原则。大力发展灵活的就业形式是我国解决社区就业问题的一个重要的举措。

---

① 中国劳动和社会保障部劳动科学研究所课题组．中国灵活就业基本问题研究[J]．经济研究参考，2005（45）：2－17.

（二）非正规就业理论

国外非正规就业理论主要包括贫困就业理论、劳动力市场分割理论、制度边缘论等①。

1. 贫困就业理论

贫困就业理论产生于20世纪70年代初，由国际劳工组织提出，其实质是一种解释发展中国家非正规就业现象存在和发展的内生动力学说。在对以肯尼亚为代表的发展中国家的贫困现象进行重点关注和理论研究的基础上，国际劳工组织认为，发展中国家由于贫富差距较大，社会阶层严重分化，出现了大量的临时工和非全日制就业者，认为只有那些没有能力进入到正规部门就业的人才会无奈地进入非正规部门。贫困就业理论把非正规就业等同于城市贫困群体的就业，认为非正规就业是贫困者的专利，把非正规就业视为发展中国家区别于发达国家的一大特征。这一理论一经提出便很快得到了一些国际组织和经济学家的认可。在这种共识的基础上，国际劳工组织召开了一些规模较大的国际性会议，力图改变发展中国家的这一现状，为其制订了国家和区域性的就业发展计划，以指导这些国家更好地解决就业问题，使更多的人实现体面就业。

2. 劳动力市场分割理论

劳动力市场分割理论始于19世纪，由约翰·穆勒（John Stuart Mill）创始，后由M.J.庞奥尔（Michael J. Piore）等人于20世纪70年代相继提出“二元劳动力市场”理论和“劳动力市场四元模型”而得到继续发展。

M.J.庞奥尔的劳动力市场分割理论体现于他发表在20世纪70年代初期和中期的两篇文章——《二元劳动市场》及《对劳动市场分层理论之注释》中，建立在二元劳动力市场假设的基础上。该理论认为劳动力市场并非是完全统一和完全竞争的。一国的劳动力市场在发展过程中必然会形成具有不同特质的两种类型：一级劳动力市场和二级劳动力市场。两种劳动力市场的差别明显：一级劳动力市场的工资高，待遇好，工作稳定，具有

① 李艳霞．国外非正规就业理论的述评［J］．中国海洋大学学报（社会科学版），2013（3）：110-114.

较多的发展机会；二级劳动力市场工资较低，福利待遇和工作条件较差，工作不稳定，晋升和发展的机会较少。20 世纪 70 年代中期，二元劳动力市场假设理论得到了发展，构建了“劳动力市场四元模型”。

3. 制度边缘论

制度边缘论，也可以称为非正规经济论或非正式经济论，认为非正规经济是国民经济不可或缺的组成部分，是处于社会边缘的经济活动，是社会需要的反映。这一理论将研究重点放在了非正规经济与正规经济在制度和管理的差异上。制度边缘论的代表人物——经济人类学家哈特兰德（E. Sidney Hartland）继国际劳工组织提出“非正规就业”概念后也于 20 世纪 70 年代提出了“非正规经济”一词。他认为非洲国家有相当一部分人处于颠沛流离、收入很低的状态，若把政府有组织的就业（正规就业）作为参照物的话，这些过剩的劳动力大军实际上就是非正规就业者。他在加纳进行了实地调研，认为城市劳动者可以划分工资雇佣和自我雇佣两种类型。非正规就业属于典型的自我雇佣，是不依靠政府而实现自主就业的一种就业形式。

二、社区就业概念

（一）欧美国家社区就业概念

欧美发达国家的社区就业发展起步比较早，在不同历史阶段，学者们对社区就业的概念从不同角度进行了界定，概括而言，主要有三种观点。

第一种观点，科尔（C. Kerr）认为社区就业其实就是地域社区范围内的劳动就业活动[①]。这是传统和古典的社区就业定义，按照这种定义，凡是地域社区范围内的就业均可称为社区就业，它主要适用于 20 世纪 50 年代以前的欧美国家。如果按照这种定义，欧美国家的社区就业已有几百年的悠久历史。

第二种观点，认为社区就业是那些在劳动市场结构中处于次要和边缘

① C. Kerr. Labor Markets Wage Determination：The Balkanization of Labor Market and Other Essays. Berkeley：University of California Press，1977：25.

劳动市场的就业。这是劳动经济学中盛行的“二元劳动力市场”理论和经济学取向的社区就业定义。在某种意义上，这里的“社区”实质上等同于边缘或次要劳动市场，其基本特征是地方取向和低工资就业。这种定义主要盛行于20世纪60年代欧美国家的反贫困之战。

第三种观点，杜英格和帕雷（P. Doeringer & M. Parre）认为社区就业是政府、企业、社区和福利组织在社区层面为难以就业的困难群体提供的就业机会与就业支持服务。困难群体是指那些在劳动市场和社会生活中处于不利社会处境的群体，例如失业者、青年人和老年就业者、有劳动能力的残疾人、妇女、移民和少数民族等。这是目前欧美国家最流行的社区就业定义，真实反映了20世纪70年代欧美国家重新“发现”和“回归”社区以后的社会状况与就业形势①。

（二）我国社区就业界定的主要取向

在我国，社区就业尚无标准的官方定义，但实际工作中已形成多种界定取向。2000年7月，劳动和社会保障部召开的全国社区就业工作会议标志着社区就业概念与政策的诞生。之后，社区就业服务与政策实践蓬勃发展，成为城市就业管理的重心。但是，迄今为止，政府对社区就业及其相关核心概念尚无权威的官方界定。2000年以来，我国学术界和管理部门已形成四种界定取向。这些取向并存共生，相互交织，并无明显的主流与非主流之分②。

首先，妥善安置分流破产企业职工，积极实施再就业工程和确保基本生活的界定取向。这既是社区就业概念最早和最主要的思想渊源，又是目前政府就业管理工作主导性的看法，集中体现在有关社区就业的优惠政策和制度框架之中，实际反映了政府就业保障的工作思路。这种界定取向的实质和精髓是广开就业门路，拓宽就业渠道，解决城镇就业和再就业问

---

① P. Doeringer & M. Parre. Internal Labor Markets and Manpower Analysis. New York: Sharpe, 1971: 67.

② 刘继同．中国社区就业概念界定与现代就业政策框架［J］．云南社会科学，2004（4）：69－73.

题，其性质是增加和发展全新的就业途径，工作重点是大力开发更多更好的城镇社区就业岗位。这种界定取向的基本范围与主要内容是，在传统国有、集体企业和个体经济就业渠道之外，打破单纯按照企业所有制性质划分就业途径的传统做法，开发挖掘地域社区型的就业渠道，积极开辟崭新的社区型就业渠道，从地域社区和功能社区两个角度全面拓宽就业渠道，尽可能地为失业下岗人员和困难群体提供更多更好的就业机会。例如，目前在北京街道和居委会层面上，适龄劳动人员成功实现就业的具体途径有：一是从事自由职业；二是各类用工单位的招募聘用；三是自谋职业；四是进入劳务派遣组织；五是实现社区弹性就业；六是参加公益性就业组织[①]。这种界定取向既打破了按照企业所有制性质划分就业途径的传统做法，开辟了新型社区就业途径，又极大地拓宽了就业渠道，充分发扬和利用城镇社区组织动员能力强的优良传统，还为多层次、多渠道和多形式开辟就业门路积累了宝贵经验，是重大的制度创新与政策创新。

其次，大力发展第三产业和社区服务经济，多渠道、多形式开发社区就业岗位的界定取向。这既是历史渊源较深的社会理解，最初源于20世纪80年代中期复兴的社区服务，又是经济结构转型与产业结构调整的历史产物，还是接近纯粹经济学意义和比较经济化思考的界定取向。这种界定取向的实质和精髓是大力发展第三产业和社会服务经济，实现产业结构的现代化，性质是经济现代化与发展服务经济，工作重点是从第三产业和服务业中开发更多的就业岗位。这种界定取向的基本范围与主要内容是，在提供“有形产品”的农业和工业生产领域之外，主要关注的基本是从提供“无形产品”的商业和第三产业活动中开发挖掘更多更好的就业机会。例如，按照北京市劳动和社会保障局2001年的《北京市关于进一步发展社区就业的意见》精神，多渠道、多形式开发社区就业岗位的范围和领域有：一是结合社区居民对社区服务多方面、多层次的需要，开发家政服务、便民早点服务、商品销售、家庭装饰、修理维护、托幼托老等便民利民服务项目；二是结合驻社区机关团体、企事业单位后勤服务社会化的需要，开发社

① 北京市劳动和社会保障局．劳动政策法规文件选编2001·上［Z］．北京：中国物价出版社，2002：7.

区卫生保洁、商品递送、物业管理等社会化服务项目；三是结合企事业单位退休人员管理服务社会化的需要，开发适合老人特点的健身娱乐、老年人护理、生活照料及相关服务项目；四是结合社区公共服务事业发展的需要，开发社区环境卫生保洁、绿化美化、社区保安、社区车辆看管、再生资源回收、小区物业管理等服务项目[①]。目前，第三产业和服务业范围已延伸到城市管理（如城管协理员）和政府服务（如街道和居委会劳动与社会保障事务所）两个领域。这种界定取向的优势是简单明了，依次“排列”社区就业范围，而且社区就业范围随社会发展不断拓宽，便于基层开展工作。

再次，深化社区体制改革，强化社区管理和发展社区服务，全面推进社区建设的界定取向。这既是城市综合体制改革的历史产物，涉及城市社区政治、经济与社会、文化建设所有领域，又是重构国家、市场与社区关系，在政府、市场与工作单位之外创造新型现代社区的结果。这种界定取向的实质和精髓是发展社区服务和强化社区管理，发展社区经济，建设现代化社区；性质是社会分化与地方经济发展，培育地方社会实体；重点是从社区服务业中开发就业岗位。这种界定取向的基本范围与主要内容是，在政府机关和各企业、事业单位之外提供就业机会，主要是在地域社区层面上，从社区服务业、社区管理和全面社区建设角度开发社区就业岗位。按照2000年民政部的《关于在全国推进城市社区建设的意见》，2001年劳动和社会保障部等九部门联合颁布的《关于推动社区就业工作的若干意见》精神，社区建设框架中的社区就业范围主要是：将社区建设与扩大就业有机结合起来，拓宽社区就业门路，引导和帮助更多下岗职工和失业人员在城市社区服务领域实现再就业；在社区党建、社区教育、社区服务、社区环境、社区科普文化娱乐体育、医疗卫生和计划生育、环境保护、社会治安、法律援助等领域挖掘社区就业资源；鼓励支持下岗职工和失业人员创办便民利民社区服务企业、中小企业、劳动就业服务企业等社区就业实体[②]。这种界定取向综合性强，把社区就业作为社区建设的重要内容。

---

① 北京市劳动和社会保障局．劳动政策法规文件选编2001·上［Z］．北京：中国物价出版社，2002：128.

② 张明亮．社区建设政策与规章［M］．北京：中国社会出版社，2004：153.

最后，积极开发就业岗位，促进各类困难群体再就业和将就业服务向社区延伸的界定取向。这既是比较经济化的就业政策取向，主要从劳动市场和就业服务体系本身的角度解决就业问题，又是劳动和社会保障部门特色鲜明的政策理念，标志着现代化与网络化就业服务体系的建立。这种界定取向的实质和精髓是建立新社区就业服务组织与工作体系，搭建社区就业服务平台，性质是就业服务组织与工作体系完善，重点是帮助各类困难群体在社区层面上实现再就业。这种界定取向的基本范围与主要内容是，建立街道社会保障事务所和居委会劳动服务站，为各类困难群体再就业提供优惠政策、就业机会、职业辅导和职业技能培训等服务，促进再就业。如2001年《北京市社区就业服务实施暂行办法》规定，社区就业服务是指“街道（中心镇）社会保障事务所通过提供社区就业岗位信息开发与采集、就业登记、职业指导、职业培训、职业推荐、劳动保障事务代理等服务，帮助失业人员、大龄下岗职工在社区实现就业”。社会保障所（站）是全新社区就业服务组织载体，是整个体系中最基础的就业服务组织[①]。目前北京各街道劳动与社会保障事务所的工作职责有：一是人事代理；二是职业介绍；三是养老金和失业金发放；四是外地用工管理；五是政策咨询；六是失业受理。这种界定取向的优点是明确街道和居委会就业组织与职责的就业服务性质，经济化和劳动市场化特色鲜明。

社区就业的界定取向多种多样，既反映了人们对社区就业现象的理解角度不同，又反映了社会转型期中国的社会现状与历史文化传统，为我们深度理解社区就业概念及其内涵奠定了社会基础。社区就业概念及其内涵应是多角度的，既包括妥善安置破产企业职工，积极实施再就业和确保基本生活，发展第三产业和社区服务经济，多渠道、多形式开发社区就业岗位，又包括深化社区体制改革，强化社区管理和发展社区服务，全面推进社区建设，积极开发就业岗位，促进困难群体再就业、接保险、保生活和将就业服务向社区延伸。更为重要的是，在确保政治秩序、发展第三产业、社区建设和社区就业服务四大逻辑之外，社会发展逻辑和文化传统举

---

① 北京市劳动和社会保障局．劳动政策法规文件选编2001·下［Z］．北京：中国物价出版社，2002：18.

足轻重。长期以来，政府帮助困难群体的基本原则是工作救济，解决失业与贫困问题的基本途径是街道和居委会层面的社区企业就业。社区就业既是重大制度创新，又是社会现代化的必然结果，反映了中国历史文化的精髓，实质是等同“市场就业”和“工资就业”。

三、我国社区就业容量估算

发达国家社区从业人员约占就业总人数的20%～30%；发展中国家的社区就业人数平均是12%～18%，而我国目前只有3.9%，这说明我国社区就业的潜力十分巨大①。

劳动与社会保障部（MOLSS）和联合国开发署（UNDP）2001年曾合作在我国进行了4个城市再就业调查，该研究对8种主要的社区服务就业项目进行测算，提出在全国32个人口在百万以上的特大城市，43个人口在50万～100万的大城市，可提供的社区就业岗位至少应在1500万个以上。国家统计局的7城市调查根据城市居民对社区就业的“需求”提出全国大中城市可以提供的社区就业岗位为2000万个。目前在大城市和特大城市中实际的社区就业岗位供给只有852万个，社区就业在大中城市的差额有1000多万个。

我国社区就业的容量和潜力巨大，只要采取适当的措施，合理地开发，将对促进我国就业起到巨大的作用。

第二节　社区服务与社区就业资源

2011年年底，国务院办公厅印发的《社区服务体系建设规划（2011—2015年）》提出了“建立公共服务、便民利民服务、志愿服务有效衔接的

---

① 吴宏洛．社区就业与城市经济的可持续发展［J］．福建师范大学学报（哲学社会科学版），2003（1）：33－37.

社区服务体系”的要求[①]。城市社区服务体系包括社区商业便民服务、社区家政照料服务、社区党建文教服务、社区志愿公益服务、社区医疗保健服务、社区环境卫生服务等。社区商业便民服务包括社区商业零售服务、社区代收代缴服务、社区网络信息服务等；社区家政照料服务包括保姆、托幼服务、社区养老服务等；社区党建文教服务包括社区特色党建服务、帮扶教育服务、文化体育服务等；社区志愿公益服务包括安全维稳、流动管理、心理及咨询等服务。

国家统计局的调查显示，我国大中城市居民家庭目前对社区服务的需求很大，在北京、上海、广州、成都、西安、沈阳和青岛这 7 个城市中，有 70% 以上的家庭需要各种服务，其中有近 240 万户居民目前得不到家电维修的服务；127 万户居民得不到房屋维修的服务。全国累计可为社会提供 2000 万个就业机会，而目前空缺的就业机会超过了 1100 万个。要把这些潜在的就业机会充分挖掘出来，不是一件简单的事情，具有一定的长期性和艰巨性，需要仔细研究制约社区就业发展的各种制度瓶颈、观念瓶颈和政策瓶颈[②]。

一、社区商业便民服务

社区商业服务最早于 20 世纪 50 年代出现在美国，国外的社区商业服务更多是以购物中心形式存在。我国社区商业服务主要是指市场组织或个人为满足社区成员生活所需，在社区范围内提供的带有营利性质的商业化便民服务，社区成员需付费才可享受这类服务，具有私人服务的特征和较强的排他性。

发展社区商业服务对于方便居民生活，提高服务质量具有十分重要的作用。之所以将社区商业服务纳入社区便民服务体系，一方面，由于这类商业服务规模不大，服务主要在社区范围内，具有明显的区域性特征；另一方面，把社区商业服务归入社区便民服务的范畴，紧密联系了社区与其商

① 国务院办公厅．社区服务体系建设规划（2011—2015 年）[EB/OL]．中央政府门户网站（2011）：http：//www. gov. cn/zwgk/2011 -12/29/content_2032915. htm.

② 杨宜勇．城市社区就业发展前景巨大 [J]．理论与改革，2002（1）：34 -39.

业经营主体的关系，有利于动员和组织社区内各类商业资源为社区服务。

社区商业便民服务主要依托社区商业企业和个体商家，如餐饮类商家、家政清洁类商家、维修类商家、医疗康复类商家等。社区商业便民服务主要包括社区商业零售和生活服务（超市、餐饮、洗衣、美容、回收服务等）、社区代收代缴服务、社区网络信息服务等。

（一）社区商业零售和生活服务

合理规划开办社区便民菜店、便利店、餐饮、洗衣、美容理发、再生资源回收等服务网点，可提高居民生活便利程度。目前社区零售商业多为一家一户的小店铺，店主利用自有房屋或临时搭建房屋为场所，以经营副食为主，服务品种较为单一，产品的质量也难以得到保障；加上卫生状况相对较差，居民光顾有限，盈利空间较小。因此，可在实践中灵活开展商业合作形式。例如北京西城区天桥街道禄长街社区的“便民蔬菜站”，与大兴郊区菜农合作，直接供货，保证蔬菜品质和低廉价格；东四三条社区的蔬菜直营店正式营业，实行“农超对接”重点支持项目[①]。

（二）社区代收代缴服务

社区代收代缴服务可为居民提供便利的缴费服务。在实践中应充分利用社区具有支付服务功能的商业网点，或增设社区服务站“代收代缴服务”内容，为居民提供代收水、电、燃气、电话等费用的服务。居民对这项服务有较大的需求，而目前社区服务实践中，代收代缴服务还相对缺乏。

（三）社区网络信息服务

社区网络信息服务主要依托各种信息化设施，方便居民通过社区综合信息平台参与社区管理，反映服务诉求，获得社区服务。北京市社区服务实践中，主要依托 96156 社区公共服务平台、北京家政服务网提供服务，街道社区服务中心还利用社区内的呼叫热线，解决社区居民生活中的各种

---

① 毕景媛．城市社区服务体系建设研究［D］．北京林业大学硕士学位论文，2012：20.

服务需求。96156 北京市社区公共服务平台，是北京市发展社区服务的一项创举。它是首都信息化重点应用工程和市政府为民办实事项目，建有覆盖市、区、街 294 个社区服务中心和 2500 余个社区居委会的网站群，配有全市统一的 96156 社区服务热线呼叫中心和街道级小呼叫系统。“96156 社区生活网”[①] 是 96156 社区公共服务平台下属网站，负责便利服务项目。各行业经营性组织为社区居民更便利地满足生活需求而提供商业化服务，如家政服务、修理、便民商业、中介服务等。目前，“96156 服务超市”有四大类近 200 个服务项目，包括：家政服务，如小时工、月嫂、保洁、家教、搬运、看护；综合修理，如家电、管道、家居设施、车辆维修；文体娱乐，如票务、旅行、文体活动咨询；租赁服务，如汽车、绿植租摆等[②]。

二、社区家政照料服务

社区家政照料服务是目前社区就业中容量最大的一类岗位，包括全日制的保姆和钟点工等，所从事的服务工作有照顾老人、孩子、病人，打扫卫生，做饭等。根据任远在社区的抽样调查，居民中 21.5% 的家庭有家政服务需求，其中 3.4% 的家庭需要全日制保姆，18.1% 的家庭需要钟点工[③]。社区家政照料服务方面，可为社区居民开展小时工、家政服务员、母婴护理等家政服务。社区照料服务商业主体主要有家政服务类商家（主要提供饮食、清洁、理发、陪护、维修换气等服务）、康复护理类商家（主要提供专业的护理、术后康复、精神慰藉等服务），这些服务都将大大方便百姓的生活。

---

① “96156 社区生活网”是由北京市社区服务公司运营，首都信息发展股份有限公司开发维护。北京市社区服务有限公司是经市民政局批准、北京市工商局登记注册的股份制企业，成立于 2005 年 10 月。北京市社区服务有限公司是 96156 北京市社区公共服务平台、服务网络、服务品牌的唯一社区服务执行企业。

② 北京市社区服务中心，首都信息发展股份有限公司．96156 服务超市［EB/OL］．北京市社区公共服务信息网：http：//www.96156.com.cn/convenience/.

③ 任远．社区发育与社区就业：影响社区就业的因素及社会政策研究［J］．复旦学报（社会科学版），2006（2）：81－87.

（一）保姆、托幼服务

保姆、托幼服务是家庭服务的主要需求，就业空间很大。随着工作节奏加快和收入水平提高以及社会分工细化，更多的家庭对保姆、托幼等家庭服务需求加大。

（二）社区养老服务

社区养老服务是通过政府扶持、社会参与的市场化运作方式，建立以家庭养老为核心，社区服务为依托，向老年人提供生活照料、医疗保健、精神慰藉、文化娱乐等为主要内容的专业服务。社区养老服务依托社区公共服务设施，使老年人在社区内享受各项生活照顾服务和文化生活①。我国老龄化问题日益突出，2010 年人口普查显示 60 岁及以上人口占 13.26%，比 2000 年人口普查上升 2.93 个百分点，其中 65 岁及以上人口占 8.87%，比 2000 年人口普查上升 1.91 个百分点，超过了世界老龄化的速度和比重。社区养老服务既有利于满足老年人的服务需求，又有利于扩大消费和促进社区就业，还可通过社区老年服务资源的发展带动社区为其他困难群体服务的能力，如残疾人、优抚对象等，使社区服务惠及其他群体。社区养老救助服务应包括如下内容：社区无障碍设施、日间照料、精神关怀、安抚救助、医疗保健服务等。

社区日间照料服务主要通过社区养老院或托老（残）所，为老年人（残疾人）提供日间照料和康复护理服务等专项服务；通过社区合同餐饮企业，为社区老年人（残疾人）提供安全的配餐、就餐和送餐服务；通过家政服务形式，提供饮食起居、家务料理、外出购物、陪同看病等服务，同时要求社区照料服务人员具有一定的医疗保健常识和护理能力。如北京社区实际工作中将养老与助残服务共同推进，依据政府颁布的“九养政策”，为 80 岁以上老人发放养老券，利用社区就近资源，为老年人日常生

---

① 国务院办公厅．关于印发社会养老服务体系建设规划（2011—2015 年）的通知［EB/OL］．中华人民共和国中央政府网（2011）：http：//www.gov.cn/zwgk/2011－12/27/content_2030503.htm.

活提供支持。助残服务设施方面，如社区道路坡道，健身器材等设施目前主要通过北京市残联等渠道解决[①]。

据有关部门提供的资料，居民对此类服务的需求非常大。

三、社区医疗与心理健康服务

（一）社区应急医疗服务

一方面，为社区老年人、残疾人提供电子辅助服务，通过多种方式，如依托社区服务平台为社区老年人建立信息档案，为社区老年人、残疾人等提供相关上门应急服务；另一方面，为有使用需求并有使用能力的社区老年人和重度残疾人配备便携式应急电子服务器，使之与社区卫生服务系统链接，提供应急救助服务。

社区保健服务方面，一是依托社区卫生服务机构，开展疾病预防、保健康复、健康教育和一般常见病诊治服务，并逐步实现社区医护人员上门服务；二是为社区居民建立个人健康档案，对居民进行动态化的健康管理；三是社区卫生服务机构与有关医院按照有关部门规定建立双向转诊关系，指导社区居民合理转诊，提供相应的便利服务；四是开展社区急救保健、健康教育等服务。

（二）社区心理咨询服务

社区可加强对居民开展心理疏导服务，为社区居民提供心理咨询服务。目前社区实践中心理咨询的相关工作开展得并不多，主要依靠社区工作人员进行疏导工作，今后可以联合社区卫生服务站引进相关人才，成立社区心理咨询中心。

养老服务中另一个重要方面是精神慰藉，这样的服务仅靠资金是无法保障的，需要在这方面投入更多的人力资源。在传统的家庭养老功能弱化以后，社区需要承担起对老人提供精神服务的责任，注重老年人的心理保

---

① 毕景媛．城市社区服务体系建设研究［D］．北京林业大学硕士学位论文，2012：18－19.

健与文化娱乐活动。社区可结合自身优势，利用社区资源满足老年人精神娱乐活动的需求。

四、社区环境卫生服务

社区环境卫生服务，主要包括社区垃圾分类处理、污染治理、绿化美化、节能环保等服务。开展社区绿化美化服务，如义务植树活动，提高居民植绿、护绿、爱绿意识，倡导绿色生活方式，推行绿色消费理念。开展社区节能服务，大力宣传普及节能知识和生活节能常识，倡导居民使用节能型生活器具，在社区开展水资源循环利用活动。开展社区环境宣传教育活动，倡导低碳生活方式，引导居民参与环保活动，树立良好的环境保护行为规范。

五、社区党建文教服务

社区党建文教服务是以社区党组织为领导核心，以社区全体党员为主体，社区内各类基层党组织共同参与的，服务全体居民的区域性党组织工作①。社区党组织在社区服务中发挥服务群众、促进和谐的作用。社区党建服务必要性在于强化社区党建服务，可以从很大程度上促进基层政府工作重心下移，践行党的宗旨，更好地为群众解决实际困难，实现好、维护好、发展好人民群众的利益，使社区关系更加和谐。社区党建文教服务内容包括社区特色党建服务、帮扶教育服务、文化体育服务等。

社区文化娱乐服务，包括社区文体场所设施服务，建立社区文化活动室；利用社区宣传栏，开展多种形式的教育学习、科普宣传服务；加强社区图书室等场所建设，方便居民读书阅报；组织开展有特色的群众性文化活动，如放映公益电影、举办楼群文化活动等。开展社区健身设施建设与活动服务，在具备条件的社区，建设社区体育健身俱乐部，对健身器材进行维护与更新，为社区居民提供健身指导服务。建立社区各类社区群众体

---

① 雷洁．关于城市社区党建工作的几点思考［J］．江西行政学院学报，2010（3）：56－59.

育组织，开展品牌性社区健身活动，提高社区体育水平。

六、社区志愿公益服务

社区志愿服务是指充分利用社区内多种资源开展的各类志愿服务，其主要特征是服务对象不需要付费即可享受服务，服务的提供者是志愿者[①]。社区志愿服务强调互助性、公益性。基于实践角度出发，在此所指的社区志愿公益服务与传统服务有所不同，将其服务范围扩展开来，从传统意义的社区助老、助残、扶弱服务延伸到社区安全和社区环境服务，主要因为现实中这些服务更多地以公益性志愿服务形式提供。

社区志愿服务的必要性在于，社会结构的变化使得社会组织在促进社会发展中发挥着越来越重要的作用。社会组织已成为我国社会管理和服务的重要力量之一。如“自然之友”、“北京地球村”等环保组织长期以来致力于生态保护，志愿者积极进行环境保护的宣传和教育活动，有力地推动了各级政府对企业遵守环境法规、保护环境的监督[②]。社区服务实践中，主要以社区居民为主体提供志愿服务，社区志愿公益服务内容具体包括：社区安全维稳、流动管理、环境卫生、心理咨询服务等。

（一）社区安全维稳服务

社区安全维稳服务是指公安机关，以及街道办事处、居民委员会、物业管理委员会、社区企事业单位等协作进行的社区安全综合治理服务。在实践工作中，社区安全维稳服务有较强的群众性，离不开社区群众的积极参与，并以社区群众志愿服务为主要形式。具体内容包括，一是社区治安志愿服务，协助专职队伍做好巡逻防范、矛盾调解、隐患排查等工作；二是社区矫正服务，为社区矫正对象提供教育矫正，帮助其解决就业、生活、法律方面遇到的困难和问题等服务；三是社区志愿法律服务，为社区

---

① 夏辛萍等．社区志愿服务组织管理机制问题及其对策［J］．四川理工学院学报（社会科学版），2008（3）：23－25.

② 黄晓勇，潘晨光，蔡礼强．中国民间组织报告2009—2010［C］．北京：社会科学文献出版社，2009：87.

居民提供法律宣传、法律咨询等服务；四是社区消防安全服务，推进社区消防设施建设，组织开展消防宣传教育培训、家庭消防灭火和逃生演习。

（二）社区流动人员管理服务

社区流动人员管理服务，主要面向社区内的外来务工者等流动人员。一方面，为社区内流动人口提供信息采集登记、法规政策宣传等服务，并结合实际为其提供就业和维权等服务；另一方面，提供社区出租房屋相关服务，对社区内出租房屋进行信息采集登记，宣传房屋租赁有关法规政策等。如北京西城区天桥街道禄长街社区共有流动人员1000余人，社区流动人员管理有专门人员负责，街道综治办、司法所联合社区共同管理。社区充分利用资源优势，为流动人员提供子女入园求学就学服务，2011年为3名适龄儿童提供入学服务，切实为社区内外来务工人员子女解决了入学难的问题①。

第三节　社区就业指导与服务

社区就业指导与服务就是把就业与社区服务结合起来，开展就业社会化服务，为社区居民就业提供信息、岗位、咨询和指导的全方位活动。就业和再就业工作作为当代中国民生问题的重要内容，就业服务在社区层面的实现是缓解就业压力的重要途径，可以进一步促进社会和谐。社区就业服务内容主要包括社区就业信息提供、社区岗位开发、就业咨询、职业指导、自主创业服务等。

一、社区就业信息服务

社区就业信息服务主要是为社区待业人员建立动态信息管理，了解人

① 毕景媛．城市社区服务体系建设研究［D］．北京林业大学硕士学位论文，2012：21－22.

员就业需求，提供职业介绍；收集社区岗位信息，协助上级部门做好辖区单位用工信息的采集和更新。社区就业岗位信息的提供，反映了社区服务的水平，也从侧面反映着社区就业社会化程度。

我国《就业服务与就业管理规定》（劳动和社会保障部2007年28号令）第三十四条规定，公共就业服务机构应当建立、健全人力资源市场信息服务体系，完善职业供求信息，市场工资指导价位信息，职业培训信息，人力资源市场信息分析、发布制度，为劳动者求职择业、用人单位招用人员以及培训机构开展培训提供支持[①]。所谓劳动力市场信息，就是反映劳动力市场状况的所有信息的总和，公共就业信息服务承担的既有服务于劳动力短期流动的职业供求信息，又包括有助于提升人力资本的职业培训信息，还包括宏观的工资指导价格信息、人力资源市场分析信息等。

劳动力市场存在显著的信息不充分，雇主提供的工作岗位信息，以及求职者的个人信息都比较分散，需要有专门的机构和组织进行收集、分析和归类，这样才利于开展其他各项就业服务。劳动力市场中，无论是对于就业岗位的竞争和对于人才与劳动力资源的争夺都是非常激烈的，在这个竞争过程中，信息的价值凸显，谁优先掌握信息谁就有可能获得更好的就业机会。从公共产品理论的角度看，就业机会或岗位空缺往往属于个人产品，具有排他性和竞争性。人才和劳动力资源信息对于雇主而言也是稀缺资源，21世纪的竞争将主要是人才的竞争。正是由于劳动力市场信息资源的稀缺性，尤其是就业机会的稀缺性，造就了提供就业信息的私营市场，信息成为可以有偿获得的商品，就业中介机构与求职者或雇主签订协议，为后者提供岗位信息或求职者信息，后者付给一定的费用。通过购买的方式获取就业信息，可能会降低个体搜索成本，提高岗位匹配效率，这是劳动力市场信息成为商品的决定因素。但是劳动力市场信息不同于其他信息产品，因为它与劳动者赖以生存的就业紧密联系在一起，就业机会的缺乏已经成为社会困难群体难以改变自身命运的重要因素。如果让劳动力市场中的就业困难群体，如国企下岗失业人员、残疾人、新进入市场的求职者

① 劳动和社会保障部28号令：就业服务与就业管理规定［EB/OL］. 中华人民共和国中央政府网（2007）：http：//www. gov. cn/gzdt/2007 －11/07/content_798826. htm.

以及农村剩余劳动力等，通过市场方式获取就业信息，反而会加深他们的就业障碍，明显有悖于社会公平，由公共力量为其提供免费的就业信息才合乎社会公益性和以人为本的价值观。

二、社区就业岗位开发服务

社区就业岗位开发服务，指利用社区资源（如社区企业、社会组织等）提供就业机会，实现人员在社区内就业的服务。由于社区在就业领域有较大潜力，开发社区就业岗位对于推进再就业工程具有重要的意义。

职业介绍、就业信息服务、职业技能培训等服务项目都是在原有就业岗位总量基本不变的条件下促进就业的举措，或者通过提高就业岗位和劳动者之间的匹配效率，或者通过提高求职者自身能力的途径来达到，可以理解为是公共就业服务对各种存量就业资源的积极性调整。除此之外，提高就业率的另一条有效途径就是增加就业岗位的供给，或者说是从增量方面着手解决劳动就业的总量性矛盾。上文提到的创业培训，其目的就是提高求职者的创业能力，激发其创业热情，进而达到“以创业促就业”的宗旨。此外，政府还会采取积极性的措施来增加就业岗位，如开发公益性就业岗位、购买企业就业岗位等，这些统称为就业岗位开发服务。根据《国务院关于进一步加强就业再就业工作的通知》（国发〔2005〕36 号）的规定，就业岗位开发的主要服务对象是就业困难人员，政府投资开发的公益性岗位要优先安排就业困难对象。政府安排就业专项资金鼓励企业提供岗位录用特困失业人员，具体项目包括岗位补贴、奖励补贴、社会保险补贴、随岗培训管理补贴等①。当然提供就业机会的主体还是劳动就业市场，政府举办的就业岗位开发服务仅仅是出于维护社会公平，针对就业困难群体提供的就业援助项目，具有社会公益性和对象化特征。

---

① 国务院关于进一步加强就业再就业工作的通知［EB/OL］. 中华人民共和国中央政府网（2005）：http：//www. gov. cn/gongbao/content/2005/content_129498. htm.

三、职业指导与就业咨询服务

职业指导是由专业职业指导人员向劳动者和用人单位提供求职和招聘方面的指导性服务，分为求职指导和用人指导。它的主要任务是：提供职业咨询，开发职业潜力；引导调整就业观念和用人观念；指导设计职业生涯，提高求职和招聘技巧。我国劳动和社会保障部规定，公共就业服务中的职业指导工作包括以下内容：①向劳动者和用人单位提供国家有关劳动保障的法律、法规和政策、人力资源市场状况咨询；②帮助劳动者了解职业状况，掌握求职方法，确定择业方向，增强择业能力；③向劳动者提出培训建议，为其提供职业培训相关信息；④开展对劳动者个人职业素质和特点的测试，并对其职业能力进行评价；⑤对妇女、残疾人、少数民族人员及退出现役的军人等就业群体提供专门的职业指导服务；⑥对大中专学校、职业院校、技工学校学生的职业指导工作提供咨询和服务；⑦对准备从事个体劳动或开办私营企业的劳动者提供创业咨询服务；⑧为用人单位提供选择招聘方法、确定用人条件和标准等方面的招聘用人指导；⑨为职业培训机构确立培训方向和专业设置等提供咨询参考[①]。

社区就业咨询服务是在社区内开展有关劳动就业、社会保险、劳动维权方面的法规政策的宣传和咨询服务。近年来，政府有关部门相继出台了若干优惠政策，鼓励下岗失业人员再就业。政府有关部门和街道办事处、居民委员会，尤其是社区就业服务机构，应积极帮助下岗失业人员熟悉有关再就业的各项优惠政策，帮助自谋职业、创业的下岗失业人员解决享受优惠政策过程中遇到的困难，根据实践需要，不断完善再就业政策。

四、职业培训服务

在经济结构剧烈转型和职业结构快速变迁的背景下，劳动力市场对劳动者的职业技能提出了新的要求，从传统生产行业淘汰出的劳动力如果不

① 劳动和社会保障部 28 号令：就业服务与就业管理规定［EB/OL］. 中华人民共和国中央政府网（2007）：http：//www. gov. cn/gzdt/2007 －11/07/content_798826. htm.

能掌握新的职业技能，可能会处于非常不利的求职地位，他们需要通过培训的方式获得新的技术。同时，那些刚刚进入就业市场的新求职者，因缺乏必要的职业训练和工作经验，往往受到劳动力市场歧视。农村转移劳动力能否在城镇地区就业并且扎根，在很大程度上也取决于其自身是否具备适应劳动力市场的基本素质。就业培训就承担着更新劳动者知识和技能的"终身教育"任务。

近年来，面对严峻的就业形势，我国政府开始大力提倡"以创业带动就业"的就业政策，发挥创业带动就业的倍增效应，使创业成为就业和经济增长的强劲推动力。尽管我国创业活动的活跃程度已经达到了新的高度，但是我国创业者总体还呈现创业能力欠缺、素质偏低等特征，贫穷推动型创业行为的比重大于机会拉动型创业。因此大力推动具有创业能力和创业意愿的劳动者去创业，将越来越成为我国劳动就业领域的焦点，创业培训也应被列入就业培训的重点内容。

第四节　社区就业资源开发的瓶颈与对策

尽管许多地方社区就业工作取得了一些成绩，然而仍然存在较大的困难，许多社区服务需求还处于潜在和隐性的状态，相当一部分下岗职工、失业人员还没有找到合适的就业机会。是什么原因导致社区就业渠道不畅呢？我们认为当前就业制度、就业观念、就业政策等方面制约社区就业资源开发。

一、社区就业资源开发瓶颈

（一）就业制度瓶颈

现行城乡制度和职业技能培训制度是制约社区就业资源开发的主要制度瓶颈。

1. 城乡二元分割就业制度

目前，无论是从城市人口比例为指向标的直接城市化来看，还是以农村人口生活环境为指向标的间接城市化来看，中国的城市化水平都明显滞后于经济发展水平。

从发展的规律来看，农民进城是一个无法回避的问题。但是由于我们长期认为农民进城必然挤占城里的就业岗位，一直抑制这种正常的冲动。城市化首先是把原有的就业“蛋糕”做大，农村剩余劳动力分配的主要不是原有城镇劳动者的就业岗位，而是新增的就业岗位。国家的“大农意识”（压抑城市化的发展）和城市居民头脑中残留的“小农意识”，都曾经严重制约了社区就业的发展，因此制度改革的任务相当艰巨。

2. 职业技能培训落后

大部分失业者在再就业过程中的主要障碍是年龄限制与知识技能不够，许多人由于缺乏一定的竞争能力，在市场导向就业机制中处于劣势。虽然社区服务业对专业技术能力的要求较现代企业低一些，但是随着人民物质和文化生活水平的提高，社区服务也需要一定素质的专业人员，特别是企业转制后的后勤社会化服务，更需要专业化、规范化。多数下岗职工表示愿意接受短期的专业性和操作性强的培训。对下岗职工再就业培训教材的实用性、针对性有待进一步提高。

（二）就业观念瓶颈

创业意识普遍较差和下岗职工心理预期偏高是制约社区就业发展的主要观念瓶颈。

1. 就业者择业观念的影响

受计划经济观念的影响，社区就业者创业意识普遍较弱，“等、靠、要”的思想普遍存在，在择业心理上重国有、轻集体，对个体不屑一顾，“单位就业”的观念非常强烈，缺乏独立的创业精神和冒险精神。在岗位选择上，大多数再就业者期望的工作单位是政府部门和国有企业。大部分期望在政府部门、事业单位和国有企业就业，嫌社区就业“不体面”，不愿意从事社区就业。

2. 下岗职工心理预期偏高

近年来，各级政府采取措施积极鼓励下岗职工从事社区服务，仍然有许多人不愿从事社区就业。究其原因，主要是下岗职工心理预期偏高，主要表现在岗位选择性强。2000 年 3—4 月，劳动和社会保障部（MOLSS）与联合国开发计划署（UNDP）合作，在沈阳、青岛、长沙、成都 4 城市对下岗职工再就业状况进行了抽样调查显示，下岗职工最希望的再就业工作单位是政府部门和国有企业。其中，希望是政府部门、事业单位和社会团体的占 21%；希望是国有企业的占 19%；希望是个体、私营企业和自由职业者的占 15%；34.5% 的人持无所谓态度。希望在这些单位工作的原因主要是有较高收入（48%）和工作稳定（31%），在择业心理上重国有、轻集体，重外资、轻个体，这些陈旧的观念造成社区就业的心理障碍①。

（三）就业政策瓶颈

资金短缺、场地不足、就业服务不完善、优惠不实是制约城市社区就业发展的主要政策瓶颈。

1. 社区发展的运作资金短缺

社区就业发展面临的另一大难题就是资金问题。社区发展的运作资金是社区公共资源量最重要的表现，社区只有具有足够的公共开支来运行各种社区项目，才能够推动社区就业的发展。目前，社区发展资金主要来源于各级政府部门投入和街道拨款，支出大多用于社区日常办公和社区内的各项配套设施的建设。根据调查数据显示，2005 年全国社区居委会年运营资金水平为 117957 元，东部、中部、西部的资金差距非常大。东部地区得到的运作资金是比较充足的，最高的甚至达到每年 350 万元的水平，为各项工作的开展提供了强大的后盾；中部地区运营资金还不足东部的 1/5；西部地区所面临的局面则是举步维艰，社区办公经费收不抵支的情况非常突出。劳动和社会保障部（MOLSS）与联合国开发计划署（UNDP）合作在沈阳、青岛、长沙、成都 4 城市抽样调查显示，从事社区服务业的最大

---

① 杨宜勇．中国城市就业的新空间：21 世纪中国社区就业的前景、瓶颈及对策［J］．江海学刊，2002（2）：61－67.

困难是资金不足。认为资金不足的占 20%；收入低很难挣到钱的占 12.6%；竞争激烈的占 10.6%；摊派收费过高的占 8.3%；场地限制的占 8.1%[①]。

2. 社区公共场地及配套设施不足

社区公共场地及配套设施是社区基本的公共资源，是发展各项社区活动的基础条件。我国只有少部分社区的文娱、健身和医疗等服务设施配套齐备，各项社区服务项目容易开展。在经营这些场馆的同时，社区内群众得到了便利的服务，也创造出了一部分就业岗位；有些地区城市的场地基本上还是借用辖区单位房产，很多服务项目受场地面积和用途的限制难以开展；多数地区社区场馆比较缺乏，功能上比较薄弱，难以提供必要的公共服务。北京市广外、陶然亭两个街道的调查显示，在诸多难点中，排在第一位的是缺少场地；第二位是缺少优惠政策；第三位是利润低。场地不足已成为制约社区服务就业发展的又一大难题。新开发社区便民服务网点也需要场地支持，没有合法场地，必然会给实体经营和安置就业带来一定的难度[②]。

3. 就业服务不完善

一些社区服务业由于具有不固定、不稳定、阶段性等特点，很难形成稳定的劳动关系，需要灵活的就业方式，如临时工、弹性就业等多种方式满足社区服务的需要，只有少部分人员如从事公益性社区服务人员，才享受到签订合同、缴纳社会保险的待遇。社区服务行业这种特点决定的非正规用工形式与人们正规、固定的就业意愿相对立，成为当前社区服务发展的一大矛盾。

4. 诸多优惠难兑现

社区服务活动是一项牵涉很广的社会活动，涉及多个部门，如民政、劳动保障、市政、卫生、城管、工商、税务等，由于这些部门之间缺乏协

---

① 任远．社区发育与社区就业：影响社区就业的因素及社会政策研究［J］．复旦学报（社会科学版），2006（2）：81－87.

② 毕景媛．城市社区服务体系建设研究［D］．北京林业大学硕士学位论文，2012：28－30.

调和配合，不利于再就业的实施，给社区服务工作的推进造成了很大困难。

二、社区就业资源开发对策

制度瓶颈主要是体制问题，观念瓶颈主要是劳动者问题，政策瓶颈主要是宏观调控问题。对于不同类型的问题，必须对症下药。

（一）完善社区就业的政策法规体系

1. 为社区公共组织注册和管理创造良好环境，促进社区层面上社会组织的建立和发育

与西方国家社区就业相比，我国社区公益就业比例还非常低。社区非政府公益组织和非营利组织发育薄弱，制约了社区发展进一步深化，也限制了社区就业的发展。在社区社会组织注册和管理的法律保证和制度建设方面，我国也经历了一个从无到有的过程，目前还存在不少不利于社会组织产生、发展和管理的弱点。政府应积极加强社区组织注册和管理制度的改革，促进社区社会组织的建立。通过政策手段促进企业资本和社会资本投入到社会公益事业与社区组织的运作中，促使社区社会组织能提供更多的就业机会。总而言之，我国在“第三部门”就业的发展还非常薄弱，即使是在东部发达地区也还刚刚起步，通过社区社会组织发展来促进就业可能是未来城市社区就业重要的发展趋势。

2. 需要通过法律和政策手段促进社区就业与工商、税务、劳动、民政等各个部门的法律、法规和条例相互适应的问题，明确社区就业性质及在劳动力市场中的地位

根据我国当前就业形势，应该在就业促进法中明确促进社区就业的内容，探索实施对社区发展的国家和地方立法，将通过社区发展推动公共服务和社区就业作为城市管理的重要内容，利用法律形式加以保证和确定。对于社区就业劳动组织的法律地位应进一步探讨，加以明确界定，如家政服务及私营和个体企业中的劳务工、临时工、季节工和小时工等。为了促进各种形式社区就业的发展，也需要制定相适应的法规和条例来促进非正

规就业、社区中小企业、社区民间组织的发展，为社区发展塑造良好法制环境。

3. 加强就业分类指导，开展劳动技能培训，建立社区就业信息网络

在开发社区就业岗位的过程中，社区和劳动部门应该通过调查研究，对下岗失业人员区别情况，分类提供就业指导和服务，有针对性地开展劳动就业培训，提高他们的劳动就业能力和综合素质。对有就业意愿但就业能力不强、年龄偏大、家庭生活有特殊困难的失业下岗人员，应该给予重点指导和帮助，通过培训和政府购买公共就业岗位等，解决他们的就业和生活困难；对于有自主创业能力和意识的，要通过政策扶持和项目辅导，鼓励他们自主创业；对于缺乏劳动就业能力的病残人员等，则实施社会救助。社区和劳动部门要建立区域性社区服务供需信息网络，使服务市场需求和劳动供给双方的信息交换顺畅。

（二）树立就业新观念，倡导灵活就业方式

社区就业资源开发需要树立就业新观念，营造社区就业的良好氛围。首先，劳动保障部门的就业服务机构要切实加强职业指导和技能培训，帮助下岗失业人员转变就业观念，要让大家树立起只要是劳动者在一定时间凭借自身能力，从事合法的有报酬的社会经济活动就是就业的现代就业观念。其次，要明确社区就业的现实地位。实现充分的、生产性的和自由选择的就业，是当今各国政府在适应急剧变化的世界市场时制定的经济、社会和就业政策的主要目标之一。目前世界上大多数国家和地区包括发达国家，都对灵活多样就业形式给予了高度重视。

社区就业方式灵活多样，大多属于非正规就业范畴。非正规就业相对于正规就业而言，是指未签订劳动合同，无法建立或暂无条件建立稳定劳动关系的一种就业形式。我国自 1980 年以来，一直存在非正规就业人员，他们那时只占就业总量的很小一部分，我们一直采取不置可否的态度。随着市场导向就业机制的建立，非正规就业比例逐渐上升是一种必然趋势，即使在一些发达国家也是如此，为此我们必须重新审视这一客观存在的事物。随着家庭小型化、住房单元化、人口老龄化和生活现代化的一系列变

化，社区服务中的临时性和非固定性的工作岗位将会日益增多，承认非正规劳动就业将有助于再就业问题的解决。值得注意的是，这种就业形式由于劳动合同和保险问题存在特殊性，必须给予必要的关注。在承认非正规就业的同时，要设计与该种就业形式相适应的安全保障方式，以解除劳动者的后顾之忧，保障劳动者合法权利的实现。只有这样做，才能使劳动者认可灵活就业方式，从而真正促进社区就业的发展。

（三）为社区就业提供政策保障

开发社区就业资源必须加强财政投入，形成稳定的社区财力机制，增加社区公共资源拥有量。社区公共资源状况是发展社区就业的前提。目前社区就业项目多是微利经营，就业者基本属于困难人群。政府应该承担对社区建设投资的责任，建设各类社区文化设施、体育设施、公共服务设施，提高居委会人员素质，加强社区工作者队伍，为促进社区就业奠定坚实的物质平台和工作平台。在社区建设的规划中，确定分级社区公共设施的发展规划。

在加强政府财政投入和转移支付之外，应努力促进社区自我管理的发展，形成稳定的财力机制，例如可以大力发展多种所有制经济，丰富社区财源。积极探索建立社会事业的多元投融资体制，促进社会资金和民间资金投入社区发展。可以借鉴国外经验，通过社区经济发展基金、可转换债券等金融工具的创新来挖掘社会资金的潜力。在基层社区中，可以建立“社区发展公司”来解决社区居民的生活需求和部分就业问题；促进针对社区就业的小额贷款发展。通过各种制度化的社区财力机制，促进城市社区发展和社区就业。

提供政策扶持，引导自主创业。在扩大就业的工作中，通过政策扶持，引导失业下岗人员自主创业是一项积极的就业对策。近年来一些地方的实践证明，鼓励自主创业，不仅能解决创业者自身的就业问题，还可能创造出新的就业岗位。如有些地方已经制定了一些扶持自主创业的优惠政策，为创业者发放小额贷款、税收优惠、创业项目辅导培训等。但由于宣传力度不够，有不少下岗失业人员对这些政策并不了解，不会运用。另外，对于在社区岗位上自主创业，政策引导和优惠针对性也还不强，所以在社区就业岗位上自主创业者虽然有（如开办社区养老院等），但总体来说成效不大。在这方面应该扩大宣传，加强政策引导的力度，要发展适合社区开发的自主创业项目，特别是同社区服务结合的便民利民生活服务业项目。

对于下岗职工和失业人员参与社区就业的，可以携带一定的扶持资金进入，享受一次性开办补助费的支持。对于从事社区服务业收入达不到一定标准的，可以从相关基金中出资补助到规定的水平。总而言之，在不降低国家原有对下岗职工和失业人员资金支持的前提下，将被动领取救济金转变为对社区就业人员的扶持，用活这笔资金，并且提高资金到位速度，加快资金的运营流动。政府有关部门还应该筹集经费对一般劳动者从事社区服务业提供贴息贷款或者银行贷款担保，切实解决资金困难。除此之外，商业性银行要通过设立小企业部，加大对社区服务小企业和个体户的贷款支持。

最后，优惠政策须落实。现在，社区服务有许多优惠政策，如为下岗职工提供场地、资金、税收等，但有的地方因下管部门利益问题而未落实，仅停留在文件、报纸上。建议政策出台后，有关部门还应层层检查落实情况，防止优惠政策在落实过程中走样。

第六章　社区劳动保障监察

“经济人”假设观点说明任何经济主体都会把盈利放在经营之首，为达到此目的，资本方往往压低雇工工资、降低劳动成本，这样极易造成生产事故和劳资冲突。因此，社区劳动保障应研究社区劳动保障监察问题，对用人单位劳动用工行为进行监察。这样可有效预防和减少用人单位违法行为的发生，也能够及时处理经营过程中的突发事件和劳资矛盾，切实维护劳动者合法权益，促进社区经济发展和社区正常运行。

第一节　劳动保障监察概述

党的十八大报告首次将“加强劳动保障监察”写入党的纲领性文件，充分体现了党中央对劳动保障监察工作的高度重视，报告明确提出要“健全劳动标准体系和劳动关系协调机制，加强劳动保障监察和争议调解仲裁”，这从制度建设、利益协调、矛盾调处和权益保障等方面，全方位地对和谐劳动关系的构建提出了要求，对于建立规范有序、公正合理、互利共赢、和谐稳定的劳动关系具有重要的指导意义。

一、劳动保障监察的定义

随着我国市场经济体制的建立，劳动关系日趋复杂，劳动争议数量日益增加，作为劳动者合法权益受侵害的现象也时有发生。我国宪法第四十二条规定：“中华人民共和国公民有劳动的权利和义务。国家通过各种途径，创造劳动就业条件，加强劳动保护，改善劳动条件，并在发展生产的基础上，提高劳动报酬和福利待遇。”为了落实宪法这一规定，保护劳动者的合法权益，调整劳动关系，建立和维护适应社会主义市场经济的劳动制度，促进经济发展和社会进步，我国于1995年1月颁布了《中华人民共和国劳动法》，对用人单位和劳动者的各项权利义务作出了明确规定。为了确保劳动法的有效实施，其在第八十五条至第八十八条中授予了劳动保障行政部门对违反劳动法行为的检查权、制止权、责令改正权等职权，确立了“监督检查制度”。2004 年《劳动保障监察条例》正式颁布，明确规定了劳动保障监察制度的基本功能以及劳动行政部门实施监察中所应遵循的程序性法律规范和主要实体性法律规范。劳动保障监察制度作为保护劳动者合法权益的执法制度，是指法定的专门机关代表国家对劳动和社会保障法律、法规的执行情况进行的检查、处理、处罚等一系列监督活动。它作为一种国家干预责任，是维护广大劳动者权益的重要的强制手段[①]。

2004 年我国《劳动保障监察条例》出台之前，劳动保障监察被称为劳动监察，国外亦称劳动监察。其作为一种国家干预责任，是维护劳动者权益的重要的强制性手段，目前广为世界上许多国家所采用。具体而言，所谓劳动保障监察，是指劳动保障行政机关依法对用人单位遵守劳动保障法律、法规的情况进行监督检查，发现和纠正违法行为，并对违法行为依法进行行政处理或行政处罚的行政执法活动。劳动保障监察属于行政执法和行政监督的范畴，是国家行政执法的重要组成部分。劳动保障监察执法是保障劳动法律、法规实施、维护劳动者合法权益的重要手段和途径。劳动保障监察部门通过日常巡视检查、举报投诉调查、书面审查、专项检查和大要案专查等执法方式，可以有效监测预警、预防化解企业的违法用工等损害劳动者权益问题，保障劳动者在职业介绍、劳动合同签订、工作时间、工资支付、社会保险、特殊劳动保护等方面权益的落实。实施劳动保障监察对于促进劳动保障法律、法规贯彻实施、监控劳动力市场秩序、维护劳动关系双方合法权益以及推动劳动保障部门依法行政都具有十分重要的意义。

二、劳动保障监察的特征

劳动保障监察作为劳动保障监察机构对用人单位进行监督检查，发现

---

① 王全兴．劳动法（第二版）［M］．北京：法律出版社，2004：383－416.

和纠正违法行为，并对违法行为依法进行行政处理或行政处罚的行政执法活动。其具有法定性、行政性、专门性和强制性的特征。

（一）法定性

依法进行劳动保障监察是世界各国的通行做法。劳动保障监察履行的是政府公共职能，劳动保障监察的各项规则都直接由法律规定而来。加之劳动保障监察具有一定的强制性，为保证监察执法的公正，其监察的主体、监察的范围、监察的措施以及监察程序均应依法进行。

（二）行政性

劳动保障监察是政府为维护劳动者的合法权益，保证劳动保障法律、法规有效地贯彻实施而采取的一项专门监督制度，是国家作为行政主体对社会的和谐与秩序、公平与平等的一种国家行政控制和干预，因此劳动保障监察属于行政监督的范畴，是一项重要的行政执法活动①。被监察主体对其作出的行政处理决定或行政处罚决定不服的，可以依法提请行政复议或行政诉讼。

（三）专门性

劳动保障监察是由专门的机关为保证劳动保障法律、法规、规章的贯彻实施所进行的专门监督。如《贵州省劳动保障监察条例》第四条明确指出："县级以上人民政府人力资源和社会保障行政部门负责本行政区域内的劳动保障监察工作。公安、工商行政管理、住房和城乡建设、交通运输、水利、卫生、安全生产监督等有关部门和工会、共青团、妇女联合会、残疾人联合会等社会组织应当根据各自职责，支持、协助人力资源和社会保障行政部门开展劳动保障监察工作。"

---

① 李建，阎宝卿．劳动保障监察条例释义［M］．北京：中国工人出版社，2005：13.

（四）强制性

劳动保障监察作为行政执法行为，虽与司法行为有着本质的区别，但是其在执法过程带有强制性的特征，具有国家强制力，被监察主体不得拒绝。这是行政行为公定力[①]的主要表现，即劳动保障监察行为一经作出就应该得到监察主体和行政相对人的认可与承认，这种公定力来源于相关劳动法律、法规等的授权，也是行政行为的必然要求。它要求劳动保障监察相对人先履行执行义务，相对人若对监察机构的监督监察具体行政行为持有异议可以诉诸法律、法规、规章设定的救济渠道加以解决，因为“有权利必有救济”，而此前只能先表示服从[②]。这就反映了劳动保障监察行为行使的是国家公权力，带有明显的强制色彩。

三、劳动保障监察的主体与客体

劳动保障监察是市场经济条件下政府对劳动法律关系的干预。综合各国劳动监察实践，劳动监察主体一般有以下几种形式[③]。

一是机构监察。这是指由国家设立专门机构对用人单位执行劳动法的有关情况进行监督和检查。这些机构从属于国家劳动行政部门，是国家劳动行政部门的职能机构，其人员是由专职劳动监察员所组成。劳动监察员具有国家公务员身份，这个专门机构统一受中央政府的领导和控制。如日本、卢旺达等国就实行这种制度。

二是个人监察。这是指不设监察机构，而由劳动行政主管部门首长兼任劳动监察官（或劳动监察员）来监督检查劳动法的执行情况。如巴林、埃及、加拿大、马达加斯加等国实行该制度。

---

① 行政行为的公定力是指行政行为一经成立，无论是否合法，即对任何人都具有被推定为合法有效而予以尊重的一种法律效力。

② 李建，阎宝卿．劳动保障监察条例释义［M］．北京：中国工人出版社，2005：13.

③ 庄林冲．劳动监察：功能定位与法律规范［D］．南京师范大学硕士学位论文，2007.

三是并列监察。这是指由监察机构和独立于监察机构的监察员对劳动法的执行情况进行监督检查，法律承认两者的独立性并用专门法律对两者的监察范围各自加以规定。除波兰曾经采用过该制度外，其他国家很少采用。

四是委托监察。这是指有关国家针对在现代生产中某些专业化、科技化程度较高的行业或部门所采取的劳动监察措施或制度。由于对这些行业的劳动监察需要较高的专业知识和职业经验，在对这些行业进行劳动监察的过程中，由国家劳动行政部门委托具有相关专业知识如技术、安全、卫生等方面的专家进行监察。如法国、新加坡等国就委托开业医生、建筑专家、工程师等专门型人才进行劳动安全卫生监察。

五是特殊监察。这是指对国防及其他关系国家重大利益和机密的企业进行劳动监察时，需专门任命特殊人员（如部队军官或政府官员）进行劳动监察。

而我国目前的劳动保障监察主要由各级劳动保障监察机构以及各级工会组织实施，其中以劳动保障监察机构执法为主。在我国，国务院劳动保障监察部门总体负责全国范围内有关劳动合同制度实施的监督以及管理。其中，县级以上各级人民政府劳动保障监察部门在劳动合同制度实施的监督管理工作中，还应当采纳工会组织、用人单位代表和各行业主管部门反映的意见。根据《中华人民共和国劳动合同法》第七十三条规定，各级劳动保障部门均成立了劳动保障监察机构。其中，省级劳动保障监察部门设立监察行政处和监察总队，市（地）级劳动行政部门设监察科（大队），县（区、县级市）设劳动保障监察股，并配备劳动保障监察人员，以形成中央、省、市、县四级监察组织体系。

劳动保障监察的客体即劳动保障监察的对象。劳动保障监察制度是由国家劳动行政部门依据法律授权，按照法律规定和法定程序对用人单位具体遵守我国劳动法律、法规的情况进行监督检查，发现和制裁违法行为，并对违法行为依法进行行政处理或行政处罚的行政执法活动。这就决定了劳动保障监察应以用人单位而不能以劳动者为监察对象。根据劳动法的规定，中华人民共和国境内的企业、个体经济组织和与之形成劳动关系的劳动者，国家机关、事业组织、社会团体和与之建立劳动合同关系的劳动者都要遵守劳动保障法律、法规。也就是说，劳动保障监察的对象包括劳动法中所涉及的各类用人单位。而鉴于目前一些职业中介、职业技能鉴定和职业技能培训机构不依法办理执业许可，擅自从事职业介绍、职业技能鉴定或职业培训等活动，欺骗劳动者，扰乱劳动力市场秩序的问题，《劳动保障监察条例》规定：对职业介绍机构、职业技能培训机构和职业技能考核鉴定机构进行劳动保障监察，依照本条例执行。同时为了解决当前突出的非法用工主体侵犯劳动者合法权益的问题，《劳动保障监察条例》附则还对无营业执照或者已被依法吊销营业执照的单位实施劳动保障监察作出规定。

而随着国家劳动保障法律体系的不断完善，劳动保障法律调整对象的不断变化，劳动保障监察的对象也随之变化。如《社会保险费征缴暂行条例》（1999 年国务院令第 259 号）颁布实施后，由于明确劳动保障行政部门负责社会保险的监督检查，因此劳动保障监察的对象进一步扩大到国家机关、事业组织、社会团体、民办非企业等单位。《失业保险条例》则将有骗取失业保险金等违法行为的个人，也纳入了监察范围。

各省级劳动保障监察条例也根据各地实际情况，在上级法律、法规的指导下，对监察对象作出了明确规定，如自 2013 年 5 月 1 日起施行的《广东省劳动保障监察条例》所明确的监察范围包括广东省行政区域内的企业、有雇工的个体经济组织、民办非企业单位、基金会、会计师事务所、律师事务所等组织；对职业中介机构、职业技能培训机构、职业技能考核鉴定机构、外国企业常驻代表机构和社会保险服务机构进行劳动保障监察。同样，该条例指出，对国家机关、事业单位、社会团体执行劳动保障法律、法规和规章的情况进行劳动保障监察，由人力资源和社会保障行政部门根据其职责，依照该条例执行。

四、劳动保障监察的监管范围和组织形式

（一）劳动保障监察的监管范围

劳动保障监察制度的设立是为了维持在用人单位和劳动者之间的利

益均衡，是一种行政权力对私益的介入和保护，这就意味着其不能将范围无限扩大，所以劳动保障监察的范围应该主要是强制性法律规范和劳动基准法方面规定的范围。从广义上说，劳动法涵盖的内容都是劳动保障监察的范围。目前，劳动法涵盖的内容包括劳动合同、集体合同、工时和休假、工资、劳动安全卫生、女职工和未成年工特殊保护、职业培训、社会保险和福利等，对上述内容的监督，都应属于广义上劳动保障监察的范围。

但是鉴于1998年国务院机构改革中，将有关劳动安全和职业卫生的管理监督职能分别交由安全生产部门和卫生部门，并根据新的职能分工先后发布《中华人民共和国安全生产法》和《中华人民共和国职业病防治法》，逐步形成了以这两个法为核心的配套的法规体系。为了处理好2004年颁布的《劳动保障监察条例》与现行的法律、行政法规之间的衔接关系以及考虑现行国务院各有关部门的职责分工。从监管范围而言，《劳动保障监察条例》规范的内容是狭义的劳动保障监察范围，对广义上的劳动保障监察，则是通过在《劳动保障监察条例》中作出与有关法律、行政法规衔接的条款加以规范。《劳动保障监察条例》第三十五条明确规定，劳动安全卫生的监督检查，由卫生部门、安全卫生监督管理部门、特种设备安全监督管理部门等有关部门按照有关法律、行政法规的规定执行①。

（二）劳动保障监察的组织形式

《劳动保障监察条例》第三条明确规定："国务院劳动保障行政部门主管全国的劳动保障监察工作。县级以上地方各级人民政府劳动保障行政部门主管本行政区域内的劳动保障监察工作。县级以上各级人民政府有关部门根据各自职责，支持、协助劳动保障行政部门的劳动保障监察工作。"第七条规定："各级工会维护劳动者的合法权益，对用人单位遵守劳动保障法律、法规和规章的情况进行监督。劳动保障行政部门在劳动保障监察工作中应当注意听取工会组织的意见和建议。"因此，我国目前实行的仍

---

① 王岩.《劳动保障监察条例》立法目的与主要内容［J］. 中国社会保障，2005（1）：12－13.

是以机构监察为主的劳动监察体制，主要由各级劳动行政部门和各级工会组织来具体承担，其中劳动行政部门承担主要责任。根据《劳动保障监察条例》第十条，劳动保障行政部门在实施劳动保障监察时，需履行下列职责：宣传劳动保障法律、法规和规章，督促用人单位贯彻执行；检查用人单位遵守劳动保障法律、法规和规章的情况；受理对违反劳动保障法律、法规或者规章的行为的举报、投诉；依法纠正和查处违反劳动保障法律、法规或者规章的行为。

地方劳动保障监察条例，如《广东省劳动保障监察条例》则明确指出各级人力资源和社会保障行政部门主管本行政区域内的劳动保障监察工作。公安、司法行政、财政、住房和城乡建设、卫生、国资、税务、工商、安监等有关部门以及用人单位的主管部门，应当在各自职责范围内协同做好劳动保障监察工作。县级以上人力资源和社会保障行政部门设立的劳动保障监察机构以及人力资源和社会保障行政部门依法委托实施劳动保障监察的组织（以下统称劳动保障监察机构）具体负责劳动保障监察工作。

五、劳动保障监察与劳动争议仲裁

在我国，与劳动保障监察制度共同贯彻落实劳动法的还有劳动争议仲裁制度。需要特别说明的是，劳动保障监察和劳动争议仲裁同为维护劳动者权益的执法制度，两者之间具有共同的目标，实施方式和作用具有互补性。同时，两者也存在明显的区别。在理论界和实务界长期难以划清劳动保障监察和劳动争议仲裁的界限，导致劳动保障监察长期职责不清、工作越位，极大地浪费了本已稀缺的行政资源，导致进一步削弱执法力度等诸多问题恶性循环。因此，分清劳动保障监察和劳动争议仲裁的区别是研究劳动保障监察制度职能和寻找解决实务中工作问题、提高行政效率途径的重要基石。

（一）法律属性不同

劳动法兼有公法和私法的属性。劳动保障监察的产生是由劳动法所具有的公法因素决定的，劳动保障监察属于行政机关的行政执法行为，具有公法属性。劳动保障监察是国家机构依法对用人单位进行监督检查，发现和纠正违法行为，并对违法行为依法进行行政处理或行政处罚的行政执法活动，其具有法定性、强制性、行政性等特点。而劳动争议仲裁是劳动争议仲裁委员会对用人单位与劳动者之间发生的争议，在查明事实、明确是非、分清责任的基础上，依法作出裁决的活动，其是由劳动法所具有的私法因素决定的，具有私法属性。

（二）实施主体不同

劳动保障监察的实施主体为劳动保障行政部门，属于国家行政机关。而依据《中华人民共和国劳动争议调解仲裁法》第十九条规定："劳动争议仲裁委员会由劳动行政部门代表、工会代表和企业方面代表组成。"劳动争议仲裁机构的建立，所遵循的是"三方原则"。尽管劳动争议仲裁委员会的专职仲裁员多具有公务员或事业单位编制的身份，由劳动行政部门进行（或代为）人事管理，办公经费由劳动行政部门拨付，但劳动争议仲裁委员会的性质不属于国家行政机关。

（三）行使的权力不同

劳动保障监察由于其具有公法的性质，所以其所行使的权力主要是检查权、调查权、纠正权和处罚权等，属于典型的行政权力。而劳动争议仲裁由于其所具有的私法性质，所以其行使的权力主要是调查权、调解权和裁决权。

（四）适用法律规范不同

劳动法律规范按其规定事项不同，可划分为关于劳动者实体权利义务的法律规范和关于劳动关系运行规则的法律规范；按其法律约束力的不同，可划分为强行性规范和任意性法律规范。劳动争议仲裁处理劳动争议既适用强行性法律规范也适用任意性法律规范，劳动保障监察处理只能适用强行性法律规范[①]。

---

① 俞又昌．谈劳动监察与劳动争议仲裁的关系［M］．北京：中国劳动科学出版社，1996.

（五）程序启动的方式不同

《劳动保障监察条例》第十四条规定："劳动保障监察以日常巡视检查、审查用人单位按照要求报送的书面材料以及接受举报投诉等形式进行。……对因违反劳动保障法律、法规或者规章的行为引起的群体性事件，劳动保障监察行政部门应当根据应急预案，迅速会同有关部门处理。"由此可见，劳动保障监察程序的启动带有明显的主动性。而依据《劳动争议调解仲裁法》第五条的规定："发生劳动争议，当事人不愿协商、协商不成或者达成和解协议后不履行的，可以向调解组织申请调解；不愿调解、调解不成或者达成调解协议后不履行的，可以向劳动争议仲裁委员会申请仲裁；对仲裁裁决不服的，除本法另有规定的外，可以向人民法院提起诉讼。"第二十八条的规定："申请人申请仲裁应当提交书面仲裁申请。"可见，劳动争议仲裁的启动是被动的，劳动争议仲裁机构依当事人的请求而实施仲裁，即不诉不理。

（六）处理程序不同

劳动保障监察机构实施劳动保障监察应当严格依照《劳动保障监察条例》及《中华人民共和国行政处罚法》等所规定的行政处理、处罚程序进行，大致分为：立案、调查取证、听取陈述申辩及听证、作出责令限期改正通知书或行政处理、行政处罚行为等环节。劳动监察不适用调解程序，劳动保障监察体现的是强制原则，如果用人单位违法，不允许通过劳动者放弃权利，免于追究法律责任。具体行政行为一经作出即产生法律效力，行政相对人或权利人对该具体行政行为不服，可以依法提起行政复议或行政诉讼。而劳动争议仲裁委员会依据劳动争议调解仲裁法所规定的程序实施仲裁活动。其仲裁程序大致包括：受理、交换证据、开庭、调查、辩论、裁决等阶段，同时调解活动可在案件受理后作出裁决前的任何一个环节中进行，作出的裁决除《劳动争议调解仲裁法》第四十七条所规定的要求外，均不立即产生法律效力。当事人可自收到裁决书之日起15 日内到人民法院起诉。且劳动争议仲裁受理劳动争议案件时效是60 日，而劳动保障监察受理举报投诉案件时效则为2年。

（七）认定案件事实的方式不同

我国劳动保障监察机构在调查案件事实时主要采用依法行使检查权、调查权的方式。案件当事人有积极配合检查、调查的义务，否则将承担行政法律责任。而劳动争议仲裁案件由案件当事人负举证责任，仲裁员居中裁判，根据证据和一系列证据规则认定案件事实，和劳动保障监察员主动调查与搜集证据的办案方式具有明显区别。

（八）法律后果不同

我国劳动保障监察制度的作用在于运用行政手段维护基本的劳动用工秩序，对用人单位违反劳动保障法律中明确规定的制度性违法、整体性违法的用工行为进行纠正和处罚。根据《劳动保障监察条例》第十一条的规定，劳动保障监察主要是对实施违法行为的违法者进行限期改正、行政处理和行政处罚。因此，对于行政相对人的法律后果主要是被责令改正违法行为和受到行政处罚。而劳动争议仲裁制度则主要是对用人单位与劳动者履行劳动合同时所发生的争议以及对劳动者造成的损害赔偿问题进行处理，倾向于对个案的处理，追求个案公平。对于劳动争议当事人的法律后果主要是确认和解决在履行劳动合同中所发生的争议，对己方违法和违反劳动合同约定的行为给对方当事人造成的损失进行赔偿，要求用人单位依法对劳动者进行补偿等。

第二节 劳动保障监察的主要内容与功能定位

劳动保障监察是市场经济条件下政府对劳动法律关系的干预，是政府提供的公共监管服务的重要内容之一。在现代市场经济竞争日趋激烈的情况下，劳动保障监察已成为我国建立公平合理的劳动就业环境，减轻我国目前收入分配领域两极分化的现象，创建和谐社会，实现共同富裕，达到长治久安的一项重要制度。劳动保障监察制度对全体社会主体行为规范给出了具体的规定，同时也对其行为价值判断进行了设定。

一、劳动保障监察的主要内容

根据1994年全国人大制定的《中华人民共和国劳动法》和2004年国务院制定的《劳动保障监察条例》，我国劳动保障监察的内容主要是国家法定的劳动标准和事项以及社会保险规定的执行情况。主要包括：

（1）用人单位遵守录用和招聘职工规定的情况；

（2）用人单位遵守有关劳动合同规定的情况；

（3）用人单位遵守女职工和未成年工特殊劳动保护规定的情况；

（4）用人单位遵守工作时间和休息休假规定的情况；

（5）用人单位遵守工资支付规定的情况；

（6）用人单位制定的劳动规章制度情况；

（7）用人单位维护外派劳务人员合法权益的情况；

（8）用人单位遵守外国人在中国就业管理规定及台湾、香港和澳门居民在内地就业管理规定的情况；

（9）遵守就业训练规定的情况；

（10）遵守职业培训实体管理规定的情况；

（11）遵守职业中介有关规定的情况；

（12）遵守职业技能鉴定、企业职工培训规定的情况；

（13）用人单位遵守社会保险规定的情况；

（14）法律、法规、规章规定的其他劳动保障监察事项。

而各省、自治区、直辖市出台的劳动保障监察条例则在此基础上，根据地方实际情况进行了适当细化，对某些重点内容予以了突出和强调，如《广东省劳动保障监察条例》第二十三条指出，人力资源和社会保障行政部门依法对下列事项实施劳动保障监察：

（1）用人单位制定直接涉及劳动者切身利益的规章制度的情况；

（2）用人单位建立用工管理台账的情况；

（3）用人单位与劳动者订立劳动合同、约定试用期及其他必备条款、交付劳动合同文本、出具解除或者终止劳动关系证明等情况；

（4）用人单位执行最低工资标准、支付劳动者工资、经济补偿金及赔偿金的情况；

（5）用人单位遵守有关就业登记备案的规定，以及遵守台、港、澳人员在内地就业和外国人在中国境内就业规定的情况；

（6）用人单位遵守女职工、未成年工特殊劳动保护规定和禁止使用童工规定的情况；

（7）用人单位遵守工作时间和休息休假规定的情况；

（8）用人单位办理社会保险登记和申报缴费数额的情况；

（9）劳务派遣单位、用工单位遵守劳务派遣有关规定的情况；

（10）外国企业常驻代表机构、涉外就业服务单位遵守有关聘用中国雇员管理规定的情况；

（11）职业中介机构、职业技能培训机构和职业技能考核鉴定机构遵守有关职业介绍、职业技能培训与职业技能考核鉴定规定的情况；

（12）医疗机构、药品经营单位等社会保险服务机构遵守社会保险相关规定的情况；

（13）实习、见习单位遵守有关学生实习、见习劳动保障法律、法规的情况；

（14）法律、法规和规章规定的其他劳动保障监督检查事项。

《贵州省劳动保障监察条例》第十条指出人力资源和社会保障行政部门对下列事项实施劳动保障监察：

（1）劳动合同、集体合同订立、履行、变更、解除和终止的情况；

（2）用人单位遵守公平就业、招工、用工有关规定的情况，遵守禁止使用童工规定、遵守女职工和未成年工特殊劳动保护规定的情况；

（3）劳务派遣单位和用工单位遵守劳务派遣有关规定的情况；

（4）用人单位遵守工作时间和休息休假规定的情况；

（5）用人单位遵守工资支付保障金制度的情况；

（6）用人单位遵守职业培训和技术工种从业人员持证上岗规定的情况；

（7）用人单位支付劳动者劳动报酬，给予经济补偿金、赔偿金、双倍工资和执行最低工资标准的情况；

（8）用人单位参加各项社会保险和缴纳社会保险费、支付社会保险待遇的情况；

（9）人力资源服务机构、职业技能培训机构、职业技能考核鉴定机构遵守有关人力资源服务、职业技能培训、职业技能考核鉴定规定的情况；

（10）医疗保险定点医疗机构、医疗保险定点药品零售药店、工伤保险协议机构等社会保险服务机构遵守有关社会保险服务规定的情况；

（11）用人单位遵守国家有关港、澳、台人员在内地就业和外国人在中国境内就业规定的情况；

（12）用人单位制定内部劳动保障规章制度的情况和遵守劳动用工备案制度的情况；

（13）法律、法规规定的其他劳动保障监察事项。

二、劳动保障监察的功能定位

劳动保障监察制度是保障劳动法实施的执法制度，保障劳动法的贯彻落实是其基本功能。然而，随着政府职能转变和行政管理体制改革的深入，劳动保障监察对于落实完善政府社会管理与公共服务中有关劳动保障方面的各项措施，强化劳动保障行政部门对劳动力市场的宏观调控，保障相关的法律、法规和规章实施到位，发挥着越来越重要的作用。随着经济和社会改革的逐步推进，新的历史时期也对劳动保障监察功能定位提出了新的要求。

（一）劳动保障监察的基本功能

劳动保障监察制度是保障劳动法实施的执法制度，保障劳动法的贯彻落实是其基本功能，强制功能和预防功能是劳动保障监察基本功能的主要表现。

1. 强制功能

法律、法规的施行除了要靠社会成员的自觉遵守，还必须依靠国家强制力的保证。劳动保障监察制度的制定是为了贯彻实施劳动和社会保障法律、法规和规章，规范劳动保障监察工作，维护劳动者的合法权益，因此保障劳动法实施的执法制度，保障劳动法的贯彻落实，强制执行劳动基准和劳动法的其他强制性执行规定，保障劳动条件的实现是其基本功能。

2. 预防功能

在劳动保障监察职能上，预防功能日益受到重视，劳动保障监察的预防职能强调进行积极主动的监察，而不仅仅停留在事后监察上。国际上一直倡导在劳动保障监察员以及他们的社会伙伴实施他们的职能过程中，逐渐把重点放在预防和预防措施的需求上，使雇佣工人提前采取措施，控制并减少那些威胁他们工作的风险。劳动保障监察制度能促进劳动保障监察机关与劳资双方的合作，通过政府与劳资双方的合作，以劳资双方的团体力量在劳动条件实现中的作用来弥补劳动保障监察由于政府资源的有限性，而产生的对劳动关系风险控制作用的缺陷，这可以使得劳动保障监察制度在行政力量和市场力量之间取得均衡，使政府的行政功能和市场的自治功能更好地契合①。

（二）劳动保障监察的功能拓展

在现代市场经济条件下，除了强制功能和预防功能这两项基本功能外，劳动保障监察制度的实施还有均衡劳资关系、促进市场主体公平竞争、保障人权和维护社会稳定等方面的功能。

1. 均衡劳资关系

劳动关系兼具财产关系与人身关系的特点，劳动者处于相对弱势地位。首先，从财产关系的角度分析，劳动关系本质上是一个买卖关系，劳动者是劳动力的出卖方，用人单位是劳动力的购买方，用人单位用货币购买劳动力为己所用，劳动力获得货币作为生活来源。但这一买卖关系中买卖双方的议价能力并不对等。由于出卖劳动力是劳动者赖以谋生的手段，劳动者在这一买卖关系中处于相对弱势地位，在劳动力供过于求的情况下

① 曹燕．对我国劳动法律制度功能的反思［M］．北京：中国法制出版社，2008：189.

更是如此。其次，从人身关系角度分析，劳动关系本质上是劳动者对用人单位的人身依附关系。劳动力是看不见摸不着的，它依附于劳动者人身，用人单位通过支配、管理劳动者人身从而使用劳动力。劳动力的使用过程直接涉及劳动者的生命和健康，劳动者处于被支配、被管理的弱势地位。

市场经济具有逐利性和竞争性，资本所有者往往将追求利润最大化视为唯一目的。特别是在对待与劳动者的关系问题上，资本所有者唯利是图的本性常常会使其不顾劳动者的生存与健康，力图以最小的投入换取劳动者最大限度的付出，从劳动者那里获取最大值的“剩余价值”。对劳动者无节制的剥削，不但可能使劳动力的生产与再生产面临困难，而且会引发日益严重的劳资纠纷和社会矛盾。为了使劳动者与用人单位之间不均衡的劳动关系能达到相对平等的状态，国家开始运用法律手段对劳动关系进行调整，对用人单位进行法律监控和监察。劳动监察制度就是国家运用行政手段通过对劳动者合法权益进行强化保护，矫正和补救劳动者在劳动关系中的不均衡现状和相对弱势地位，从而修复劳资双方平权主体的应然关系，使两者至少在力量上形成相对均衡态势，使用人单位不至于恣意侵犯劳工权益的一种法律措施。劳动监察的出发点是制约、约束和限制处于强势地位的用人单位的行为扩张，特别是对其恣意侵犯劳动者基本人权的行为进行惩处，从而维护社会和法律的实质正义。在我国，由于劳动力市场还不规范，劳资双方的发育和组织程度均尚在不成熟时期，劳资自治还不具备条件，所以，现阶段更需要政府加强作用，维护处于弱势地位的劳动者的权益，均衡劳资关系。

2. 促进市场主体公平竞争

随着经济全球化的推进，资本与商品开始在全球范围内迅速地、畅通无阻地流动，而劳动力的流动却并不那么自由，只能相对地固定在某一国家或某一地区。资本为了快速增值，总是流向劳动力成本低的地区。部分国家和地方政府为了吸引资本发展经济，就可能发生牺牲劳工的利益来追求经济发展的现象。如一些国家和地区为了吸引外资，竞相开展“低工资”竞争，出现大量的“血汗工厂”。劳动监察的作用就在于通过监察手段，督促用人单位自觉遵守劳动与社会保障法律、法规。对违法的行为及时纠正、查处，使所有的用人单位在劳动与社会保障方面享有相同的权利，履行相同的义务，杜绝部分用人单位通过偷逃社会保障费等不法手段，降低产品或服务成本，达到不公平竞争的目标。这在一定程度上可以消除因为压缩劳动力成本而引发的残酷竞争，促进市场主体竞争的公平性。

3. 保障人权

劳动基准制度是各国劳动和社会保障法的重要内容。概括而言，劳动基准制度包括两方面的内容：一是与经济利益相关的劳动条件标准，如对劳动者的劳动报酬（工资、收入等）、劳动条件（工作时间、安全保护等）、劳动福利（休息、医疗保健、教育、生活待遇等）的标准规定；二是伦理方面的道德标准，涉及劳动者的社会经济权利，一般是指国际劳工组织规定的下述权利：自由结社，集体谈判权；男女同工同酬；禁止对就业及职业选择的歧视；禁用童工等。劳工标准不是停留在价值判断和道德观念的层面去进行论证，而是作为一项具体的法律制度对劳动者生命健康、人身财产权益进行切实的关怀。劳动基准制度体现了现代法律的人本主义精神，体现了现代法律维护社会主体基本人权的鲜明特征，对于整个社会关系的良性运作具有极为重要的作用。劳动保障监察制度促进了劳动和社会保障法的贯彻实施，也就是促进了劳动基准制度的落实。由于劳动基准制度就是基本人权的体现，因此劳动保障监察也就是保障人权的重要法律制度，是对劳动者进行人权保护的最重要的形式和手段。

4. 维护社会稳定

第一，劳动保障监察是监控劳动力市场秩序的重要手段。在社会主义市场经济体制中，劳动力市场发挥着劳动力资源配置的基础性作用。但是目前我国劳动力市场存在着主体不合法、行为不规范等问题，非法用工以及用工不签订劳动合同，拖欠劳动者工资，强迫劳动者超时加班，不缴纳社会保险等现象时有发生。劳动保障监察的一项重要职责，就是按照劳动力市场运行规则规范市场主体行为，监督市场中介活动，减少和排除影响市场有序运行的因素，维护市场主体的合法权益。通过开展日常巡视检查和专项执法检查，加大监察执法力度，取缔非法职业中介，打击各种扰乱劳动力市场秩序，劳动保障监察促使劳动力市场按照社会主义市场经济体制的要求健康发展。

第二，劳动保障监察是维护劳动者合法权益，促进劳动关系和谐发展的有力保证。随着我国经济体制改革的逐步深化，我国劳动关系日趋复杂，一些用人单位漠视国家劳动保障法律、法规和规章，侵犯劳动者合法权益的现象时有发生。对这些违法行为必须通过加大劳动保障监察执法力度，及时发现并有效查处，从而保护广大劳动者的合法权益。同时，监察执法是劳动保障行政部门调整用人单位和劳动者劳动关系的手段之一。劳动保障监察部门通过日常督促用人单位遵守劳动保障法律、法规和规章，依法处理违法违规行为，一方面可调动劳动者的积极性和创造性；另一方面也有益于用人单位的发展和社会的稳定。

第三，劳动保障监察有助于从源头入手，更好地处理社会安全类应急事件。大多数社会安全类的风险和群体性事件的频发，多归因于法律、法规宣传不到位，使人民群众产生误解；政策落实出现偏差、忽视甚至侵犯人民群众利益。特别是人力资源和社会保障领域，承担着保障人民群众就业、工资、待遇、劳动合同、社会保险等方面的重要职责，企业一旦出现问题，人民群众反映最为强烈。劳资关系矛盾日积月累，就会成为影响社会稳定的隐患甚至是引发群体性突发事件的源头。而劳动保障监察作为政府、企业、劳动者三方的衔接纽带，能够真实反映当前人力资源社会保障领域的最新动向，准确洞察劳动者和用人单位的纠纷摩擦和焦点问题，是劳动关系和谐与否的风向标，因此，其首先可以为社会应急管理起到提前预警的作用。其次，劳动保障监察机构通过日常巡查和年度检查，可以将国家的法律、法规、政策广泛宣传，教育督促广大企业认真遵守法律、法规，动员和教育广大劳动者通过法律的途径解决自身利益问题，避免产生抵触情绪，降低突发事件的发生概率。最后，劳动保障监察执法的目的在于保障法律、法规的严格实施。在涉及社会安全的群体性突发事件中，群众利益的维护需要专业执法机构通过严格的执法程序介入。通过适时启动快速执法程序，劳动保障监察的专业性可保证劳动者反映问题得到妥善解决，促进社会的和谐稳定。

第三节　劳动保障监察的法律制度

自1993年以来，我国逐步建立了劳动保障监察制度。《中华人民共和国劳动法》、《中华人民共和国行政处罚法》等法律、法规对劳动保障监察机构的职责和工作程序作出了规定。劳动和社会保障行政部门亦可依法对用人单位遵守劳动和社会保障法律、法规的情况进行监督检查，对违反劳动和社会保障法律、法规的行为有权制止、责令改正，并依法给予警告、罚款等行政处罚。

一、我国劳动保障监察制度的历史沿革①

我国的劳动监察保障制度启动于新中国成立初期，但在高度集中的计划经济体制下，劳动关系的建立、工资分配、保险福利等都是由国家统一制定政策，通过自上而下的行政指令或行政计划来实施。其间没有一套完备的劳动保障监察制度，其仅局限于劳动安全监察，如1950年政务院发布了《关于各省人民政府劳动局与当地国营企业工作关系的决定》。1952年又发布了《锅炉压力容器安全监察暂行条例》以及《矿山安全监察条例》。

随着我国社会主义市场经济的逐步确立，国家对劳动保障监察制度的发展也开始予以重视，进行了一系列相关立法。改革开放以后，随着我国社会主义市场经济体制的逐步建立和劳动关系的重大变化，劳动保障监察制度逐步建立并得到了快速发展。大体可以分为三个发展阶段。

第一阶段（1978—1991年）：探索起步阶段。这一阶段我国处于从计划经济向市场经济的过渡时期，个体和私营经济等非公有制经济有了一定发展，企业和劳动者成为两个相对独立的利益主体，劳动关系双方存在一

① 根据《全国劳动保障监察工作座谈会（江苏）（会议记录）》和相关资料整理而来。

定的利益冲突，劳动关系方面的纠纷大幅度上升，国家对劳动关系的调整开始从行政性的政策调整向法制化的依法调整转变。1986 年国务院发布《国营企业实行劳动合同制暂行规定》，对企业用工制度进行改革。1987 年国务院发布《国营企业劳动争议处理暂行规定》，恢复了劳动争议制度。但是，由于劳动领域的法律、法规不健全，依法调整劳动关系的手段、力度和效果都有一定限制，总体上计划经济特征仍然较重。20 世纪 80 年代末，在市场经济发展较快的深圳、珠海等地，劳动部门适应市场经济发展的需要，开始对企业和劳动者遵守劳动管理、工资分配、社会保险、职业技能开发等法律、法规的情况进行监督检查，对建立劳动监察制度进行了探索。

第二阶段（1992—2002 年）：建立拓展阶段。1992 年党的十四大提出建立社会主义市场经济体制目标后，国务院发布了《全民所有制工业企业转换经营机制条例》，全面落实企业劳动用工和工资分配自主权。随着国有企业改革的不断推进和非公有制经济的迅速发展，劳动关系调整和劳动力市场监管的法制化进程进一步加快。1993 年 8 月，劳动部发布《劳动监察规定》，对用人单位遵守劳动法律、法规情况的监督检查作出了规定，明确了劳动行政部门的劳动监察职责，在我国初步确立了劳动监察制度。1994 年 7 月劳动法颁布，规定县级以上劳动行政部门依法对用人单位遵守劳动法律、法规的情况进行监督检查，中央机构编制委员会办公室、劳动部共同发布了关于建立劳动监察机构的通知。之后，劳动监察制度在我国各地普遍建立。与之相配套，劳动部先后发布了《劳动监察员管理办法》、《劳动监察员准则》、《劳动监察程序规定》、《劳动行政处罚若干规定》、《劳动行政处罚听证若干规定》、《处理举报劳动违法行为规定》等部门规章。1998 年国务院机构改革强化了劳动和社会保障部社会保障管理职能，1999 年 1 月《社会保险费征缴暂行条例》公布，劳动监察的范围扩大到社会保险领域。与此同时，地方的许多省、市也结合当地的实际情况颁行了地方性法规和地方政府规章。

第三阶段（2003 年至今）：提高发展阶段。在这个阶段，随着我国改革开放过程中经济结构调整的加快，非公有制企业急剧增加，劳动关系日趋复杂化、多样化、分层化，一些地区、部分行业的用人单位不依法用工，侵害劳动者权益的案件时有发生，有的甚至引发群体性突发事件，影响到经济发展和社会稳定。2003 年党的十六届三中全会提出以人为本为核心的科学发展观。具体到劳动保障方面，就是以广大劳动者为本，努力实现好、维护好和发展好劳动者的劳动权、休息权、健康权、劳动报酬权、社会保障权。为了更好地维护劳动者的合法权益，2004 年 11 月国务院以第 423 号令发布了《劳动保障监察条例》，明确了监察的职责和内容，强化了监察的执法手段，加强了劳动保障监察队伍建设，提高了劳动保障监察的执法水平和执法能力。《劳动保障监察条例》的公布标志着劳动保障监察工作进入了一个新的历史时期。2007 年 6 月《中华人民共和国劳动合同法》颁布，强化了监察的职责，进一步确立了监察的法律地位。在 2008 年国务院机构改革中，新组建的人力资源和社会保障部设立了劳动监察局，加强了政府依法监管人力资源市场、调整劳动关系、发展社会保险的职责，劳动保障监察进入一个新的发展时期。截至 2012 年年底，全国共有劳动保障监察机构 3291 个，各级人力资源和社会保障部门配备专职劳动保障监察员 2. 5 万人，已初步形成制度较为完善、机构普遍建立、执法工作全面开展的劳动保障监察体系。2013 年中国劳动学会劳动保障监察专业委员会成立，为劳动保障监察理论、政策、实务研究搭建了新的平台，在实际工作与理论研究工作密切联系，政府职能部门与社会各方合作配合方面架起了新的桥梁。

二、我国劳动保障监察的法律制度基础

为了保护劳动者的合法权益，1950 年政务院财经委员会发布的《关于各省、市人民政府劳动局与当地国营企业工作关系的决定》中规定，劳动局有权监督、检查国营企业内有关劳动保护、劳动保险、工资待遇、童工女工、雇用解雇、集体合同、文化教育等劳动政策法令的执行；各个国营企业行政方面，有供给上述有关材料并按规定报告的义务，对劳动局持有正式证明文件派往检查的工作人员不得拒绝。后来，国务院相继制定了《矿山安全监察条例》、《锅炉压力容器安全监察暂行条例》及其实施细则

等法规，初步形成一套较完整的劳动保护监察制度。1993 年 8 月 4 日颁布实施了《劳动监察规定》对劳动安全卫生以外的劳动法律、法规内容的监察作了规定，弥补了过去劳动监察的不足。

1994 年《中华人民共和国劳动法》的颁布，规定了劳动行政部门的监督检查权，各地劳动行政部门相继建立起了劳动监察机构。劳动法的颁布，标志着我国已初步建立了以劳动法和其他法律为主体，行政法规、部门规章、地方性法规和地方政府规章、司法解释和国际公约等为辅助的劳动法律制度。为适应劳动保障监察事业发展及经济社会发展的要求，结合实际，近年来我国加快了劳动立法，为劳动保障监察工作提供了日趋完善的法律依据。2001 年劳动和社会保障部先后颁布了《社会保险基金监督举报工作管理办法》、《社会保险基金行政监督办法》、《社会保险行政争议处理办法》等规章。各地根据实际工作需要，制定了有关养老、医疗、失业等社会保险及劳动力市场管理、劳动保障监察等方面的地方性法规和地方政府规章。2003 年，国务院颁布《工伤保险条例》，劳动保障部制定了工伤保险、最低工资、集体合同、企业年金等方面的部颁规章。

2004 年 11 月 1 日，国务院颁布的《劳动保障监察条例》对完善我国劳动保障法律体系具有重要意义，该条例全面地规定了劳动保障监察的范围、原则、主体、内容、程序及监察机构和监察员的职责、权利和义务等，并对监察机构和监察员的违法行为规定了相应的法律责任。《劳动法》颁布实施以来，劳动和社会保障法律、法规不断完善，工资、工时制度、职业培训、社会保险等方面的法规相继出台，初步在劳动保障领域形成了有法可依的局面，这构成了我国劳动保障监察的法律制度基础。

2004 年，劳动和社会保障部修订了《集体合同规定》、《最低工资规定》，颁布了《关于实施〈劳动保障监察条例〉若干规定》，劳动法规逐步完善。2007 年是我国劳动保障立法的丰收年，《中华人民共和国劳动合同法》、《中华人民共和国就业促进法》和《中华人民共和国劳动争议调解仲裁法》等相继在全国人大获得通过，并在 2008 年陆续生效。2013 年 7 月 1 日《劳动合同法修正案》正式施行，以严格规范劳务派遣用工，切实维护被派遣劳动者的合法权益，促进劳动关系的和谐稳定。

更值得一提的是，2011 年 2 月十一届全国人大常委会十九次会议表决通过了《刑法修正案（八）》，规定在《中华人民共和国刑法》第二百七十六条后增加一条，作为第二百七十六条之一：“以转移财产、逃匿等方法逃避支付劳动者的劳动报酬或者有能力支付而不支付劳动者的劳动报酬，数额较大，经政府有关部门责令支付仍不支付的，处三年以下有期徒刑或者拘役，并处或者单处罚金；造成严重后果的，处三年以上七年以下有期徒刑，并处罚金。”“单位犯前款罪的，对单位判处罚金，并对其直接负责的主管人员和其他直接责任人员，依照前款的规定处罚。”“有前两款行为，尚未造成严重后果，在提起公诉前支付劳动者的劳动报酬，并依法承担相应赔偿责任的，可以减轻或者免除处罚。”这一刑事立法是我国司法史上劳动关系引入刑罚手段之首创，为打击拖欠劳动者工资行为，加强劳动保障监察执法，提供了坚实的制度保障。

当然，从我国现行的劳动保障监察法律、法规基础上来看，目前在我国劳动保障监察法制、法规建设方面，尚存在不少问题[①]。首先，从国家这一层面看，劳动监察缺乏法律。2004 年 12 月开始实施的《劳动保障监察条例》，仍只是国务院颁布的行政法规，且存在很多不完善之处。目前劳动执法监察仍然缺乏完备的法律依据。《工资法》、《集体合同法》等还没有颁布，现行的法规层次不高且存在一些相互冲突之处。其次，从省级层面看，地方法规状况更是参差不齐。根据《中国农民工维权成本调查报告》统计资料显示，仅全国性的劳动法律、法规就有 962 部，这些法律、法规之间以及与地方性法律、法规之间在实施细则上有多处矛盾的地方，甚至同一部门颁布的法规也互相冲突。有些地方制定一些地方法规作为补充法律的不足，但地方劳动部门制定的办法缺乏法律的效力。加之劳动争议和劳动执法的处理机制不完善，地方也无法彻底解决。

---

① 刘继华，谢莉莉．我国劳动保障监察法律问题研究［J］．浙江理工大学学报，2012，29（5）：766－771.

第四节　建立健全社区劳动保障监察制度

社区劳动保障监察处在我国劳动保障监察四级网络中最基层、最前沿的位置。社区劳动监察工作的成效，直接关系到劳动保障行政部门构建和谐劳动关系、营造和谐社会职能的发挥和职责的落实。

一、我国社区劳动保障监察的现状与问题

近年来，我国劳动保障监察工作取得了不少成就：劳动保障监察制度机制不断健全，查处违法行为的效率和质量不断提高；劳动保障监察监管体制不断创新，网格化、网络化管理有序推进；劳动保障监察队伍建设不断加强，监察执法能力明显增强；劳动保障监察部门能积极履行劳动保障监察法定职责，执法维权维稳工作成效显著。据《2012 年度人力资源社会保障事业发展统计公报》所示，2012 年全国劳动保障监察执法全年共主动检查用人单位 207.6 万户次，涉及劳动者 1.1 亿人次，对 213.1 万户次用人单位进行了书面审查，涉及劳动者 9000 万人次，查处各类劳动保障违法案件 41.2 万件，其中调查处理举报投诉案件 36.6 万件。通过劳动保障监察执法，责令用人单位与 805.5 万名劳动者补签了劳动合同，责令用人单位为 622.5 万人次劳动者追发工资等待遇 200.8 亿元，督促 8.4 万户用人单位办理了社会保险登记、申报，督促 12.5 万户用人单位补缴社会保险费 52.2 亿元，责令用人单位退还收取劳动者的风险抵押金 3000 万元。依法取缔非法职业中介机构 4133 户。

而依照我国现行的劳动保障监察机制，社区劳动保障监察处在我国劳动保障监察四级网络中最基层、最前沿的位置。对社区劳动保障现状和问题的认识有助于进一步建立、健全社区劳动保障监察制度，更好地发挥基层劳动保障监察的作用。

(一)社区劳动保障监察工作面临的现状

1. 监察范围不断扩大

随着我国城镇化、工业化建设的不断推进，部分社区不断迎来新的企业，基础设施配套工程、工业企业房产建设项目众多，使得基层劳动保障监察范围不断扩大。部分贫困地区非公经济一般存在投资少、规模小、劳动密集程度高、科技含量低的特点，在激烈的市场竞争中往往朝兴暮衰，从而导致劳动关系极不稳定，由此产生的劳动维权案也层出不穷。

2. 服务对象不断增多

随着我国社会保障体系的不断完善和城镇化建设的推进，劳动者依法维权的意识日益增强，社区劳动监察除涉及各类企业的劳动者外，往往还会涉及党政机关、社会团体、事业单位中参加医疗、失业、养老等社会保险的人群，其服务对象在不断增多。

3. 劳资关系不断复杂化

随着劳动者就业自主权的日益增大，就业形式日益多样，致使多样、多重劳动关系普遍存在，也使得劳动纠纷复杂多样。例如建筑工地口头约定、传统行业的学徒制以及销售、厨师等岗位的特殊性。而“双向选择”的用人制度和就业观念逐步形成，使得用人单位辞退劳动者或劳动者离开用人单位的随意性增大，致使劳动关系复杂多变。而在劳动力供大于求的情形下，部分用人单位抓住劳动者求职心切的心理，未与劳动者订立书面劳动合同，规避法律、法规的约束，致使劳动者的合法权益难以保护。随着劳动者文化素质的提高和社区法律宣传力度的加大，劳动者的维权意识逐步觉醒。种种原因使得目前社区内部劳资关系不断复杂化。

4. 用人主体不断变换

一方面，随着国有企业改革的逐步推进，承包、租赁、重组、合并等多种方式，使得用工主体变换频繁；另一方面，日渐兴盛的劳务派遣制，使得用人主体不够明确，给社会保障监察的追查带来了极大的不便。而部分行业管理尚不规范，如建筑市场、矿山开采等行业挂靠、层层转包、多头分包等现象时有发生，使得用工主体难以界定。而一些政府工程项目，往往由政府或行业主管部门作为工程业主，工程总投资数额大、施工周期短、用工流动性大，施工方和劳动者来自全国各地，用人主体层次多且变更较多，造成违法责任后往往难以追究，劳动监察鞭长莫及。这些均给基层劳动保障监察带来了极大的困难。

（二）社区劳动保障监察工作面临的问题和困难

1. 执法力度不够、效率不高

近年来随着经济的快速增长，劳动纠纷越来越成为困扰社会发展的因素，目前社区劳动保障监察在执法过程中，主要依据的法律是《中华人民共和国劳动法》、《劳动保障监察条例》和地方性的有关条例，虽然这些法律、法规为劳动监察执法提供了有效的法律依据，但强度和力度远不适应现在发展的需要。比如，劳动法赋予劳动保障部门的执法手段主要是责令改正权，不明确用人单位拒不改正应如何处理，因此，导致有“指令”无“改正”现象非常普遍，执法权威与执法效果大大受损。对拖欠工人工资、欠缴养老保险费等现象，劳动保障监察部门没有查封物品、冻结账户、没收违法所得、追究当事人法律责任等强制措施，只能申请人民法院强制执行①。由于企业情况不同，拖欠工资和欠缴社会保险费额的差异，给申请人民法院强制执行带来一定的难度，这样也纵容了企业的违法行为。

2. 工作条件欠佳，监察人员有心无力

当前，基层劳动保障监察机构无论是人员数量、结构，还是经费、装备，都远远不能适应监察工作的需要。受人员编制的限制，专职监察人员配备不足，素质参差不齐。不少社区甚至没有专职的劳动监察人员，工作人员平时疲于应付投诉案件，更谈不上日常巡视监察等预防性工作。如浙江省县级政府一般只有一两名劳动监察工作人员，而一个县拥有的各类性质的企业数量至少有上万家，如此少的执法力量，即使想为劳动者提供保护也力不从心。一方面，不少社区劳动保障监察办公经费没有纳入财政预算，对于现场协助执法、日常巡视监察缺乏有效的资金保障。交通工具、

---

① 刘向东．浅谈如何发挥劳动保障监察在构建和谐劳动关系中的作用［J］．劳动保障世界，2008（1）：71－72.

录像、照相、录音等设备一无所有，严重影响了办案质量和效率。人员和经费的严重不足，降低了劳动保障监察工作的深度，使本来就难以开展的劳动保障监察工作更加被动。另一方面，基层劳动监察执法缺乏相关部门的支持与配合。当前劳动保障监察部门的工作任务重、责任大，但影响力小，职位低。由于劳动保障监察没有强制执行权，若想发挥其行政执法的工作力度，除需要得到上级领导部门的大力支持外，还必须得到法院、公安、工商、税务等部门的支持，维护劳动保障监察执法的严肃性。

3. 行政干预，引发监察人员的矛盾心理

一些地方领导对劳动保障监察工作认识有误，认为开展监察执法会加重企业负担，影响投资环境，阻碍区域经济发展。主观上认为只要经济发展了，其他的都不成问题。如湖北宜昌城和吉林蛟河就曾打出了“投资者是上帝，引资者是功臣，得罪投资者是罪人”、“谁与招商引资企业过不去，就是与蛟河人民过不去”的标语。因此，部分地区的政府部门对那些利税大户、立区企业、招商引资大户给予特殊保护，任何部门没有特批，谁也不得进行监督检查。有些领导甚至把劳动保障监察维权执法活动看成是对企业的乱检查、滥执法，行政干预压倒行政执法，使劳动保障监察工作较难开展；也使得劳动保障监察人员在依法履行工作责任时，往往感到困惑，究竟怎样才能正确处理服务经济发展与工作责任，企业利益与保护劳动者的合法权益，工作责任与行政干预的关系？这种矛盾和困惑在基层尤为突出。

4. 用人单位不重视劳动保障管理工作，对劳动保障监察执法抵触情绪较大

一些企业经营管理人员不重视劳动保障法律、法规的贯彻落实，总以效益不好为理由欠缴社会保险金，或拖欠临时工的工资。特别是有些个体私营企业经营者不依法与劳动者签订劳动合同，不缴纳各项保险，逃避企业应尽的义务，侵害劳动者合法权益，更有甚者拒绝接受监督检查，拒绝履行整改文书，一旦受到法律查处，又四处活动，托人讲情，企图逃避对其违法行为的惩治。用人单位自身对劳动保障监察工作的不重视，给社区开展监察工作带来了很大难度。

5. 劳动保障监察法制建设不完善，存在一定的法律空白

随着我国市场经济体制的逐步完善，各种所有制经济得到了迅速发展，劳动关系也出现多样化、复杂化的态势，一些企业用工不规范，拖欠、克扣工人工资的现象在一些地方普遍存在，侵害劳动者合法权益的问题比较突出。以欠薪逃匿为例，据对15个省（自治区、直辖市）的不完全统计，2006—2010年第一季度，共发生欠薪逃匿案件3396件，涉及劳动者15.1万多人，涉案金额3.7亿元①。特别是随着城镇化建设的推进，建筑行业兴盛，但该行业中拖欠农民工工资的问题也频频曝光，导致这一问题的重要原因是工程违规发包、层层转包的“黑包工”行为，由于建筑行业劳动用工管理混乱，劳动关系与劳务关系混淆在一起很难分清。劳动保障监察对其查处时缺少有力的法律依据，对“黑包工”问题束手无策，显现劳动保障监察执法的苍白无力。

二、社区劳动保障监察制度的改革方向

针对社区劳动保障监察的现状和问题，我们认为未来可从以下几点加强基层劳动保障监察工作。

（一）依托劳动保障监察网络体系建设，实现劳动监察的重心下移

应尽快通过建立劳动保障监察网络监控系统，实现劳动保障监察“力量前置、重心下移”的工作局面。让劳动保障工作重心向街道、社区进行延伸，积极推进市、区（县）、街道（乡镇）三级劳动保障监察网络建设。建立以市、区（县）两级监察队伍为主，街道劳动保障服务中心兼职监察员为辅，社区劳动协理员为依托的三级监管、四级责任的劳动保障监察体系。使社区劳动保障监察在开展工作时，真正实现能做事，做实事。

① 尚建华，王文珍．完善劳动保障监察行政司法联动衔接机制——以欠薪逃匿罪为例［J］．中国劳动，2012（7）：5－9.

（二）强化宣传，努力营造良好的社区劳动保障监察法治环境

社区劳动保障监察是我国劳动保障监察的前沿阵地。因此，对社区劳动保障监察而言，应把劳动保障法律、法规的宣传放在首位。社区劳动保障监察工作人员要当好劳动保障法律、法规的宣传员，一方面，要向劳动者宣传，广泛宣传劳动保障法律、法规，增强广大劳动者的维权意识；另一方面，要对用人单位做好宣传工作，可以通过举办用人单位法定代表人或劳资干部专题宣讲会、座谈会等形式，引导用人单位正确理解和自觉遵守劳动保障法律、法规，增强依法用工行为意识。除此之外，还应向各级领导宣传，争取重视及支持，减少执法中的行政干预和各种阻力。

（三）围绕重点，加强执法监察

由于社区劳动保障监察的力量有限，因此，今后在社区开展劳动保障监察时应突出重点。首先，应突出监察的重点工作。对于社区劳动保障应重点对劳动合同签订情况、工资支付情况和社会保险参保缴费监督检查。其次，应选择重点行业和单位进行监察。如前文所述的建筑行业、矿山行业和劳动密集型企业等劳动用工比较复杂，加上工作条件差、劳动强度大、拖欠工资数额多、工伤或职业病发生频率高，应作为监察的重点进行监督检查。尤其对民营、私营企业等农民工比较密集的行业和单位，更需要密切关注。最后，应围绕重点保护对象进行监察。非法使用童工、违反未成年人特殊保护规定和女职工“三期”保护规定，是严重的违法行为，要始终将此作为社区劳动保障监察的重点。

（四）进一步明确政府保护劳动者权益的职责

劳动监察存在的行政干预、法律空白等许多问题都不是劳动监察部门自身能够解决的问题，它涉及立法、行政及相关的工商、公安、税务、审计、司法、工会等各个部门和社会团体，需要各方通力合作，需要立法的完善、各级政府的高度重视、政府机关行政执法能力的提高等多方面因

素的配合。对于社区劳动保障监察这种基层执法尤其如此，更需要相关部门的支持和配合。因此，政府尤其是地方政府应进一步认识到自身在保护劳动者合法权益中所应扮演的角色，不断完善劳动监察制度和监察机制，使劳动监察真正发挥其应有的职能，确保劳动法律制度得以有效实施。

第七章　社区就业援助

如果一个社区经济不发达，那么劳动力很难在社区内实现就业，往往需要到外地谋取就业岗位。但是在市场经济条件下，就业岗位往往供不应求，到外地也不一定能实现就业。这时需要社区管理者动员社区力量，采取多种办法，帮助社区内就业困难者实现就业。如浙江省湖州市吴兴区凤凰街道凤凰四社区用细心、热心、贴心和真心做好就业援助的个性化服务，分类帮扶、长效帮扶使社区就业和再就业率达到96%以上，基本消除“零就业家庭”，达到了创建充分就业社区的目标，值得其他社区学习借鉴①。

第一节　就业援助的内涵与理论基础

我国社会就业形势日趋严峻，使得我国在就业上面临不同以往的难题，就业已成为政府和社会重点关注的民生问题。解决我国就业难问题，一方面，要采取积极措施增加就业机会；另一方面，要实施就业援助，积极对就业困难人员提供就业援助。

一、就业援助的内涵

就业援助是指对在就业过程中遇到困难的对象提供相应帮助和救助的内容、原则、方法与措施的系统工程。就业困难人员通过党和政府各项促进就业扶持政策的贯彻落实以及就业服务机构为主的有关部门的帮助，实现再就业，以此达到增加家庭劳动收入、摆脱贫困的目的。就业援助是一个时效性强、针对性强的就业指导实践活动。就业援助的方式灵活创新、

① 陈玲玲．五种帮扶措施成就社区就业96%［J］．中国就业，2009（2）：48－49.

接近市场，抓住了就业指导工作的重点、难点，提升了就业服务工作的实效，也是建设和谐社会的重要途径，在全面解决就业问题中扮演着越来越重要的角色。

就业援助与下岗职工基本生活保障、失业保险和最低生活保障制度不同，它是一项从根本上解决就业困难人员家庭困难的措施。它也与计划经济时期安置就业不同，而是通过财政、税收等政策扶持，既促进就业困难人员再就业，又减轻企业负担，降低企业人工成本，增强企业活力，促进经济发展。

我国目前的法律、法规及正式的官方文件中，并没有明确界定“就业援助”的概念，但“就业援助”一词已经在我国就业实践中反复使用，并且也具备了特定的内涵。2008 年 1 月 1 日实施的《中华人民共和国就业促进法》专设了就业援助章节，该法第五十二条规定：“各级人民政府建立、健全就业援助制度，采取税费减免、贷款贴息、社会保险补贴、岗位补贴等办法，通过公益性岗位安置等途径，对就业困难人员实行优先扶持和重点帮助。”① 按照此规定，我国的就业援助是指国家为了保障困难群体的劳动权，以实现充分就业、促进经济的发展为目标，采取各种措施为其创造就业条件，扩大其就业机会的活动。

二、就业援助的理论基础

（一）政府责任理论

政府责任通常是指政府机构能够积极地回应社会民众的需求，采取有力的措施提供有效率的公共产品，满足社会民众的利益需求②。政府履行自身的责任就意味着强有力的社会回应，失业已经成为我国社会的重要问题之一，是民众的主要诉求之一，因此要求政府必须对其作出回应。社区

① 中华人民共和国就业促进法［EB/OL］. 中华人民共和国劳动和社会保障部网站（2007）：http：//www. molss. gov. cn/gb/zt/2007 －08/30/content_197492. htm.

② 尼古拉斯·巴尔. 福利国家经济学［M］. 北京：中国劳动与社会保障出版社，2003：63.

就业是一种市场导向和福利导向共存的就业方式，相对于传统就业而言，其福利性更加明显。解决城市失业人员社区就业的问题，不仅可以回应失业人员的发展诉求，而且其带来的社区服务质量的提升更加覆盖到城市社区的各个方面。要实现对城市失业人员社区就业的援助，就离不开政府在政策和资金方面的支持，笔者认为政府在城市失业人员社区就业的过程中主要的职责是确定相关的立法和政策，提供资金支持，大力发展社区服务业。

（二）充分就业理论

该理论产生于1929—1933年资本主义世界经济危机时期。“充分就业”概念是英国经济学家J. M. 凯恩斯（John Maynard Keynes）在《就业、利息和货币通论》一书中提出的，是指在某一工资水平之下，所有愿意接受工作的人，都获得了就业机会。充分就业并不等于全部就业，而是仍然存在一定的失业。但所有的失业均属于摩擦性的和季节性的，而且失业的间隔期很短。通常把失业率等于自然失业率时的就业水平称为充分就业。J. M. 凯恩斯认为，失业增加的根本原因是周期性的经济萧条所引起的有效需求不足。为此，要治理这种失业就必须依靠政府通过反周期的扩张性宏观经济政策来提高有效需求，通过增加消费和投资以达到促进就业、解决失业问题的目标[①]。

（三）发展经济学的就业理论

发展经济学家认为，劳动力利用不足，人力资源大量闲置是发展中国家经济发展的严重困扰。在20世纪50年代，该学派主要代表人物阿瑟·刘易斯（W. Arthur Lewis）、费景汉（John C. H. Fei）和古斯塔夫·拉尼斯（Gustav Ranis）等讨论了城乡二元经济结构发展模式下的就业问题。他们认为，发展中国家的劳动力市场是以农村和城市相分割的二元劳动力市场为特征，但是大量农村劳动力向城市的流动是经常发生的。城乡间的二元

---

① 王飞鹏．就业理论综述与研究新动向［J］．广西财经学院学报，2009（12）：16－19.

结构、地区间发展差距加大和贫富间的两极分化引起社会利益向两极方向的分化[①]。发展经济学关于扩大就业的主张主要有：①尽量减少城乡不均等的就业机会，减少城乡收入差距。②发展农村经济，繁荣农村工业。适度发展教育事业，避免教育失业、人力资本闲置，提高资本增长对就业的扩散效应，增加就业机会[②]。

三、我国就业援助发展历程

我国制度化的就业援助最初是针对国有企业下岗职工再就业而建立的。2001 年 5 月，劳动和社会保障部发出《关于开展再就业援助行动的通知》指出："为进一步做好国有企业下岗职工再就业工作，开展再就业援助行动。""援助对象是将出再就业服务中心或已出中心但再就业困难的下岗职工和失业人员，通过专项扶持、接续社会保险等援助措施，使他们在基本生活保障、再就业等方面得到及时有效的服务和帮助。"[③]可以看到，我国的就业援助最初是以国有企业下岗失业人员中再就业困难的为对象，这类人往往年龄偏大、技能偏低，家庭经济条件差，社会资本少。因为国有企业下岗职工的再就业在当时不仅仅是一个社会问题，也是一个政治问题，所以此时的就业援助具有较多的社会福利性质，同时也有社会救助色彩。

随着就业援助的逐步开展，社会各界认为援助对象不应仅仅限于国有企业下岗失业人员，而应至少包括城镇下岗失业人员中的就业困难群体、农村进城务工的就业困难群体、残疾人中具有劳动能力和有就业愿望的就业困难群体。在现实中，各地的就业援助对象也不断扩大。《中华人民共和国就业促进法》（2008 年 1 月 1 日起施行）正式把就业援助纳入法律体系，指出"各级人民政府要建立、健全就业援助制度，采取税费减免、贷

---

① 杨龙．发展政治学［M］．北京：高等教育出版社，2006：142.

② 陈浩天，楚明锟．西方就业理论演进的历史轨迹及启示［J］．现代经济探讨，2008（2）：34－37.

③ 劳动和社会保障部．关于开展再就业援助行动的通知（劳社部发〔2001〕8 号）［EB/OL］．中国劳动保障，2001（7）：45.

款贴息等办法，通过公益性岗位安置等途径，对就业困难人员实行优先扶持和重点帮助”。就业困难人员是指因身体状况、家庭因素、失去土地等原因难以实现就业，以及连续失业一定时间仍未能实现就业的人员[①]。按照《中华人民共和国就业促进法》，残疾人、城市贫困户、贫困大学生、失地农民等难以实现就业的人员均属于就业援助的范围。从我国就业援助的发展历程可以看出，我国制度化就业援助对象范围不断扩大，援助方式和内容不断革新。

第二节　我国社区就业援助的主要内容与实践模式

就业援助的目的是让被援助者实现就业而摆脱贫困或防止陷入贫困，具有权利与义务不对等、享受对象有限等特征，是一种专项社会救助，不过这种救助是发展型的社会救助[②]，而非传统的保障最低生活水平的简单救助。责任主体和实施主体是政府，政府发挥着主导作用，通过制定、完善就业援助相关法规及制度，开发提供就业援助的公益岗位和提供专项资金支持等来保障就业援助的实施。

一、我国就业援助的主要内容

（一）提供就业经济援助

各级政府应设立专项资金，用于为就业困难的人员提供就业援助。资金可用于发放求职补贴、就业见习补贴、就业培训补贴、人才交流中心人事代理费以及购买公益性岗位等；重点落实以社会保险补贴和岗位补贴为

---

① 中华人民共和国就业促进法［EB/OL］. 中央政府门户网站（2007）：http://www.gov.cn/flfg/2007－08/31/content_732597.htm.

② 王思斌. 社会转型中的弱势群体［J］. 中国党政干部论坛，2002（3）：19－22.

重点的就业困难人员扶持政策，残疾人就业税收优惠政策、残疾人自谋职业养老保险补贴和医疗保险补贴等政策[①]；对于接收需援助人员并签订劳动合同的单位和企业，专项资金中给予一定的奖励或补助；各级机关考录公务员、事业单位招聘工作人员时，免收需援助人员的报名费和体检费；实现灵活就业并办理就业登记手续、参加社会保险的，享受灵活就业人员社会保险补贴。

（二）提供专门的就业指导服务

各级公共就业服务机构要强化就业困难人员和失业人员登记管理工作，完善登记、认定和退出机制，建立登记造册、服务援助和动态管理的制度。其中凡与原企业解除劳动关系的就业困难人员，要同时纳入登记失业人员管理。各级公共就业服务机构设立就业援助的专门机构，提供集求职、招聘、指导等多功能于一体的求职平台，为就业困难的人员免费提供政策咨询、职业指导、职业介绍和人事档案托管等服务，向用人单位重点推荐。提供个性化、全程化、专业化就业指导和服务，提供一对一就业指导，优先为被援助人员发布个人信息，提供更多的与用人单位接触的机会，使用人单位能够发现其优秀的品质和才能。残疾人就业服务机构要加强残疾人失业登记工作，建立完善残疾登记失业人员台账，对登记失业的残疾人按规定发放统一的就业失业登记证明，并进行动态管理[②]。

（三）优先提供公益性岗位

各级政府应把就业援助工作纳入政府民生工程体系，给需援助的贫困人员核发“就业援助服务卡”，按照面向基层、专业适用的原则，人事部门会同有关部门优先安排在公益岗位，有条件的地方尽可能兜底安置，各

---

① 人力资源和社会保障部，中国残疾人联合会．关于开展2010年就业援助月活动的通知（人社部函〔2009〕292号）[EB/OL]．人力资源和社会保障部就业培训门户网站（2009）：http：//www. chinajob. gov. cn/gb/employment/2009-12/25/content_340027. htm.

② 人力资源和社会保障部，中国残疾人联合会．关于开展2010年就业援助月活动的通知（人社部函〔2009〕292号）[EB/OL]．人力资源和社会保障部就业培训门户网站（2009）：http：//www. chinajob. gov. cn/gb/employment/2009-12/25/content_340027. htm.

级部门积极开发提供就业援助公益性岗位。公益性岗位有：政府投资建设的公共设施的管理、维护所需岗位；政府及其工作部门、事业单位组织的社会公益活动所需岗位；社区管理岗位，包括社区劳动保障协管员、市场管理、物业管理等；社区服务岗位，包括社区保安、社区文化、教育体育、保健、托老、托幼服务等。

（四）提供就业心理援助

就业困难人员普遍存在自卑心理，长期压抑的环境使其在择业过程中往往表现得不自信，畏首畏尾。相关职能部门应引导他们树立自信心，更多地看到自己的优势和长处，鼓励他们振作精神，主动择业。要对他们进行心理健康教育，提供心理咨询服务，要帮助他们树立正确的世界观、人生观和就业观念。

（五）提供创业援助

对就业困难人员自主创业的，应享受免费创业服务、小额担保贷款和贴息贷款，以及国家规定的税收优惠政策和行政事业性收费减免政策；自筹资金不足的，可申请一定数额的担保贷款。劳动和社会保障部门免费提供政策咨询、项目开发、创业培训、开业指导、跟踪辅导等服务。

二、我国社区就业援助的实践模式

我国一些城市根据自己的实际情况，积极探索社区就业模式以解决困难群体的就业和生活问题，取得了显著的成绩，并形成了自己的特色。

（一）北京："全额贴息"社区就业

北京市东城区朝阳门街道新鲜社区针对当前就业困难人群日益年轻化的趋势，对社区内失业、无业人员开设了"社区就业班集体"和"创业意识培训班"，从思想上解放未就业者长期以来的束缚观念，提出创业带动就业。朝阳门街道根据《北京市下岗失业人员从事微利项目小额担保贷款财政贴息管理办法》，对微利项目（包括家庭手工业、图书借阅、修理修配、餐饮服务、旅店服务、复印打字、理发等 19 项)，其中属于失业人员、大学毕业生、农村转移劳动力和复员（转业）军人创业者提供小额担保贷款，并由市财政据实全额贴息。

“全额贴息”模式的实行，大大增加了困难群体的创业积极性，缓解了他们思想上、经济上的顾虑，切实增强了他们再就业的自信心。同时，此类模式的推广，又紧密结合了产业结构调整和小企业发展的需要，找准社区就业的着力点——小企业和第三产业，特别是社区服务业是就业的增长点，社区就业工作的着力点就是致力于发展一大批新型的社区小企业。通过“全额贴息”模式的探索和实施，给予社区就业、创业的优惠政策，拓宽了困难群体在社区就业和自主创业的渠道，大力推动了多种经济成分参与社区服务业，推动、鼓励社区困难群体再就业和创业，立足实现社区的充分就业。

（二）上海：下岗失业人员非正规就业

由于产业结构调整，上海先后产生 100 万失业人群。上海劳动就业部门引进了非正规就业的概念，并进行了本土化改造，拓宽了城市就业渠道，出台了一系列的政策、措施，对社区内的就业困难群体进行支持和引导。

一是界定非正规就业从业范围。非正规就业是指失业人员以个人或组织的形式，参与社区的便民利民服务等进行生产自救性质的就业活动。由于一段时间内难以建立稳定的劳动关系，因此与一般的正规就业不同。目前，非正规就业从业范围已包括家政护理服务、物品快递等多种类型，既丰富了传统社区服务的内涵，也创造出了家政服务员、护工护理员、速送快递员等新型职业。

二是加强社区就业服务。为了有效开展对非正规劳动组织的服务和引导，上海在市、区（县）、街道（乡镇）分别建立了服务机构，形成了三级服务支持体系。服务机构均属公益性中介服务组织，受政府委托为非正规劳动组织及其从业人员提供各类支持性服务，由政府拨给运作资金。

三是扶持发展非正规就业。建立了开业贷款担保专项资金，构建了开业者申请、专家论证举荐、银行贷款、基金担保的运作模式。非正规劳动组织开办初期或者在发展过程中，如果资金发生困难，可以申请贷款担保或贴息。贷款申请书先交专家论证，然后交指定银行，银行批准贷款后，可由专项资金提供贷款担保，贷款担保金额最高可达50万元，期限最长可达3年。凡是3年内转制为小企业或个体工商户的非正规劳动组织，既定的3年期扶持政策不变①。

作为非正规就业组织就业的“上海模式”所覆盖的非正规就业发展体现出了很强的规范性和制度性。非正规就业组织的认定和管理，以及组织的开办、取消和转制，政府都有了比较规范的规定和比较细致的操作方法。同时，政府规定的非正规就业服务范围主要是以社区服务为主，这不仅有利于满足群众的需求，有利于提供便捷的服务，也有利于将就业发展和城市基层社区发展结合起来，这体现了“上海模式”具有很强的社区性。通过实践，上海以非正规劳动组织作为孵化方式，已形成2.7万个社区组织，吸纳了25万失业人员②。

（三）天津：创业促进社区就业③

1. 搭建社区就业平台，为下岗失业人员再就业提供服务

（1）加强社区劳动保障服务机构建设，为下岗失业人员提供就近、高效、便捷的服务。按照统一领导、规范管理、条块结合、各负其责的原则，加强劳动保障服务机构建设。全市街道全部建立劳动保障服务中心，市、区、街道劳动保障服务中心全部列为全额拨款事业单位，共有工作人员1300余人。全市1770个居委会全部建立社区就业指导站，每个社区居委会选聘2~3名“4050人员”作为劳动保障协管员，目前已选聘劳动保障协管员4729人。协管员的工资按照最低工资标准由再就业资金给予补

---

① 徐晨阳．我国城镇社区的常态就业研究［D］．东北师范大学硕士学位论文，2010：28.

② 任远．完善非正规就业“上海模式”的思考［J］．社会科学，2008（1）：119－124.

③ 崔海燕．弱势群体社区就业援助研究［D］．苏州大学硕士学位论文，2009：40－41.

贴，同时给予社会保险补贴。构筑天津市街道和社区劳动保障工作平台，初步形成了两级政府、三级管理、四级网络的工作格局。建立“一三一”就业服务制度，下岗失业人员可免费得到公共就业服务机构提供的一次职业指导、一次职业技能培训和三次推荐就业。

（2）积极鼓励和引导新劳动力自主创业、组织起来就业和在社区就业。对于自谋职业和灵活就业的新劳动力视同下岗失业人员给予减免税费、小额贷款等政策扶持。天津市先后制定了13项优惠政策，用于支持自主创业、灵活就业、公益性岗位开发和组织起来就业，也起到了对准人头、钱随人走、下岗失业人员得实惠的效果。一是完善小额担保贷款政策，降低门槛，简化程序，促进自主创业、自谋职业，提高了贷款额度，由2万元提高到5万元；延长了贷款期限，从2年延长到3年，降低了担保条件。二是鼓励灵活就业。解除下岗职工的后顾之忧，对从事灵活就业的下岗职工给予养老、失业、医疗保险补贴，先后为7.6万人补贴1.5亿元。通过社会保障的连续性保持就业的稳定性。三是鼓励开发公益性岗位，建立帮扶困难群体就业的长效机制。目前，全市已组建了100多家再就业公益性公司。四是全面实施失业保险、城镇低保与再就业的联动机制。

2. 创业培训与创业贷款联姻，促进失业人员成功创业

为了更充分发挥小额创业贷款的作用，天津市劳动保障部门还采取以下三项措施提高下岗失业人员创业成功率①。

（1）建立创业项目库。通过建立创业项目库，确保创业贷款项目的质量。将项目开发、专家咨询、创业培训和融资服务有机结合，提高项目成功率，降低贷款风险，提高下岗失业人员创业成功率。规定凡是参加创业培训，并经培训机构专家组为其出具推荐书的，可直接申请小额担保贷款，免除其他反担保措施；凡是经营项目经专家组论证可行，且安置下岗失业人员达到3人以上的借款人，可突破2万元的额度限制，给予更大规模的贷款。

---

① 崔海燕．弱势群体社区就业援助研究［D］．苏州大学硕士学位论文，2009：40－41.

（2）完善培训内容。重点指导帮助学员制订合理的创业计划，特别是资金使用计划，包括预测企业的启动资金数量、可行的销售情况、成本控制和合理的现金流计划等。根据每个学员不同的经营项目和创业经历，进行分类指导，一对一地帮助学员审定修改创业计划书，重点分析项目的可行性和贷款使用效率。另外，将诚信教育纳入创业培训的课程设置。

（3）推行“五位一体”全程服务的模式。在培训中心设立专家“门诊”，随时为贷款人提供日常指导和帮助，并组织专家提供现场服务。建立申贷“绿色通道”、担保中心、经办银行在创业培训中心设立常驻办事机构，部门联合办公，建立审批、担保、贷款发放的“一站式”绿色通道。学员培训合格后，可在创业培训中心直接办理小额担保贷款手续。依托街道、社区劳动保障工作平台，为每个创业者建立资金使用档案，随时了解他们的经营情况、资金使用情况和贷款执行情况。对贷款使用中存在的问题，每个季度派专人上门跟踪服务一次。

第三节　社区就业援助的对象

目前，政府有关部门和大多数专家认定的就业援助对象多限于城市下岗失业人员中的就业困难群体，他们大都是文化素质低、年龄偏大、技能单一，而又有高就业期望值的劳动者。但是，这个对象范围的界定过于偏窄了。从长计议，就业援助的对象大体应该包括：城镇下岗失业人员中的就业困难群体、农村进城务工的就业困难群体、残疾人中的就业困难群体、大学生中的就业困难群体、因灾导致就业困难群体等。上述就业困难群体面临日益严酷的劳动力市场竞争，其就业或再就业表现出越来越艰难的局面。

一、城镇下岗失业人员中的就业困难群体

随着科学技术的空前发展，纳米技术、生物技术、人工智能、信息技

术、计算机技术等将绝大多数传统产业改造、嫁接、融合，从业人员被大幅度压缩。从劳动就业角度看，“铁饭碗、铁工资、终身制”等弊端被破除，中国人既有选择职业的自由，也有了下岗、失业的苦恼，也为我们劳动就业保障部门提出了尖锐课题。由于我国是社会主义国家，这个基本国情决定了我们对待失业人员不能一推了之，必须从各个方面为失业人员提供援助，帮助他们尽快重新就业。纵观近几年来各地开展再就业工作的实践，可以看出，在各种措施中，开展各种形式的再就业援助工作是各地开展再就业工作的核心。胡锦涛曾指出，解决好就业和再就业问题是一项长期的艰巨任务，要着眼长远，创新思路，积极探索符合我国国情的就业发展战略；坚持抓好发展这个党执政兴国的第一要务，把就业和再就业工作放在更加突出的位置；大力提高经济竞争力，注重发展就业容量大的产业和企业；继续深化国有企业改革，采取多种方式分流富余人员；加强人力资源能力建设，不断提高劳动者的创业和就业能力①。因此搞好对下岗失业人员和就业困难群体的就业援助是贯彻落实科学发展观，为广大人民群众谋利益的具体体现，是在当前形势下促进就业、保持社会稳定的重要举措。

城镇失业人员再就业遇到的困难与其自身素质有很大关系。知识老化、技术陈旧和技能单一是他们中许多人普遍存在的问题。在市场经济条件下，企业为提高自身的竞争力，对劳动力的技能素质也提出了更高的要求。劳动虽无贵贱之分，但却有技术高低区别。在这种情况下，城镇失业人员如果不提高自身的技能素质，就难以适应市场需求，重新就业的可能性将大打折扣。

二、农村进城务工人员中的就业困难群体

农民从农业走向非农业、从农村走向城市是传统农业社会向现代工业社会转变的必经之路，也是世界性普遍规律。改革开放 30 多年来，我国越

---

① 胡锦涛．在再就业工作座谈会上的讲话［EB/OL］．新华网（2003）：http：//news．xinhuanet．com/newscenter/2003 －08/16/content_1029865．htm.

来越多的农村劳动力在流动中实现了由农业到非农、由乡村到城镇的转变。1978—2007年，全国农业劳动力务农的比重由90%降到60%左右[①]。尽管如此，我国仍面临着大量农村剩余劳动力转移的压力。其实，如何实现农村剩余劳动力的有效转移就业，是对当前中国统筹城乡发展实践绕不开的一个问题。

改革开放以来，劳动力的就业问题政府一直都比较重视，但是，对进城务工人员的就业问题始终都是重管理、轻服务。要破除进城务工人员的公共服务由农村政府及其相关组织提供的旧观念，而应建立凡在城市生活、工作的居民都应统一享受公共部门服务的机制。政府对进城务工人员的管理应由实行管理转变到服务上，并把进城务工人员的就业问题纳入城乡就业管理体系。同时建立各种配套的服务机构，如咨询机构、劳动能力评估认证机构、仲裁机构、司法机构、生活服务机构和交通服务机构等，为进城务工人员提供各方面服务，保障进城务工人员的就业。

（一）进城务工人员就业现状

进城务工人员是随着我国经济体制改革和农村生产力水平提高而出现的一个新的社会群体，他们户籍仍在农村，主要从事非农产业。我国每年外出的进城务工人员逐年增加，2006年农村劳动力外出就业人数1.149亿[②]，2009年末增加至1.49亿人[③]。

进城务工人员的就业直接关系其在城市的生存和发展，但由于现有体制的缺陷所造成的不平等就业制度，使进城务工人员处于一种不平等的就业竞争中。这样，城市的“市民”被人为地分为不平等的两类，一类为本地市民；另一类为以进城务工人员为主的“外地人”。相对较好的职业只

---

① 柯健．“农村进城务工人员”就业问题国际比较［J］．中国劳动保障，2007（3）：55.

② 农业部．今年农村劳动力外出就业人数达1.149亿［EB/OL］．新华网（2006）：http：//news. xinhuanet. com/fortune/2006－11/22/content_ 5362892. htm.

③ 中国新闻网．统计局：2009年末农村外出劳动力达1.49亿人［EB/OL］．中国新闻网（2010）：http：//www. chinanews. com/cj/cj － gncj/news/2010/01 － 21/2084427. shtml.

能由本地市民来担任，而“外地人”不能与城市人一样享受同等的待遇，只能从事大多数城市居民不愿干的劳动强度大、工资待遇低、社会评价低的职业，脏、苦、累、险似乎总是跟他们的工作联系在一起。在这种制度下，进城务工人员无疑要付出更大的艰辛，承担更多的风险。这就不难明白进城务工人员为什么处于相对低微的经济、社会地位和恶劣的工作、生存环境了。

（二）进城务工人员就业岗位不稳定的原因

1. 用工单位恶意侵犯进城务工人员的合法权益

在市场经济社会，市场对商品或劳务的需求具有不稳定性，受此影响，企业的对进城务工人员的需求时多时少。根据劳动法，劳动合同是劳动者与用人单位确立劳动关系、明确双方权利和义务的协议，用人单位与劳动者签订劳动合同，是保证劳动者合法权益的一项重要手段。但是，用人单位为了达到对进城务工人员招之即来、挥之即去，而自己又不承担责任的目的，大多不与进城务工人员签订劳动合同。在进城务工人员中，只有少部分人与单位或雇主签订了劳动合同。由于没有劳动合同的约束，用人单位随意辞退进城务工人员，导致进城务工人员就业岗位不稳定，这种状况严重违反了劳动法，侵犯了进城务工人员的合法权益。

2. 进城务工人员自身素质偏低，职业技能缺乏

由于文化素质低，又不具备专业技能，使得进城务工人员的就业空间较小，只能从事以体力为主的劳动。由于这些岗位不需要特殊的专业技能，因此存在大量的竞争者，他们的就业岗位随时都有可能被别人替代。

三、残疾人中的就业困难群体

我国残疾人是一个庞大的群体。据抽样调查，我国15岁以上的残疾人当中，有劳动能力者占27.42%，有部分劳动能力者占42.99%，合计可参与劳动的残疾人占80.41%，而残疾人的待业率为49%（正常人为3%）。且在就业残疾人中，从事体力劳动的占96.6%，从事文化技术等行业的脑力劳动者仅占3.4%，同全国在业人口的总体相比，残疾人的就业领域主

要集中于体力劳动[①]。这表明，我国存在严重的残疾人就业歧视现象。

残疾人是最需要关心、扶持和帮助的特殊社会困难人群。残疾人能否就业，能否得到全社会的尊重，对他本人、家庭都是至关重要的。应该看到，当前残疾人就业与就业总体水平还有较大差距，残疾人就业难还是一个普遍的社会问题，应当引起足够的重视与关注。就业是民生之本，促进残疾人就业，直接关系到广大残疾人生活水平的提高。在当前竞争机制下，就业形势严峻，残疾人就业更不容乐观。

我国一直非常关注残疾人就业的问题，颁布了一系列法律、法规，并通过税收优惠政策来促进残疾人就业，采取集中与分散相结合的方针，坚持多渠道、多层次，使我国残疾人就业状况逐渐好转。从就业人数和就业率来看，我国残疾人就业的总体状况不容乐观，残疾人就业还隐藏了很多值得我们关注的问题。残疾人就业现状表现为以下三个方面。

一是就业率低。企业出现困难时，首先下岗的就是残疾人，大批下岗、待业残疾人的工作没有着落；农村残疾人很多也是处于半失业状态，还有近千万农村残疾人没有脱贫，占全部贫困人口的1/3，已脱贫的也很不稳固，很容易再次陷入贫困。

二是就业层次低。由于残疾劳动者受教育程度低、缺乏必要的职业培训、国家就业保障政策不够完善以及社会对残疾人的就业歧视等多方面原因，我国残疾劳动者处于次级劳动力市场，就业的残疾人口主要分布在一些操作简单、收入低微的行业。大部分残疾就业者从事的都是体力劳动，从事脑力劳动的专业技术人员和机关工作人员较少。

三是收入水平低。大部分残疾就业者无法仅靠工资维持生活，通常需要亲友资助或政府补助。

四、遭受自然灾害的就业困难群体

在自然灾害中失去耕地、林地、鱼塘等主要生活来源的农村劳动者，

---

① 赵燕平、王华东．完善残疾人就业的理性思考［J］．长春工业大学学报，2007（3）：60.

保障他们就业是改善和提高其生活质量及水平的重要手段。灾区就业，不仅成为灾区群众急迫的要求，也是灾后重建的重要一环。就业问题是目前全社会最为关心的民生问题之一，而灾区群众的就业问题因区域的特殊性，就更为人所关心关注。国家要制定特殊的政策，并由劳动和人事部门牵头，成立临时的促进灾区人员就业办公室，统一协调，动员全国各地的力量，援助灾区群众就业。如汶川特大地震是新中国成立后破坏性最强的一次地震，四川省1.6万余户企业受灾，37.2万城镇人员失业，115.2万农业劳动者失去收入来源①。

五、大学生中的就业困难群体

大学生就业问题一直以来都备受关注。麦可思研究院调查显示2011届大学毕业生毕业半年后就业率为90.2%。另外，2011届就业的大学毕业生有14.0%处于低就业状态，其中有10.4个百分点的毕业生为自愿低就业，而另有3.6个百分点的毕业生为非自愿低就业。2011届我国就业的大学毕业生约为499万人，按比例推算，2011届大学毕业生中，有约70万毕业生处于低就业状态②。按照麦可思研究院调查估算，我国每年至少有上百万大学毕业生处于失业或低就业状态。随着全球经济增长放缓，我国高校毕业生就业压力会继续增加。

大学生就业困难的原因如下。

一是高校招生培养没有与市场接轨。首先，高校培养人数与市场需求不相适应，供大于求。其次，高校现有学科专业结构存在问题。学科专业供求错位，专业设置趋同化、集中化，这样势必造成课程结构的僵化，闭门造车，脱离实际。学校不能以市场需要、知识结构需要为导向，学科专业结构、课程结构亟须调整。最后，重学术教育轻职业教育。不管什么类型、什么层次的高校都一味向综合性研究型大学靠拢。毕业生多数要走向

① 张小建．接受中国政府网专访谈促进灾区就业［EB/OL］．中国政府网（2008）：http：//www. gov. cn/zxft/ft141/.

② 麦可思研究院．2012年中国大学生就业报告［EB/OL］．中国教育新闻网（2012）：http：//job. jyb. cn/jysx/201206/t20120611_497687. html.

生产第一线，而学校办学的指导思想和课程设置都偏重学术性，忽视学生就业所需的职业技能培养，学校教育与市场要求严重脱节。

二是高校就业指导滞后。高校就业指导体制不完善，许多高校的就业指导机构挂靠在学生管理部门，或者是刚从相关部门分离，其管理幅度相对较小，其工作人员业务能力欠缺，对毕业生的就业指导质量不高，就业指导课形式单调。

三是大学生本身的素质问题。近年来高校扩招，大学生人数越来越多，学生的基础也有高有低，加上高校的软件和硬件设施都没有跟上，随之带来了学生质量的下降，有的学生成绩不错，但动手能力差，与用人单位的要求存在一定差距。

第四节　建立完善的社区就业援助体系

就业援助是一项系统工程，要想取得良好的效果，需要逐步建立一个完善的社区就业援助体系。社区就业援助的主体包括政府、社会组织和援助接受者，社区就业援助的实施模式主要有政府主导模式和社会组织主导模式。

一、社区就业援助的主体

在解决困难群体的失业和促进再就业中，政府、社会组织和援助接受者作为三个不同角度的主体，承担着不同的责任和义务。

（一）政府承担主体责任

《中华人民共和国就业促进法》总则第四条和第六条规定：“县级以上人民政府把扩大就业作为经济和社会发展的重要目标，纳入国民经济和社会发展规划，并制订促进就业的中长期规划和年度工作计划。”“国务院建立全国促进就业工作协调机制，研究就业工作中的重大问题，协调推动全国的促进就业工作。国务院劳动行政部门具体负责全国的促进就业工作。省、自治区、直辖市人民政府根据促进就业工作的需要，建立促进就业工作协调机制，协调解决本行政区域就业工作中的重大问题。县级以上人民政府有关部门按照各自的职责分工，共同做好促进就业工作。”①

政府促进困难群体就业的主要职能有：一是制定和健全劳动就业与促进就业相关的法律、法规；二是将劳动就业战略与国家总体发展战略对接；三是加强对劳动就业的行政管理和监督；四是积极构建公共就业服务体系。

在整体缺少就业岗位及其他政策措施对增加就业机会作用有限的情况下，由政府出面直接创造公益性岗位，可弥补市场就业的不足。一位澳大利亚专家对美国劳动力市场研究表明：政府直接创造就业岗位的成本甚至少于花费在下岗失业人员身上的社保费用，不失为积极劳动力市场政策的有效举措②。政府直接创造公益性岗位有城市保洁员、绿化员、社区保安员、交通协管员、政府部门清洁员等。在公益性岗位援助中存在的一些具体问题应当加以解决，包括适当提高公益性岗位就业者的工资待遇，依照社会保障法规和政策，解决好公益性岗位就业者的社会保障待遇和相关补贴的落实问题等。

（二）社会组织发挥推动作用

社会组织是在全球化竞争压力下，在改革开放过程中出现的容纳劳动力就业的组织。在西方发达国家，社会组织的兴起是对福利国家从“全能政府”向“有限责任政府”转变的一种回应。在中国，社会组织的兴起是对市场经济条件下的就业竞争、政府社会保障缺失、城市化和各种社会服务需求的回应。社会组织作为非营利组织的一种新的发展形式，在解决社区贫困、失业、社会歧视等问题上具有重要的推动作用，已经成为社区就业援助的主体之一。从社会组织的角度出发，为困难群体提供各类社区就业的援助，可以推进社区就业和社区公共服务的提供与完善，进一步强化

① 中华人民共和国就业促进法［EB/OL］. 中华人民共和国劳动和社会保障部网站（2007）：http：//www. molss. gov. cn/gb/zt/2007 －08/30/content_197492. htm.

② 申晓梅. 就业弱势群体与就业保障援助［J］. 财经科学，2003（4）：16 －19.

社区民主自治，完善社区就业的途径和机制。

社区内社会组织的发展可以使社区服务业得到更大的扩展空间，可以为社区失业人员提供更多的就业岗位，推动再就业的主攻方向应当放在发展以社会组织为依托的社区服务业上。为此，要结合社区建设需要，找准社区就业岗位的增长点，结合产业结构调整和社区内社会组织发展的需要，找准社区就业工作的着力点。在西方国家，社会组织的重要意义在于揭示了在全能政府向小政府的转型期间，一种新的解决社会问题的思路和方式。在中国，我们希望社会组织能够带来更多的社会创新，用新途径和新的力量改变贫困人群和边缘人群在市场中的不利地位，凭借其独有的价值和运作方式全面发展本地社区经济，创造更多的就业岗位，从而促进社区就业。

二、社区就业援助的运作模式

在我国社区就业援助的实践和探索中，政府和社会组织这两类不同的主体，针对援助接受者的不同特点，实施了两种不同的援助模式。

（一）政府主导模式

政府主导模式就是由政府实行制度安排。社区属于基层组织，规范化水平和制度化水平较低，需要政府的介入，加以完善。政府实施社区就业对困难群体进行援助，可以减少交易成本。一项正式的制度安排需要制度创新者花费较多的时间和精力去组织和谈判，以便得到这群人的一致性意见，从而需要花费较多的制度创新成本。政府在政策制定及实施、资金支持方面发挥关键作用，既包括对社区就业的政策，也包括对社会组织的扶持，主要集中于管理职能。

政府主导模式主要是从以下几个方面实施：一是对社会保障制度的完善。社区就业人员劳动保障制度的建立与完善实质上和这一问题是相容的。社区就业是一定时期内我国适龄劳动人口就业的重要阵地，社区就业保障机制的建立和完善必将促进社区就业的进一步发展。二是对困难群体的社区就业援助政策进行扶持。在社区就业的各项工作开展中，政策扶持的力度是关键因素。政府政策扶持的力度直接影响到就业岗位的开发和社区就业各项工作的顺利进行，其中包括就业援助政策扶持资金的保障、对社区服务业发展的资金的保障等，尽可能地扫清社区就业发展中可能会遇到的障碍。

（二）社会组织主导模式

社会组织主导模式即由社会组织为主，推动社区就业发展。政府主导的制度变迁不以一致性为原则，可以是通过国家的强制力自上而下地予以落实。但是，我国各地区之间的资源不同，社会环境和发展机遇也不一样，如果整齐划一地推行政府的制度安排，可能会违背一些地方的利益，这些地方就可能不按这些制度规范自己的行为，从而使这些制度难以达到当初预计的效果，这样就极易产生“上有政策，下有对策”的现象。在这方面，就需要采取“自下而上”的模式，充分发挥社会组织的优势。

社会组织扎根在基层社区，能够进行社会动员、自我管理、减少市场机制的负面效果，超越国家机构的官僚作风，增进人际和谐；社会组织政治性不强，官僚化程度低，便于去做政府不便去做的事情；社会组织对社会基层能够迅速作出反应，特别是它们以社会困难群体或边缘群体为服务对象，能够促进社会公平，增加社会福利。而且，在社会管理与发展的一些空白领域和一些传统上不由政府从事活动的领域里，社会组织常常要做得更好、更有效。

三、对不同就业困难群体的援助措施

（一）城镇下岗失业人员中的就业困难群体

1. 加强职业指导和职业介绍，建立就业信息网络

促进城镇失业人员就业，关键是帮助城镇失业人员转变择业观念。职业指导人员做好他们的思想工作，讲清个人利益与国家产业调整大局的关系，并要耐心向他们讲明市场竞争条件下的就业机会是人人平等的，个人所具有的素质和能力决定了自己就业的方向和道路，并帮助他们认清当前的就业形势，树立自强、自立、自尊、自信，转变就业观念。有了这一

点，压力就会变成动力，挑战就会变成机遇。因此，转变了就业观念也就等于拓宽了就业渠道，变失业的压力为再就业的机遇，有了这种转变，就业的门路也宽广了。同时，在保持稳定有效的用工信息来源基础上，将就业招聘信息网络延伸至社区、街道，为城镇失业人员提供更为便捷、免费的职业介绍服务。积极主动地为失业人员送信息、送岗位、送指导。另外，还要根据城镇失业人员的特点，加强职业指导，帮助他们正确评价和认识自己，提高他们适应市场就业的能力，树立市场就业的信心。

2. 发展职业培训，提高城镇失业人员择业能力

发展职业培训是促进城镇失业人员就业的一个重要手段。针对素质低、技能单一、年龄偏大的城镇失业人员，要加大职业技能培训力度，提高他们适应岗位变换的能力。培训的技能应该是简便易学，有市场需求的实用技能，使培训者结束培训后能够上岗就业。并且政府还要对技能培训给予特殊的扶持政策，一方面，中央和地方政府财政预算中要增加城镇失业人员再就业培训支出；另一方面，采取“政府购买培训成果”的方式，从根本上提高职业培训的实际效果。对于城镇失业人员中有创业意识的，要采取“创业培训”的方式，通过“创业培训”与创业实践相结合，提高创业的成功率。具体路径可采用建立创业园区或创业孵化基地的形式，为创业者提供创业指导、创业培训、政策扶持、信息咨询、创业交流等“一条龙”服务。对经过职业指导、技能培训合格、身体适合、不挑不拣的城镇失业人员，实施就业承诺制度，保证其尽快就业。

3. 市场就业与政府托底安置就业相结合

就业援助虽然属于带有公益性的社会公共政策，但在具体操作上仍然要以市场就业机制为基础，要尽可能使城镇失业人员通过市场就业，以培养失业人员市场就业的观念，提高他们市场就业的能力。例如目前正在兴起的非正规就业中的“灵活就业”、“弹性就业”，其就业门槛低，机制灵活，就业弹性和包容性大，基本形式主要包括：临时工、季节工、劳务工、钟点工、派遣工等，很多适合于城镇失业人员的市场就业选择。当然，对于一些就业特困的行业和地区，比如老工业基地、“三线”军工企业和矿产资源枯竭的资源型城市或地区，应该由政府采取托底安置就业的

办法来解决燃眉之急，比如通过政府购买公益性岗位、实施异地转移性就业、以工代赈等形式来安置这类行业和地区的就业特困群体，为这类特殊群体打造快速就业的专用“绿色通道”，解决其相当尖锐的就业矛盾。

（二）农村进城务工就业困难群体

农村进城务工人员的就业，直接关系农村经济发展和农民增收，关系经济社会发展全局。对此，必须采取更加积极的就业政策，促进农村进城务工人员尽快就业。

1. 改变政府的就业服务管理职能

长期以来，农村劳动力的流动与就业都是在自发的状态下进行的。虽然有些地方已经开始重视这一问题，出台了有关政策，也制订了一些有效的方案，但仍然没有很好保护进城务工人员的就业权益。为促进进城务工人员平等就业，政府要强化服务，加强管理。政府应建立凡在城市生活、工作的居民都应统一享受公共部门服务的机制。对进城务工人员的管理由实行防范、限制管理转变到服务性管理上，并纳入城乡就业管理体系。同时建立各种配套的服务机构，如咨询机构、劳动能力评估认证机构、仲裁机构、司法机构等，为进城务工人员提供就业方面的服务。

2. 加强对进城务工人员的培训

进城务工人员技能素质的高低，决定着他们就业的稳定性和收入水平。进城务工人员素质低、职业技能缺乏是影响进城务工人员就业的重要因素，这从根本上决定了他们的就业去向是那些劳动强度大、工资和劳动保障待遇较低的“粗、笨、低”岗位。当前进城务工人员培训存在的主要问题有：培训多数时间短、质量差，许多培训内容与生产实际脱节，不能满足企业对技术工人的迫切需要；已就业人员的在职培训十分薄弱，企业普遍没有履行对进城务工人员进行职业培训的法定义务。

3. 从多方面保障进城务工人员就业的稳定性

由于进城务工人员与雇主之间的劳动签约关系较为松散，许多企业将进城务工人员当作临时雇佣工看待，不和他们签订正式劳动合同，即使签订了合同，也往往只是简单地强调用工单位的权利和进城务工人员的义务。因此，常常因为事先没有明确的合同关系而发生雇佣纠纷，而一旦发生纠纷，进城务工人员的弱势地位决定了其在多数情况下成为受损者，最为典型的就是雇主借故拖欠、拒付工资的现象。必须严格规范进城务工人员用工制度，推进劳动合同制，使进城务工人员权益有所依据；所有用人单位招用进城务工人员都必须依法订立并履行劳动合同，建立权责明确的劳动关系；严格执行国家关于劳动合同试用期的规定，不得滥用试用期侵犯进城务工人员权益。劳动保障部门要制定和推行规范的劳动合同文本，加强对用人单位订立和履行劳动合同的指导和监督。政府如发现用工不规范必须及时依法进行处罚。而各有关行政执法机关也要自觉杜绝违法行政的行为，加强公务员队伍的法制教育，依法行政，增强政府部门在进城务工人员维权方面的责任心。

在社会保障方面，要坚持分类指导、稳步推进的原则，根据当前进城务工人员最紧迫的社会保障需求，应优先解决工伤保险、大病医疗保障，逐步解决养老保险问题。所有用人单位必须及时为进城务工人员办理参加工伤保险手续，同时认真研究建立进城务工人员养老保险个人账户、保险续保、城乡接轨、部分统筹金可以随个人账户转移等政策。此外，还要扩大城市最低生活保障覆盖面，对符合条件、生活困难的进城务工人员可以纳入大病救助体系和城市生活最低保障体系。

关于子女教育问题，进城务工人员虽然转移到城市就业，但其子女的教育却面临不可逾越的门槛。由于户口不在城市，其子女不能和拥有城市户口的孩子享有同等教育机会与同样收费的政策，或者不能进入城市的中小学读书，或者要交纳一笔不菲的择校费。进城务工人员由于负担不起子女的教育，往往不得已放弃就业岗位，返回农村。因此，教育部门可以通过改变按户籍所在地入学的政策，实行居住地就近入学的政策；通过改变教育经费的投入机制，由国家投入而不是由地方政府投入，按在校生数量划拨教育经费，可以打破户籍壁垒，很好地解决进城务工人员子女的教育问题。

（三）残疾人中的就业困难群体

残疾人群体由于自身条件的限制，在就业竞争中处于劣势，相当一部分残疾人的贫困问题已日益突出，这些现象极易出现社会不和谐，甚至影响到社会能否真正正常发展。

1. 加强残疾人就业市场体系建设，改善残疾人就业服务

按比例安置残疾人就业，是保障残疾人就业的一项重大政策措施。但由于现有的就业信息流通不畅，导致了企业不能通过劳动力市场尽快找到适合工作岗位的残疾人，而有就业需求的残疾人也无法通过市场找到用工单位。因此，需要加强残疾人就业市场建设，完善就业登记、信息服务、中介、培训等服务，打破部门之间、地区之间、城乡之间的隔离，将残疾人就业市场纳入社会劳动力市场体系建设当中，建立起统一、高效、有序的就业服务体系。

2. 开展残疾人职业培训

很多残疾人的受教育程度非常低，职业技能缺乏，这是残疾人就业层次低的一个重要原因。政府应专门为残疾人提供职业培训机会，这要求政府考虑不同残疾人的需求，为他们提供相应的职业培训。职业学校和职业培训机构对经济困难的残疾学生应当酌情减免培训费用。职业培训是提升人力资本的重要途径，也是改善残疾人就业状况的重要前提。

3. 构建帮助残疾人就业的社会支持网络

对处于贫困之中的残疾人，单靠政府救助解决不了他们的所有困难，必须发动社会力量，积极引导、鼓励慈善团体等非营利组织参与残疾人就业的社会帮扶活动，包括提供职业指导、职业培训、安置就业和其他有关服务；大力推进残疾人就业信息网建设，多形式、多渠道安排残疾人就业，努力建立促进残疾人就业的长效机制。在这一过程中，不仅要执行《中华人民共和国残疾人保障法》、《残疾人教育条例》等一系列法律、法规和政策，而且还要发挥各级政府和所属残疾人联合会及残疾人就业服务中心在安置残疾人就业的主渠道作用，向雇用残疾工人的企业授予优先生产权利，实行税收优惠、履约补贴或提供其他技术或财政援助；同时鼓励非营利组织和慈善机构等社会力量依法兴办福利企业，集中安排残疾人就业。

第八章　残疾人社区就业

在社会大转型的背景下，残疾人作为特殊的困难群体，其生存状况面临着严峻的考验。随着我国市场经济的改革深化，单纯依赖国家财政扶持的社会福利机构逐渐陷入了入不敷出的困境，集中安置残疾人就业的社会福利企业在激烈的市场竞争中举步维艰，无法为更多的残疾人提供集中照顾和工作机会，使得大多数残疾人不得不向身边的家属、亲友和所在的社区寻求帮助。而就业是残疾人改善生活状况、提高社会地位、实现人生价值的基础，解决就业问题是解决残疾人问题的根本，因此残疾人社区就业日益成为当前我国残疾人事业发展的重点。

第一节　残疾人就业相关概念和理论

一、残疾人的概念

世界卫生组织根据不同的残疾影响人的生理功能和社会功能的不同状况，把残疾划分为三个层次：①功能、形态残疾：残疾的第一等级，一般为伤病的后遗症，使人体结构或功能发生缺陷或异常。②丧失功能残疾：人体的结构缺陷和功能障碍，使残疾人丧失应具备的能力。③社会功能残疾：由于身体的形态和功能的缺陷或异常，影响残疾人参加社会活动。

2008 年通过的《中华人民共和国残疾人保障法》中的残疾人是指在心理、生理、人体结构上，某种组织、功能丧失或者不正常，全部或者部分丧失以正常方式从事某种活动能力的人。我国残疾人分为 5 大类，分别是：视力残疾、听力和言语残疾、智力残疾、肢体残疾、精神残疾，同时又确定凡有两种或多种残疾的人，另列为综合残疾。

一般对残疾的定义是人因生病或伤害造成的身体部分的残损或者是生理功能障碍，导致其在社会适应的行为和心理方面出现问题，致使其正常生活受到影响，不能发挥个人的正常作用。

二、残疾人社会福利的理念

残疾人社会福利是指国家保证有残疾的公民在年老、疾病、缺乏劳动能力及退休、失业、失学等情况下获得基本的物质帮助，并根据社会的经济、文化发展水平给予残疾人相应的康复、医疗、教育、劳动就业、文化生活、社会环境等方面的权益保障，以维护社会稳定，实现残疾人“平等、参与、共享”的目标。

供养理论认为，对于残疾人，最好的办法就是把他们养起来，以表示对残疾人的责任和爱。这种供养大多限于经济方面和物质方面，供养理论是对早期残疾人社会福利影响较大的一种理念。回归社会论认为，应使残疾人走出封闭状态，进入社会，处于积极的社会关系中，封闭供养和照顾会使残疾人处于不良同伴关系（残疾人长期共同生活，他们之间会产生强烈刺激性互动）和“关护”关系（医护管理人员对残疾人消极的、冷漠的态度和严格管制精神病患者的行为）中。增能理论认为通过一定的方法可以使残疾人在一定程度上恢复他们失去的机体的、社会的功能，并有助他们进入一般的、正常的社会生活，其作用不仅在于增强原本失去的机体社会功能，而且可以增强他们的生活信心，是以人的发展理论为基础的，它关注人的基本价值的实现，如残疾人职业康复，即帮助残疾人就业来促进他们康复和社会功能恢复、发展的方法。其不但可以获得独立的经济地位和收入、而且可以使某些已失去的器官功能得以一定程度的恢复，此外，增强自信心，使他们融入社会生活。

三、残疾人就业

让已经达到劳动年龄、拥有完全或部分劳动能力且有就业意愿的残疾人拥有一份工作，并以此获得一定的经济报酬，就是所谓的残疾人就业[①]。

残疾人作为这个社会中的一员，都应该享受同样的机会与权利，融入社会、享受社会发展的成果。对于残疾人来说，只有通过良好的就业，才能获得经济收入，以此来维持其基本生活，融入社会。作为这个社会的困难群体，拥有一份稳定的工作，既是出于维持个人与家庭生活的基本需要，同时，也是体现他们自身价值，实现自我人生意义，并自尊、自强地走向社会、参与社会生活的必要前提。当前残疾人面临的最大苦恼是生活窘困，物质资源匮乏。经济上的极度匮乏使这个群体的基本生活都难以维持，康复治疗、参与其他社会活动更是一种奢侈。如果要残疾人不过分依赖社会与家庭，靠自己的劳动获得生活的保障与自我实现的途径，这就需要帮助他们实现就业。

然而现实中残疾人就业状况并不乐观。大多数用人单位在安置残疾人方面缺少主动性和自觉性；残疾，制约了残疾人选择工作的种类与范围；残疾人的文化素质、基本劳动技能也略低于正常人，适合其从事的职业范围受到限制；缺乏对残疾人至关重要的无障碍工作环境与安全生产环境。根据第六次全国人口普查我国总人口数，及第二次全国残疾人抽样调查我国残疾人占全国总人口的比例和各类残疾人占残疾人总人数的比例，推算2010年年末我国残疾人总人数8502万人。各类残疾人的人数分别为：视力残疾1263万人；听力残疾2054万人；言语残疾130万人；肢体残疾2472万人；智力残疾568万人；精神残疾629万人；多重残疾1386万人。各残疾等级人数分别为：重度残疾2518万人；中度和轻度残疾人5984万人[②]。残疾人的人口之多、比重之大，都显示出我国已是残疾人口大国，而作为残疾人自我实现的重要途径——就业就显得尤其重要。

---

① 孙先德. 论健全我国残疾人就业保障体系[J]. 科学社会主义，2006（3）：56.

② 中国残疾人联合会. 2010年末全国残疾人总数及各类、不同残疾等级人数[EB/OL]. 中国残疾人联合会网（2012）：http：//www.cdpf.org.cn/sytj/content/2012-06/26/content_30399867.htm.

四、残疾人社区保障

残疾人社区保障是依托社区、充分利用社区资源力量为残疾人服务，实现残疾人的充分就业，促进残疾人平等参与社会生活的一项工作。残疾人社区保障是社区保障的重要组成部分，是我国残疾人事业为适应经济和社会发展而新开辟的业务领域。

随着我国市场经济的迅速发展，建立在计划经济体制上的福利机构难以维系，国有企业改制背景下政府主导福利工厂纷纷倒闭，致使残疾人被迫离开了托养机构和福利工厂，回到了家庭，回到了社区。由于他们的身体状况和经济条件的限制，使得他们对社区的依赖程度要远远超过健全人群。残疾人之间、残疾人与社会的信息沟通和交流，都要求社区提供必要条件，如残疾人的康复、教育、培训活动等。残疾人的文化体育娱乐大多由社区安排，对残疾人的扶贫救助、就业指导，离不开社区扶持和帮助；建立残疾人的社会保障体系，需要社区发挥作用。因此，我国的残疾人事业正在向社区化方向发展，社区是残疾人工作的落脚点，只有把社区残疾人的工作做好，残疾人事业才能扎下根本，才能获得广泛而坚实的基础。

2000 年 8 月，中国残联与民政部等 14 个部门联合提出了《关于加强社区残疾人工作的意见》，明确了当前我国开展残疾人社区保障工作的基本原则，对建立社区残疾人组织、推进残疾人社区康复、为残疾人提供切实服务、活跃残疾人的文化生活、建设社区无障碍环境、保障残疾人合法权益及加强组织领导，做好社区残疾人工作提出了具体的要求。现阶段残疾人社区保障工作的主要内容包括：建立社区残疾人协会，反映残疾人意愿，带领残疾人积极参与社区建设；保障残疾人的基本生活，为残疾人提供帮扶服务；以家庭为基础，开展残疾人社区康复；培养残疾人积极向上的生活情趣，活跃残疾人文化生活；建设社区无障碍环境，方便残疾人参与社会生活；维护残疾人合法权益。

（一）残疾人社区康复

残疾人社区康复是充分利用社区资源，动员社会力量，使残疾人在家庭和基层康复机构得到康复训练和服务的一种康复形式。由于社区康复具有就近就地、经济适用、简便易行等特点，所以成为残疾人康复最为有效的形式。近年来，社区康复在国际社会的积极倡导下，越来越多的国家和地区开展了这项工作。我国社区康复工作，特别是城市社区康复工作随着社区建设工作的不断深入，获得了长足的发展。

其主要工作内容包括：掌握社区人群残疾发生情况及残疾人的康复需求并建档立卡；组织指导残疾人开展以家庭为基础的康复训练；普及康复知识和健康教育；开展残疾预防，建立并实行儿童残疾发生报告制度等。同时，对于在社区无法满足的康复需求，向设有康复科的上级综合医院或康复服务机构进行转诊。做好社区康复工作不仅要依靠社区卫生服务机构，还要充分发挥社区内各有关组织、志愿人员、残疾人自身及其亲友的作用，以形成“社区参与”的良好工作机制。

（二）残疾人帮扶服务

为残疾人提供服务是社区服务的最基本内容之一，体现了社会的文明与进步。残疾人由于自身的障碍和需求的多样性，需要更广泛、更有针对性的服务，是社区服务工作的重点对象。在开展社区服务的过程中，社区居委会和服务机构要针对残疾人的实际需求，做好以下工作，落实包括城市最低生活保障制度在内的各项社会保障政策，保障残疾人基本生活；关心残疾儿童和残疾人子女的教育问题，对家庭生活困难的给予支持和帮助；创造无障碍的社区环境，方便残疾人出行；宣传、贯彻《中华人民共和国残疾人保障法》等法律、法规，制定、落实社区对残疾人的优惠扶持措施，提高残疾人和社区群众的法律意识。为残疾人提供优先、优惠、优质、高效的法律援助服务，切实维护残疾人合法权益；采取志愿者助残等多种形式，解决残疾人生活中的实际困难；利用法律或政策手段保护残疾人就业机会，开展残疾人职业康复，提供残疾人职业咨询、职业培训等福利服务。

第二节　我国残疾人就业的历史沿革

新中国成立以来，我国残疾人就业，伴随着经济和社会进步而逐步发展，大致可分为三个阶段：官办福利企业就业阶段，社会办福利企业就业与自主就业相结合阶段和多渠道、多形式就业阶段。

一、官办福利企业就业阶段

新中国成立初期，残疾人主要靠政府救济和生产自救维持生活，在计划经济体制下，各级人民政府将一些残疾程度较轻的残疾人组织起来开展生产自救，建立了合作社。20 世纪 50 年代中后期，开始兴办社会福利企业，社会福利企业是一种以安置残疾人就业为主要目的并具有社会福利性质的特殊企业，即将残疾人集中安排到为专门解决其就业而开办的福利单位工作。福利企业最早是为解决烈军属和贫民就业而开办的企业。从 1952 年起，这些单位逐渐吸收一部分有劳动能力的残疾人就业后，逐渐发展成为解决残疾人群体集中就业的单位。50 年代以及后来成立的合作社或福利工厂，大多属生产自救性质，并且发展规模非常有限。“文化大革命”期间，就业陷于停顿。截至 1979 年前，全国福利工厂只有 1106 家，安排残疾职工 4.82 万人①。福利企业不仅解决了残疾人就业问题，残疾人教育、康复服务等事业也得到了发展。

二、社会办福利企业就业与自主就业相结合阶段

1978 年党的十一届三中全会以后，国家实行改革开放的政策，残疾人就业政策也发生了改变，1985 年民政部召开大连会议明确提出，福利企业

---

① 残疾人劳动就业［EB/OL］. 中国人大网（2008）：http：//www. npc. gov. cn/npc/zt/2008 －02/27/content_1400290. htm.

本质上属于企业范畴，福利企业必须走企业化管理之路。至此，对残疾人集中就业的福利企业，发生了根本性的转变，国家对福利企业从税收优惠、劳动招工指标等方面确定了对福利企业积极保护和扶持的政策。到1987年年底，街道、厂矿、乡镇办的福利企业发展到24741个，占福利企业总数的88.9%，在这些企业就业的残疾人共达34万余人，占残疾人就业总人数的78.5%。到1988年，全国已累计办起福利企业4万多家，安置65.9万人残疾人就业①。

三、多渠道，多形式就业阶段

由中残联和劳动部1988年共同推动的残疾人分散按比例就业工作，它与集中就业、个体就业成为目前我国残疾人就业的三种主要形式之一。1990年12月全国人大常委会通过的《中华人民共和国残疾人保障法》，提出实行集中与分散相结合的方针，要求采取优惠政策和扶持保护措施，通过多渠道、多层次、多形式，使残疾人就业逐步普及、稳定、合理。1992年，国家计委、劳动部、民政部和中国残联联合下发文件，开展按比例安排残疾人就业试点工作。按比例就业是指国家和地方政府以法令法规的形式规定社会各单位必须按一定比例吸纳残疾人就业，其在很大程度上拓宽了残疾人的就业渠道，使残疾人就业不再仅仅依靠政府解决，社会各界也应承担相应责任。1995年，财政部制定了《残疾人就业保障金管理暂行规定》，对规范残疾人就业保障金的收缴、使用和管理，对按比例就业工作的开展起到了积极的推动作用。随后，各地陆续通过人大立法的形式，制定了实施残疾人保障法实施办法，对残疾人就业的三种形式（集中就业、按比例就业和个体就业）予以明确和细化。全国31个省（自治区、直辖市）都以人大立法或政府令的形式，出台了按比例安排残疾人就业办法。包括集中就业和个体就业在内的各项优惠政策与扶持措施得到逐步完善。

市场经济体制下，残疾人个体灵活就业应运而生，国家通过税收优惠、政策扶持等措施鼓励残疾人开办小型企业或自愿就业。中国残疾人事

① 许琳．论我国残疾人分散按比例就业[J]．江苏经济探讨，1996（10）．

业“十五”纲要确定的残疾人就业工作新目标中，再次强调了全面实施按比例就业的重要性，明确“十五”期间我国残疾人就业工作新目标是：全面实施残疾人按比例就业，加快福利企业改革、改组、改造步伐，大力扶持残疾人个体就业和自愿组织起来就业，扶助农村残疾人参加多种形式的生产劳动，规范残疾人就业服务体系，提高服务能力，使失业登记的残疾人都能得到职业指导和职业培训，残疾人就业率达到85%左右。2007年2月，国务院通过《残疾人就业条例》，进一步明确了残疾人就业促进和保护措施。规定：“用人单位安排残疾人就业的比例不得低于本单位在职职工总数的1.5%。具体比例由各省、自治区、直辖市人民政府根据本地区的实际情况规定。”“用人单位安排残疾人就业达不到其所在地省、自治区、直辖市人民政府规定比例的，应当缴纳残疾人就业保障金。”“政府和社会依法兴办的残疾人福利企业、盲人按摩机构和其他福利性单位，应当集中安排残疾人就业。”

通过以上论述，我们可以看出残疾人就业政策经历了官办福利企业、社会办福利企业和多渠道就业三个阶段的发展，日益形成了较为完整的就业保护、就业援助、就业服务配套的残疾人就业保障政策框架。然而我国残疾人就业形势依然十分严峻，全国残疾人在业率不高；残疾人工作稳定性较差；残疾人社会保障水平偏低；残疾人就业政策执行力不够，缺乏法律保护等问题日益严重。

第三节　我国残疾人社区就业形势

《2013年中国残疾人事业发展统计公报》显示，2013年，城镇新就业残疾人36.9万，全国残疾人职业培训基地达到5357个，其中残联兴办2022个，依托社会机构兴办3335个，37.8万人次城镇残疾人接受了职业培训[①]。而就业是残疾人改善生活状况、提高社会地位、实现人生价值的基础，解决就业问题是解决残疾人问题的根本。

一、社区残疾人的就业状况不乐观

在计划经济时期，除了残疾极其严重者外，绝大多数残疾人，即76.1%的人都安排了就业。由于有了职业收入，老年残疾人的家庭生活水平以及他们的晚年生活都得到了保障。但是相反，处于市场经济时期的非老年残疾人除了毫无劳动能力者外，还有32.8%的人无业或下岗。由于没有就业，从而影响了家庭的人均收入。而这又不仅进一步威胁到他们的基本生存条件，同时还威胁到他们应对家庭变故等风险的能力，威胁到他们的子女教育，以致将来还将威胁到他们的晚年生活。

二、社区残疾人的就业途径单一

于华东[②]2008年对武汉市武昌区珞珈山街的8个社区残疾人就业状况调查显示，整体就业率不高，层次偏低，而且就业结构比较单一，就业范围狭窄。如盲人往往被局限在按摩行业，聋哑人大多从事锻工、车工、搬运工、清洁工等工种，肢残人员则多以修车、补鞋、补衣为主。由于劳动力市场容量有限，加上激烈的市场竞争，使得残疾人就业被限制在比较单一的领域，从而制约着广大残疾人发挥自己的聪明才智。

三、社区对残疾人就业支持不足

社区服务的形式和层次多种多样，既有专业性服务，如职业培训、就业指导、社区康复等，也有科学与专业知识含量较低的非专业性助人服务，如帮助孤老和残障人员打扫卫生、洗浴、公园观光、人际沟通、购物

---

① 新华网．2013年全国城镇新增36.9万残疾人就业[EB/OL]．中国残疾人联合会网（2014）：http：//www.cdpf.org.cn/sytj/content/2012－06/26/content_30399867.htm.

② 于华东．武汉市社区残疾人就业状况调查——以武昌区珞珈山街8个社区为样本[J]．学习与实践，2008（7）：154－157.

等活动。在问及“您得到的帮助多不多”时，56.2%即一半以上的残疾人回答“没有得到帮助”，而“得到很多帮助”的人仅占1.2%。另外，对残疾人的帮助也主要是来自亲戚，占回答人数的61.8%；其次是政府，占回答人数的30%。

四、社区残疾人歧视现象的存在

石蕾①2007年对济南市在社区残疾人生活状况调研显示少数居民还出于固有的迷信思想，视残疾人为前生有罪孽的人，残疾人所遭受的苦难在他们看来是属于因果报应，因而在与残疾人接触时冷言冷语，讥笑讽刺，使残疾人处于非常痛苦的社会隔离之中。

真诚地尊重残疾人，是做好残疾人工作，发展残疾人事业的基本保证。消除对残疾人的偏见和歧视，必须进行长期的教育，适时建立反歧视的相应法规。这既有助于张扬社会公正、落实社会权利、完善政府形象，又抑制了社会不公、歧视残疾人现象的发生，为建设合理而又人性化的社会提供法律保证。

第四节　促进残疾人社区就业的政策与建议

一个社会对残疾人的物质和精神生活的关心程度以及相关社会福利政策是否充分，体现了这个社会的文明程度与和谐状况。就业是残疾人所应享有的基本权利，是实现残疾人平等、参与、共享等目标的重要手段。我国残疾人事业经过三个阶段的发展已形成了残疾人就业保护政策，就业援助政策及就业服务配套政策为主线的残疾人就业政策结构；然而在社会大转型的背景下，原有的残疾人主要就业渠道受到挑战，残疾人就业环境要

① 石蕾．社区化——残疾人事业发展的重要方向［D］．山东大学硕士学位论文，2007：28.

求不断提高，在新时期暴露出许多亟须解决的问题。

随着我国社区建设进程的不断深入，社区将会承担更多的原来由政府机关和各企事业单位承担的职能，大多数居民将直接面对社区寻求服务，我们应当在社区建设发展的过程中从残疾人康复、教育与职业培训、就业相关政策服务，无障碍环境和福利社区化保障残疾人基本生活几个方面创造条件，增加适合残疾人的工作岗位，切实采取措施，确保在同等条件下优先安排残疾人就业，并逐步提高其收入水平，使残疾人不仅能够自食其力，减轻残疾人家庭和亲属的负担，而且能够逐步提高残疾人生活水平和生存质量，与健全人一样享受到改革开放的成果。

一、支持社区康复医疗机构，构建医院—社区—家居康复网络

1969 年世界卫生组织医疗康复专家委员会给康复下了一个定义：康复是指综合地和协调地应用医学的、社会的、教育和职业的措施对患者进行训练或再训练，减轻致残因素造成的后果，使其活动能力达到尽可能高的水平。2003 年，国务院办公厅转发了六部门制定的《关于进一步加强残疾人康复工作的意见》提出，到 2005 年，在城市和中等以上发达地区的农村，有需求的残疾人 70% 得到康复服务；在经济欠发达地区的农村达到 50%。到 2010 年，在城市和中等以上发达地区的农村，有需求的残疾人普遍得到康复服务；欠发达地区的农村达到 70% 以上。到 2015 年，实现残疾人“人人享有康复服务”。

为达到这一系列目标，需要采取的措施可以归纳为以下几点。

首先，建立康复人才培养机制。相关院校应当有计划地开设康复课程、设置康复专业，培养各类康复专业人才，也可以通过国内外专业康复机构对具有一定康复工作经验的医务人员进行培训，满足康复工作的需要，同时积极探索多种康复人才培训形式，并制定行业标准，如建立康复职业标准等形式，培养康复专业人才和管理人员，让康复专业人才的培养跟上康复需求的脚步，国家和社会采取多种形式对从事康复工作的人员进行技术培训。

其次，国家和社会整合资源，采取康复措施帮助残疾人恢复或者补偿

功能，增强其参与社会生活的能力。各级人民政府和有关部门应当组织和指导城乡社区服务网、医疗预防保健网、残疾人组织、残疾人家庭和其他社会力量，开展社区康复工作。在开展康复工作中，应以康复机构为骨干，社区康复为基础，残疾人家庭为依托，发挥社区康复站作用，形成医院—社区—家居康复网络；以实用、易行、受益广的康复内容为重点，并开展康复新技术的研究、开发和应用，为残疾人提供有效的康复服务。

最后，在社区建立“残疾人康复站”是残疾人最佳的康复方式。残疾人对于康复医疗和康复咨询的需求十分迫切，而社区康复站相对于大型康复中心、康复医院等具有不可替代的优势，第一，社区康复站经济、便利、覆盖面广，可以使残疾人得到及时、便捷的康复服务。由于社区康复站是利用社区内的人力、物力、财力等资源开展的工作，同时免除了往返于家庭与康复机构之间的诸如交通、食宿等种种不便，从而大大降低了康复的成本，给多数家庭经济困难的残疾人提供了康复的机会。第二，社区康复站可以满足残疾人对于社区的归属感、家园感。社区与社会相比是情感的意志占优势，在这里残疾人可以感受到人文的温暖。社区康复站有利于维护残疾人的尊严，更好地促进残疾人自我价值的实现，激发残疾人参与社会生活的勇气和信心，增强了他们参与社会生活的能力，从而获得了与其他社会成员同样地位的平等感。第三，社区是残疾人身旁最贴近的守护人。残疾人所遇到的问题不仅表现在经济、信息、康复上，根据残疾类别、残疾等级更多地表现在日常生活的方方面面。社区能了解并帮助解决他们日常生活中出现的各种困难。

二、加强残疾人教育与职业培训，促进残疾人劳动力供给

从残疾人劳动力的供给支持政策看，要完善劳动力供给政策，不断提高残疾人口劳动能力，提高残疾人的就业适应性，发展残疾人职业培训，残疾人在就业时要注意培养良好的自我意识，确立健康择业心理。职业培训是提升人力资本的重要途径，也是改善残疾人就业状况的前提。多数残疾人受教育程度低、职业技能缺乏，成为残疾人就业层次低的一个重要原因。由于社会上缺乏专门为残疾人提供职业培训的机构，政府应将残疾人

的职业技能培训纳入工作计划，切实抓起来，提高残疾人的就业素质。同时在社区可开展更为便捷的、小规模的职业技能培训，让更多的残疾人通过培训走向适合于发挥自己专长的岗位。接受教育不仅可以使残疾人提高物质生活质量，同时也可提高精神生活水平。

首先，统筹规划特殊教育建设。发展特殊教育的意义不仅仅是保护残疾人受教育权利，更是使残疾人提高自身素质，平等融入社会。兴办特殊初等教育，保证残疾人接受教育的权利；巩固提高残疾人高等教育，鼓励在普通高等院校开设特教专业；逐步形成学前教育、义务教育、高级中等教育、高等教育相互衔接的残疾人特殊教育体系。其次，兴办残疾人职业培训中心。根据本地的实际需要，以职业需求为出发点，因地制宜，安排培训内容，对接受培训有困难的残疾人提供相应补助；国家补贴一部分费用或者减免一部分税收，鼓励私营培训机构对残疾人进行职业培训，但同时也应加强对私营培训机构的管理与规范。就地安排为目的开展职业培训和制订培训计划，使培训出来的残疾人学能所用，充分就业。

三、实行按比例安排残疾人就业制度，增加残疾人劳动力需求

1944 年英国为解决残疾人就业问题，出台了《残疾人就业法案》，规定达到或超过 20 名雇员的雇主必须至少雇用 3% 的残疾人，第一次提出按比例安排残疾人就业政策的立法。按比例安排残疾人就业被认为是促进残疾人就业的合理措施，被世界各国和地区广泛接受，日本、韩国、美国、法国、俄罗斯、意大利、奥地利、印度、德国、荷兰、西班牙、比利时等国家在立法和我国台湾地区的相关规定中都明确了按比例安排残疾人就业。如意大利为 7%；德国为 6%；美国为 3%；荷兰不同行业分别为 3% ~7%。从残疾人劳动力的需求支持政策看，扩大残疾人口劳动力需求政策就是在原有的残疾人主要就业渠道即福利企业和按比例吸纳残疾人就业渠道的基础上，创新吸收残疾人就业的新渠道、新方式。2007 年国务院颁布的《残疾人就业条例》第三章第十五条规定：县级以上人民政府应当采取措施，拓宽残疾人就业渠道，开发适合残疾人就业的公益性岗位，保障残疾人就业。

公益性岗位即由政府出资扶持或社会筹集资金开发符合公共利益的管理类和服务类岗位主要用于安置城镇就业困难人员，帮助特殊困难群体实现就业再就业。公益性岗位概括起来有三类：社会性公益岗位、社区性公益岗位、单位公益性岗位。通过对残疾人的分类特点分析，适当开发出适合残疾人的公益性岗位，但同时也要对公益性就业岗位进行合理化评估。也可以制定相关优惠政策，通过税收优惠等政策鼓励企业为残疾人提供公益性岗位，激发全社会参与残疾人员就业工作的热情。如社区应针对各自社区残疾人就业状况的特点和实际情况，设法安置残疾人在社区内相关单位按比例就业，鼓励、扶持家电维修、缝纫裁剪、小百货副食经营、盲人按摩等适合于残疾人特点的个人从业或自主就业。对自谋职业的残疾人在工商登记、场地安排、税费减免、资金信贷等方面给予更多的扶持。社区便民网点、社区居民求助系统等公益性就业岗位，可以优先安置残疾人就业。随着社区服务业的发展，现在已成为社区就业新的增长点。由于社区服务业具有灵活性和多样化的特点，其岗位特别适合残疾人的特点和实际情况，社区服务业就业必将成为残疾人就业的新途径。

四、组织并完善残疾人社区就业服务网络

残疾人社区就业服务网络是残疾人就业的指路牌，能帮助残疾人了解用工单位信息，形成信息交流，信息共享的工作机制，其建立的相关残疾人服务组织能帮助残疾人更好地融入社会。各级政府应建立有效的残疾人就业服务机制，构建一个比较完善的残疾人社区劳动就业服务网络。建立一套科学化、规范化、现代化的职业中介服务体系，将就业登记、职业中介、档案挂靠、法律政策咨询等各项服务功能结合在一起，形成“一条龙”的就业服务体系。要适应社会转型的需要，大力拓展残疾人的就业空间，继续推进和加强残疾人集中就业工作。

首先，建立残疾人就业信息平台，制定残疾人就业服务信息化相关制度，实现市、区、街道之间就业信息资源的快速流通，扩大信息共享范围。诸如残疾人的登记求职、各单位招工用人情况的调查统计、残疾人的职业技能培训和残疾人培训输送，建档立卡，利用现代信息技术，实现残

疾人就业服务计算机网络，形成信息库，做到心中有数，使求职残疾人和用工单位方便快捷地获取所需信息，并能够掌握准确劳动力市场信息，使决策有科学的依据，就业管理和服务工作规范化、制度化，为按比例就业提供准确的依据，等等。

其次，要加强对适合残疾人就业的岗位研究和开发工作，扶持残疾人个体就业。开发适合残疾人就业新领域，大力发展第三产业，结合社会服务业和社会康复服务，鼓励有关部门吸收更多的残疾人从事适合他们特点的行业就业。如日本法律规定，国家及地方政府对自谋职业的残疾人提供贷款担保，为肢残者提供电动轮椅和汽车等，并在开业、就业方面给予资金援助。美国为帮助处于自谋职业发展阶段中的残疾人提高生活自理能力、生产劳动能力和参与社会生活能力，设立了“特殊项目基金”。加拿大对残疾人自谋职业活动时给予专项全额津贴。

五、加强无障碍环境建设

无障碍建设是改善残疾人的活动环境，提高残疾人生活自理、自立水平和生存能力的一项基本措施。它与提供就业机会，保障残疾人经济收入一样，是解决残疾人生存问题的基本措施的另一个方面。为了提高残疾人因生理上的缺陷而受到制约的生活自理、自立的能力，创造一个满足残疾人能与健全人一样正常生活的环境，我国政府早在1989年就颁布实施了《方便残疾人使用的城市道路和建筑物设计规范（试行）》。2001年8月，建设部、民政部、中国残联联合发布了重新修订的《城市道路和建筑物无障碍设计规范》。就是为了能营造良好的无障碍环境，能帮助残疾人方便出行和参与社会生活。所以，必须加强与监督无障碍环境基础设施建设，对已建的无障碍设施要加强维护，管理，杜绝损坏、占用等；保证市政建设中有关无障碍环境标准落到实处；推动交通工具如飞机、地铁等无障碍设施建设，为残疾人创造良好的就业环境，根据相关残疾人保障法制定无障碍设施建设管理条例由行政法规明确残疾人无障碍设施建设的管理主体，并在建设部门成立无障碍设施建设机构，专门负责各级政府的残疾人无障碍设施的建设、维护和管理工作。

六、加强福利社区化的建设，保障残疾人基本生活

福利社区化已经成为目前社会福利制度发展最新的趋势，它可以让社区中有能力的居民和团体就近提供服务；也让老人、婴幼儿、残疾人能在自己的家庭或社区中接受服务，提供社区式的照顾，使老人或其他受照顾者，能在自己家庭或社区内接受服务，不必离开原来的生活环境。这样，他们既可以维持以前的人际关系，也不必为了配合养老院等作息规定，改变自己生活习惯。福利的“社区化”要实现社会福利能落实到基层，并能适合多元化的需求，有赖于社区资源的开发与整合。我国目前推进福利社区化的目标在于建立起一个以家庭服务为基础，社区服务为依托，福利机构为补充，投资主体多元化，服务对象社会化，服务方式多样化，服务队伍专业化与志愿者相结合的社会福利发展新格局。

在我国，贫困人口中有半数左右是残疾人，残疾人和残疾人家庭的生活境遇十分困难。据统计，我国目前70%的残疾人的经济来源是家庭、亲属供养和国家、集体救济。将残疾人纳入社会保障体系以保障他们的基本生活，是现阶段我国残疾人社会福利工作不容忽视的重要内容。做好无劳动能力残疾人的生活保障工作。《中华人民共和国残疾人保障法》第四十一条第二款规定：“国家和社会对无劳动能力、无法定扶养人、无生活来源的残疾人，按照规定予以供养救济。”第四十三条规定：“地方各级人民政府和社会举办福利院和其他安置收养机构，按照规定安置收养残疾人，并逐步改善其生活。”采取多种保障措施，如举办社区福利院、敬老院，开展社会保险等，帮助他们解决生活、养老问题。

第九章　贫困群体社区就业

20世纪90年代以前，中国的贫困问题基本上被看作是一个农村贫困的问题，农村贫困一直成为政府反贫困政策的对象。实际上，在中国繁华的城镇背后一直也都存在着贫困人口。20世纪90年代以来，尤其是1998年以来随着国有企业改革的进行，大批工人从国有和集体企业下岗与失业，在这些人员中，很多人由于种种原因，没有能够实现再就业①。即使实现了再就业的人员，也大多数在所谓的“非正规的部门”就业②。其严峻的城镇失业和社会福利供给缺失导致的城镇贫困，在数量上呈现逐年增加的趋势。

第一节　贫困相关概念和理论

贫困概念的讨论目的是要界定贫困群体的数量规模，把贫困群体从社会整体中分离出来，然后制定社会政策去帮助他们脱离社会贫困状态，而贫困原因的讨论目的是为了使反贫困的社会政策更有针对性和高效率。

一、贫困概念

19世纪初英国的布思③（Booth，C）就提出了绝对贫困的概念。他认为贫困与非贫困的分界线是生存需要或生理需要线，或者最低限度的生活

---

① 蔡昉，都阳，王美艳．中国劳动力市场转型与发育［M］．北京：商务印书馆，2005：253.

② Knight，John and Lina Song. Towards a Labor Market in China，Oxford University Press. 2005：98.

③ Booth，C. Life and Labor of the People in London. London：Macmillan，1903：178.

水平线，即当个人或家庭的经济状况低于生存线时就被认为是贫困，他的观点可以用“食不果腹、衣不遮体”来形象地概括；最早表达相对贫困思想的是斯密（Smith，A）[①]，他提出，如果一个人缺少满足必需的物质资源，他就无可非议的是贫困者，但如果一个人不能维持他所在国的风俗习惯所要求的一个体面人应该过的那种生活水平，那么他也是贫困者，比如是否拥有一件象征体面生活的“亚麻衬衣”是英国特定时期内衡量贫困的一个标准。相对贫困的提出，让我们认识到无论在什么样的社会，无论社会发展到一个什么样的物质文明程度，贫困都会如影随形，这也印证了贫困并没有因为我们社会的发展而有所减轻或者消失。从语义上讲，其实，我们可以把绝对贫困和相对贫困的概念统一起来，贫困就是社会成员的基本需要不能得到满足，其区别在于对“基本需要”的理解。

二、贫困的原因

如何治本的思索引发了贫困成因的分析，把贫困的原因一一梳理，对贫困后面的社会的、经济的、文化的、政治的因素进行深入的分析，由此制定反贫困的政策。莫泰基[②]认为，贫困原因的分析理论有社会分层论、个人素质论、贫困亚文化理论、社会冲突论和经济剥削论等。

（一）系统结构论对贫困的解释

传统结构范式分析思路是生物有机论，它强调体系中资源输出和输入，即社会类似一个生物有机体，社会意识形态、人口、经济发展、文化、制度安排等是它的基本构成；贫困、不均衡发展、犯罪、歧视、冲突等社会问题是它的输出；我们需要输入相对应的社会政策有针对性地去解决这些社会问题，即输入社会规范和关系等制度来整合社会，形成秩序。系统结构论对贫困的解释是，把贫困者的基本需要未能满足问题视为一个

---

① Smith，A. An Inquiry into the Nature and Causes of the Wealth of Nations. London：George Routledge and Sons，1913.

② 莫泰基．香港灭贫政策探索：社会发展的构思［M］．香港：三联书店，1999：262.

社会系统的输出，把针对贫困社会政策，即具体的社会福利措施视为输入，通过社会系统的运行解决贫困者基本需要不能满足的问题，希望达到一个社会融合的社会秩序。系统结构论提出了用社会力（social forces）的概念，并用它来解释贫困的原因，即认为贫困不在于贫困者本身无技能或者缺乏动机，而是社会力作用的结果，这些社会力包括国家、阶级、组织机构和制度。

（二）社会冲突理论对贫困的解释

社会冲突理论是社会学中重要的理论之一，它起源于马克思（Karl Heinrich Marx），马克思认为导致贫困的根本原因在于生产资料不平等占有，冲突理论提出社会不平等和贫困是社会各群体之间在利益分配过程中争夺有限资源的结果，而争夺的结果出现不同群体间资源不平等分割，进而使部分群体处于相对贫困状态。马克思在研究饥荒的结论指出，饥荒并不是没有足够的粮食，而是和社会因素相关的粮食分配不均而导致的。具体而言，贫困者在经济领域里缺乏资本和技术等生产要素，因而难以获得较多的经济收入；在政治领域缺乏政治活动参与能力和机会，因而不能对决策、投票等利益分配相关制度产生实际影响；在社会领域，贫穷者无力于影响教育、传媒和社区组织，与贫困相关的犯罪等“污名化”标签使他们普遍受到社会的歧视和排斥，在社会结构、社会文化中边缘化。

（三）功能学派理论对贫困的解释

功能学派相信社会中任何现象存在必定有其存在的原因，称之为社会功能，贫困也是如此，其假定社会中各种职位在实现社会价值目标中的重要性程度不同和个人天赋和努力程度不同。社会为了有效地达到其主要的价值目标，就需要一些天赋优秀的人去担当较为重要的角色，从而通过赋予这些重要角色较高的报酬来吸引天赋高者发挥其才能。具体来说，功能主义认为贫穷在社会上并不完全是负面的。一定程度上，贫穷的存在对社会整体的运行和社会的发展起到积极的作用，如贫穷的存在增加了人们的努力程度和富人的主观福利。

（四）贫困亚文化与贫困

戴维·波普诺（David Popenoe）[1] 认为贫困文化是指一套穷人共有的规范和价值观。"贫困文化"说试图从文化角度论证穷人的特征。持这一观点的学者认为，穷人面临着特殊的生存问题，因而有特定的生活方式，在此基础上，在贫困群体上产生了共同价值观和行为方式，这就是贫困亚文化。这种贫困文化一经形成，就具有相对独立性，并可以代际传递；在贫困文化的制约下，即使初始的贫困条件发生变化、新的机会来临时，穷人也不能调整自己，摆脱贫困。贫困文化分析理论是用文化的范式去对贫困问题进行的研究，其中代表人物主要有刘易斯（Oscar Lewis）、班菲尔德（Banfield）、甘斯（Gans）、布迪厄（Bourdieu）等。

刘易斯[2]对贫困文化的研究贡献突出。他指出，贫困文化是一个特定的概念标签，是一个拥有自己的结构与理性的社会亚文化。它表达了在既定的历史和社会中，贫困者共享的有别于主流文化的一种生活方式；也表达着在阶层化、高度个性化的社会里，贫困者对其边缘地位的适应和反映；也表达了一种努力，即贫困者面对并处理着那些主流价值认为的失败标签的种种努力。其对墨西哥和波多黎各贫民窟调查发现：贫困亚文化是全世界许多城市穷人的特点。这些特点包括屈从意识，不愿意规划未来，没有实现理想的能力以及怀疑权威。刘易斯认为贫困亚文化一旦存在，它就会一代代地存在下去，因为它对孩子有影响。在孩子六七岁以前他们通常已经接受了这种亚文化的基本价值观和态度，从心理上不适合于充分利用一生可能出现的变化条件或者增长机会。

贫困的文化解释是伴随经济发展无法解决贫困问题出现的，它注重贫困问题中的非经济因素，其强调社会文化因素在贫困形成、发展、加强、削弱、转化等过程中的作用。贫困亚文化理论认为，贫困并不仅仅是某些

---

① 戴维·波普洛著，李强等译．社会学（第十版）[M]．北京：中国人民大学出版社，1999：78.

② Lewis，O. The Culture of Poverty. In Moynihan，P. D. On Understanding Poverty. New York：Basic Books，1968：134.

社会成员简单缺少生存所必需的生活资料，还包括贫困人员的主观感受、生活方式、社会隔离等，他们发现贫困群体有自己的文化和自我的认知。可以说，贫困亚文化和个人素质论有些相似，个人素质论认为个人的不努力、教育水平的低下、工作动机不足、不愿意承担风险和欠缺社会交往能力等是贫困的主要原因，不同的是，贫困亚文化认为，这些因素非个人自身因素，而是文化环境使然。

薛君[①]认为中国传统文化“面子”、“耻”意识是贫困群体较少采用市场化行为的原因之一。“面子”和“耻”是一物两面。虽然“面子工程”在人类社会普遍存在，但是中国人对这些特别敏感，“面子功夫是以维护面子为目的的，……在正常的情况下，中国人会以很大程度忍让去维护人际的面子，以期不要撕破面子”[②]。古人也有“己所不欲，勿施于人”之说，因此，出于面子考虑或免受羞耻，贫困群体会首先依靠自己，即共同生活的家庭，而不向其他人求助，即使求助，其对象也至多是涉及有实力的、关系亲密的人，他们在受用人单位冷遇后不会持续地向其求职，面子使得贫困群体较少求助，较少采用直接申请等活动，削弱了求职行为的强度。

（五）社会网络与贫困

社会网络由个人之间复杂的联系网而构成。就职业流动而言，网络分析进一步证明了一个长期被怀疑的事实：尽管机会平等在口头上说得好听，但在事实上算数的不是“你知道什么”而是“你认识谁”[③]。现代城市社会的交往特征，却越来越与消费支出密切相关。对于收入较少的困难群体而言：要从城市的东头到西头去看望朋友，就得乘坐公共汽车或地铁——这需要交通费用；要在这个城市给另外一个城市的亲友打电话，就

① 薛君．社会政策支持与积极回应［D］．华中科技大学优秀硕士论文，2006：36.

② 金耀基．中国社会与文化［M］．香港：牛津大学出版社，1992：44.

③ 戴维·波普洛著，李强等译．社会学（第十版）［M］．北京：中国人民大学出版社，1999：134.

得支付电话费；要与朋友聚餐聊天享受快乐的友情就得交聚餐费……总之，这一切都需要金钱支出。于是，贫困的劳动者与他人的交往，就主要被限定在基于工作而缔结的业缘关系上。

在信息社会，如果说社会交往意味着信息传递和基于人际传播而进行的知识积累的话，那么，社会交往圈因为受到经济支配能力的限制而缩小的过程，也就会表现为信息量的缩小过程。尽管生活在开放的城市社会，但信息的封闭状态，也会严重影响贫困者的各种社会生活。有的社会学学者对贫困群体的工作和生活状况问题进行过访谈，发现贫困群体陷入贫困的过程，不仅意味着社会交往圈的缩小，而且还意味着社会交往圈的改变。因为一个陷入贫困之中的人，可能先是被同情、被作为帮助的对象而对待。继而，在时间的持续中，就会失去原有地位之上的那种自尊，并可能受到他原来所属的社会群体的某些排斥。

由于相关资源容量有限，贫困群体求职行为少。首先，贫困群体个人的直接资源以及由“关系”产生的他人资源总量有限。贫困群体决定是否求助于非正式网络，除了讲究面子外还在乎对方的实力[①]，由于贫困群体的家人、朋友、亲戚、同事等非正式联系，很大一部分都与自己的情况相类似，成功的再就业者或没有下岗的联系中，能提供实际帮助很少，其主要功能是维持当事人的士气，只有非正式网络外的联系才能给其提供信息，并对再就业有利[②]。所以说，贫困群体的直接和间接的资源有限。其次，贫困群体较少采用市场化求职活动，即参加求职中介，是因为一方面，市场化服务机构少；另一方面，贫困群体对服务了解少，信任度不高，而且对其持久性表示怀疑。目前，针对贫困群体的服务主要以政府为主，但其模式并非西方社会服务或福利的“政府与市场”责任分担，而是上级政府利用行政手段向相关机构或下级部门安排任务，责任下放，其试验表面缺乏西方模式的效率，贫困群体对政府主导的再就业服务了解极其

---

① 王汉生，陈智霞．再就业政策与下岗职工行为［D］．国际社会保障圆桌会议（香港），1997：10.

② Jones，L．（1988）．Unemployment and Social Work Integration：a Review. Journal of Sociology and Social Welfare. Vol. 15（4）．1991：18.

有限，这与政府政策和服务的宣传效果不佳、服务机构分布不合理和力量不均衡有关。最后，不少服务部门的服务效率不高，规范化、专业化、有效性等不足，机构及服务提供者个人都权能不足，因此，贫困群体对再就业服务不满，其持久性受到影响。

（六）社会排斥与贫困

安东尼·吉登斯（Anthony Giddens）[①] 认为社会排斥是指个体有可能中断全面参与社会的方式，他关心的是一系列阻止个体或群体拥有对大多数人开放机会的广泛因素。为了过上丰富而积极的生活，个体不仅必须能够让自己有饭吃、有衣服穿并且还要有房子住，而且也应该接近和拥有交通、电话、保险和银行服务必要的商品和服务。就是生产和消费而言，个体和团体可能会经历经济排斥。在生产方面，对包容来说，就业和参与劳动市场是最重要的，在物质剥夺高度集中的社区，没有多少人有全职工作。同时，可以帮助贫困者进入劳动力市场的非正式信息网络也很薄弱。失业率通常很高，而且一般来说，就业机会也有限，人们一旦被劳动力市场排除出去，可能会发现很难再重新进入。经济排斥也可能发生在消费模式方面，也就是与人们在日常生活中购买消费和使用哪些商品有关。没有电话有可能导致社会排斥，因为电话是个人与朋友、家庭、邻居和团体成员这样一个更大的世界进行接触的主要媒介之一。

人的社会性决定了社会交往在人们正常生活中起着很重要的作用。但是，由于经济能力和社会地位的急剧下降，贫困家庭在社会交往活动中面临着极大的障碍。虽然亲戚和朋友在日常生活中能够给予贫困家庭很多的帮助，但许多贫困家庭还是疏于与他们的亲友来往。过年过节走亲访友是中华民族世代相传的风俗习惯。但中国人口与劳动问题报告[②]表明，有许多贫困家庭因经济所迫，连固守这个古老传统的能力都没有。之所以造成这种状况，主要的原因就在于“串门时总不能空着手，买东西就得花钱，像

---

① 安东尼·吉登斯著，赵旭东等译．社会学（第四版）[M]．北京：北京大学出版社，2003：409.

② 蔡昉．中国人口与劳动问题报告[M]．北京：社会科学文献出版社，2003：162.

我们家这种状况哪花得起这份钱”。除家人和亲戚外，街坊邻居和单位同事可能是城市居民接触机会最多的角色群体。但从主观意愿看，城市贫困家庭中都有相当一部分人“不爱与邻居或同事交往”。

造成上述社会排斥的原因，既有贫困家庭自身的原因，也有社会的原因。当家庭陷入贫困之后，一般会产生非常强烈的自卑心理，并因自卑而造成“自我封闭”和“自我隔绝”。贫困家庭往往认为：“像我们这样的人家，谁会跟我们交往呢？别人是从不敢进这个门的，有时我带着女儿出去，人家远远地就躲开了。所以，我们没事尽量待在家里，哪里都不去。”① 现实生活中，社会对贫困家庭的歧视也是确实存在的。邻居对贫困家庭流露出歧视眼神和语言也是常有的事。这会极大地刺激贫困群众的自尊心，使得他们更不愿意和街坊邻居交往。一位贫困家庭成员叙述道：“邻居……他们从来就瞧不起我……我以前上班，反正跟他们交往也不多，可现在路上碰见，都不和我打招呼。现在领了这个钱（指最低生活保障金），别人还说我不该领。我不知道这是怎么啦，我又没做过对不起他们的事情，他们为什么和我过不去？”②

除了家人和亲戚之外，邻居和同事关系相处得好也可以使贫困家庭得到物质上的帮助和道义上的支持。但是，在今天这个以经济关系为主导的社会里，家境贫穷事实上是会受到歧视的，这也造成了贫困群众本身在社交方面的心理障碍。反过来，他们的行为又使他们自己被排斥在正常的社交圈子之外。社会学的研究表明，华人社会是一个“圈子”的社会。被排斥在社交圈子之外，肯定对贫困家庭不利，这样，他们就又陷入了一个“社会排斥”和“自我排斥”并存的人际关系的恶性循环中。经济上的匮乏使贫困家庭的社会交往受到限制，子女的教育非常困难，健康状况糟糕，所有这些对城市贫困家庭都造成了一定的伤害，进而使得他们更加“游离于”主流的社会之外。

贫困群体尽管生活在开放的城市社会，但信息的封闭状态，因为一个陷入贫困之中的人，经济上可支配能力、个人改变自身的能力急剧下降，

① 蔡昉．中国人口与劳动问题报告［M］．北京：社会科学文献出版社，2003：163.

② 蔡昉．中国人口与劳动问题报告［M］．北京：社会科学文献出版社，2003：168.

从而使得消费基本物质和服务的能力失去，在联系日益紧密、资讯日益重要的城市中，贫困群体的信息慢慢变为封闭状态，心理上呈自闭状态，从而由于外界或自身的原因，非自愿或自愿地从主流社会遭受排斥，成为困难、边缘群体。

第二节　我国社会转型期的贫困问题

20世纪90年代以前，我国的贫困问题主要表现为农村人口的贫困问题。自90年代中期起，一方面，城市经济体制改革中的国有经济重组造成数千万城镇职工下岗，其中很大一部分人力资本和其他禀赋条件不足的劳动者陷入贫困；另一方面，农村向城市的人口迁移过程中也存在着一部分迁移人口在城市劳动力市场中的竞争失败而陷入贫困。

一、贫困的规模

从目前情况来看，我国贫困群体总量规模庞大，数量呈递增趋势。从我国近年来就业的总体趋势来看，就业总量继续增长，失业率逐年攀升。由于各种主客观因素，贫困群体再就业率一直呈下滑状态，由此可见，失业是贫困群体的一个主要特征，同时也是他们面临的最主要的问题，且其规模和深度已经足以构成社会问题。

亚行专家组（2001）根据国家统计局城市调查总队提供的1998年的统计数据，采用国际通行的做法测定各省的贫困线，据此计算出全国城镇的贫困人口数量。其结果是：如果采用人均收入贫困指标，1998年全国城镇贫困人口为1470万，贫困率为4.73%；如果采用人均支出贫困指标，当年全国城镇贫困人口为3707万，贫困率为11.87%[①]。

① 林致远，邓子基．财政学（第3版）[M]．北京：清华大学出版社，2012：123.

民政部《2012 年社会服务发展统计公报》显示，2012 年年底，全国共有城市低保对象 1114.9 万户、2143.5 万人，农村低保对象 2814.9 万户、5344.5 万人，比上年同期增加 38.8 万人，增长了 0.7%。农村五保供养对象 529.2 万户、545.6 万人，分别比上年下降 0.2% 和 1.0%①。

二、贫困的分布

Cheng Fang 等②发现以每日 1 美元为贫困线测得的我国沿海地区的贫困水平远低于我国中部和西部地区，如果以每日 1.5 美元为贫困线，则沿海地区只有不到 8%，而西部地区达到了 20%；同时，中西部地区贫困减少的幅度也远远低于东部地区。

全国总工会关于城市居民最低生活保障制度运行状况的调研报告表明，我国城市贫困人口的地域性特点比较突出，城市贫困人口多数分布在中西部地区。亚洲开发银行③认为从贫困率来看，西北部地区的贫困率最高，东部地区的贫困率最低。虽然习惯上将西部地区一直作为一个整体被视为中国的贫困内陆，但西南地区的贫困率低于全国平均水平，而西北地区的贫困率接近全国平均值的两倍。城镇贫困人口多分布在内陆地区、“三线”地区等计划经济色彩仍然较浓的地区，同时部分资源枯竭地区区域性贫困问题十分严重。在资源枯竭的矿区、一些老工业基地中受经济结构调整冲击大的行业和企业，已形成了大大小小贫困人口相对集中的贫困片区④。

国家统计局 2000 年公布的数据显示，社会服务业的贫困发生率为

---

① 2012 年社会服务发展统计公报［EB/OL］. 民政部门户网站（2013）：http：//cws.mca.gov.cn/article/tjbg/201306/20130600474746.shtml.

② Cheng Fang，Xiaobo Zhang and Shenggen Fan，Emergence of urban Poverty and Inequality in China：Evidence form Household Survey，China Economic Review，13（2002）：430－443.

③ 亚洲开发银行 TA 项目中国城镇贫困研究课题组．城镇贫困：中国发展的新挑战［R］. 北京：经济科学出版社，2003：85.

④ 于秀丽，姚建平．中国转型期城镇贫困与完善社会救助制度［J］. 长江论坛，2005（5）：44－48.

6.01%；建筑业为5.52%；批发零售贸易餐馆业为3.52%；煤炭等采掘业为3.51%；纺织、军工等制造业为3.32%；而在金融、保险、科研综合技术服务业，电子、燃气及水的生产和供应等行业，贫困发生率几乎为0。王有捐[①]在城镇贫困分布的研究中，由于我国不同区域间社会经济发展的不平衡性乃至同一区域内部发展的不平衡性，对于贫困分布区域的研究有待于更进一步的细化，例如一般认为的相对富裕的地区可能存在严重贫困的个别市、镇；而一般认为的相对贫困的地区也可能由于收入消费水平比较平均而贫困程度较轻。

第三节　我国贫困群体就业现状

对于贫困群体来说，不管其就业形式如何，都是经常处于一种报酬低、求职行为少而单一、就业不稳定不充分、就业质量低的状态。

一、贫困群体的劳动报酬情况

获得报酬是劳动者参加劳动的基本目的。一个国家或地区低收入职工的比例，可以反映这个国家或地区就业质量的高低。劳动报酬主要包括工资、奖金、福利。我国法律规定，用人单位必须按时、足额、以货币形式发放劳动者的工资，劳动者的工资不得低于当地最低工资标准。调查显示，贫困群体的劳动报酬水平较低。虽然贫困群体再就业收入较原就业收入有所增加，但低于全省就业者的平均收入水平。资料显示，再就业人员原就业月平均收入为407.8元，再就业后月平均收入为590.8元，人均增加了183元。若考虑到部分人还能从原单位定期或不定期地获得一些补助，收入应更高

---

① 王有捐．对目前我国城市贫困状况的判断分析［J］，市场与人口分析，2002（11）：14－18.

一些。但与全省就业者月平均收入 1183.6 元相比，仍存在很大差距①。

二、个体、私营企业成为贫困群体就业的主渠道

2000 年 6 月，劳动和社会保障部规划财务司在重庆市、哈尔滨市、吉林市、兰州市、太原市、南京市、福州市、株洲市和柳州市 9 个城市开展了贫困群体状况抽样调查。此次调查结果表明，个体、私营企业是贫困群体再就业的主要单位。在其雇主构成中，个体、私营企业分别为 28.7% 和 32.9%，列前两位。国有企业也占较大的比重，为 19.7%，列前三位。其他类型的雇主在 6.5% 以下。同时受雇贫困群体主要在第三产业实现再就业。第一、第二、第三产业再就业贫困群体的比重分别是 0.8%、26.5% 和 72.5%。如在自谋职业和创业职工所从事职业中，47.2% 为服务、商店和市场销售人员，这类人员主要包括旅行相关人员、家政与餐饮服务人员、个人看护与相关人员，美容美发及相关人员、商店销售人员、货摊和市场销售人员等等；其次为初级职业，占 31.1%，主要包括街头叫卖人员、擦鞋与其他街头服务人员、家务及其相关人员、建筑保洁员、传达室人员、搬运工、看门及其相关人员、垃圾收集及其相关人员等等，工匠和其他相关工人也比较多，占 9%②。可以看出，贫困群体主要在第三产业实现再就业，且大多数是属于社区服务业的范畴。

三、贫困群体就业受性别、年龄等因素影响比较大

性别对贫困群体就业是有一定影响的，女性劳动者就业的概率仍然显著地低于男性，这说明在贫困群体中，女性相对于男性而言，在劳动力市场中也处于不利的地位。男性贫困群体的市场竞争力一般表现在再就业率高于 50%，在积极自谋职业和承办企业上也呈现出上升趋势，其比例高于女性 20 个百分点以上。

---

① 湖南省统计局．湖南城镇下岗职工再就业问题调查 [EB/OL]．湖南统计信息网：http：//www. hntj. gov. cn.

② 莫荣，岳威．增加下岗职工就业机会研究 [J]．管理世界，2001 (2)：56.

年龄对贫困者就业影响可以归纳为年龄越大的低收入群体，尤其是处于45岁及以上的人群，其就业的概率明显小于其他年龄段的人群。35岁及以下的贫困者的再就业率为48.2%，36~45岁下降到46.45%，而45岁以上进一步下降到44.7%。但是从另一方面来看，年龄越大的贫困者，自谋职业和创业倾向却越大。据劳动和社会保障部劳动科学研究所的调查，36~45岁贫困者自谋职业的比重达到最高，比样本高出5.6个百分点；45岁以上贫困者创办企业比重最高，比样本高出7.4个百分点。从文化程度上看，大专以上文化的贫困者再就业率最高，而且其更多的是通过受雇实现再就业的；初中、小学及以下文化程度的贫困群体，则更倾向于自谋职业，高中文化程度的贫困群体创办企业的比重最高①。年龄增长对于就业的影响分为两个方面：一方面，随着年龄的增长，劳动者所拥有的教育、经验等人力资本存量也会上升，从而失业的可能性随之降低；另一方面，年龄的增长意味着劳动者身体机能的衰落以及劳动能力的减退，从而失业的可能性将会增加。在人力资本存量较高的劳动者中，前一方面的因素起主导作用；而在人力资本存量较低的劳动者中，后一方面的因素起主导作用。

四、贫困群体就业稳定性差

工作对于劳动者有非常重要的意义。它不仅是人们获得收入维持生活的基本来源，也是人们融入社会的基本方式。工作的稳定性是就业质量的重要内容，保持工作的相对稳定性，无论对于个人还是用人单位都是有意义的，也是劳动者的基本需求之一。但是贫困群体工作经常比其他群体的稳定性要差，贫困群体的工作经常是临时性、非正式的。

2002年湖南省对城镇下岗职工进行的一次再就业调查显示，接受调查的共有11个市（县）1000户居民家庭中的269名下岗失业人员，实现再就业的144人，再就业率为53.5%，再就业者普遍反映再就业工作稳定性较差。在实现再就业的人员当中，很多人以灵活就业的形式找到了工作。但由于缺乏相应的劳动法律制度约束，用人单位或雇主随意性很大。

① 莫荣，岳威．增加下岗职工就业机会研究［J］．管理世界，2001（2）：58.

任意延长劳动时间、拖欠工资等现象时有发生。有的用人单位或雇主随意解雇聘请人员而不需进行任何补偿和承担任何责任，使得再就业人员缺乏安全感。在实现再就业的 144 人中，认为现在工作稳定的仅有 22 人，占 15.3%；较为稳定的 56 人，占 38.9%；另外 66 人感到现在工作极不稳定，这意味着 45.8% 的人随时有可能重新失业①。

这种不稳定性一方面会造成职工频繁下岗失业，生活失去保障，并且会极大地影响职工再就业的信心；另一方面，过高的流动性，对企业的正常生产经营也有不利的影响，不利于企业生产工艺水平和劳动生产率的提高，实际上增加了企业的生产成本。

五、贫困群体的求职行为

薛君②通过利用求职途径的多少和参加再就业培训的次数指标来衡量求职行为，其在湖北省武汉、荆州和洪湖三地调查 973 份样本量显示贫困群体的求职行为少而单一。

贫困群体求职行为情况表

求职行为		集中趋势			离散趋势					分布参数	
		平均数	中位数	众数	最小值	最大值	标准误	1/4 数	3/4 数	峰度	偏度
途径	再就业中心	0.07	0	0	0	1	0.008	0	0	8.834	3.289
	职业中介	0.09	0	0	0	1	0.009	0	0	6.194	2.860
	同事朋友亲戚介绍	0.42	0	0	0	1	0.16	0	0	-1.910	0.306
	街道居委会	0.19	0	0	0	1	0.13	0	0	0.476	1.573
	新闻媒介	0.03	0	0	0	1	0.005	0	0	29.939	5.646
求职途径总数		0.808	1	1	0	4	0.026	0	1	1.407	1.027
参加再就业培训的次数		0.17	0	0	0	7	0.018	0	0	5.780	49.239

① 民政部“城镇贫困与反贫困研究小组”. 中国城镇贫困状况与反贫困战略［J］. 中国民政，2001（8）：69.

② 薛君 . 社会政策支持与积极回应［D］. 华中科技大学优秀硕士论文，2006：28.

表中数据显示求职途径总数众数是1，表明通过一种途径求职的贫困群体最多。通过“同事朋友亲戚介绍”平均数（0.42）明显高于其他途径；其次是通过“街道居委会”途径（0.19）；最低的是通过“新闻媒介”途径（0.03）。分析结果可以推论：绝大多数贫困群体通过一种途径进行过求职而且都是非正式途径，即通过“同事朋友亲戚介绍”，两种及以上的不多。而参加再就业培训的次数平均数为0.17、标准误为0.018。有95%把握认为总体中贫困群体再就业培训的次数在0.135～0.205，中位数是0，1/4数和3/4数分别是0次和0次，可以推断至少有75%的贫困群体没有参加过再就业培训。总数是0次，说明总体中没有参加过再就业培训的贫困群体最多。总的来说，其找工作的途径单一，而且绝大多数贫困群体没有参加过再就业培训。

刘××（40岁，1994年下岗，洪湖市朝阳区中山街）清算得了6000元，（300元一年）但钱没到自己手里，单位缴了养老保险，最近才拿到。参加过一次就业培训，花了200元，就办了一个求职证和技术资格证，找工作也没什么用。不愿到职业中介去找工作，认为那儿介绍的工作都不好，要不太累，要不工资太低。

陈××，（男，54岁，电话无，荆州市沙市区沙棉街银海社区）职业介绍中心介绍费太高，有时候帮你介绍的工作拿不到钱，没有什么实效。现在的工作技术性强，如电脑等。我们年纪大了，接受不了。也没有合适的社会工作。眼睛、体力都大不如从前。参加培训没什么实际作用。

胡××，（女，45岁，0716－8244940，荆州市沙市区毛家坊社区）我们都没参加过就业培训。一是没人组织；二是年龄大了，不会说普通话。

从总体来看，接受过政府所组织的就业培训的贫困家庭成员，其就业的可能性将会更高，但是这种影响在统计上并不显著，拥有技能或技术专长的女性更加容易就业，如果女性劳动者接受过政府所组织的就业培训和就业服务，其就业概率将会显著地增加。

六、贫困群体再就业的社会保险情况

社会保险是国家依法对遭遇劳动风险的职业劳动者提供一定物质补偿和帮助的社会保障法律制度。通过社会保险的风险分散功能，为遭遇生、老、病、死、残、失业等劳动风险的劳动者及其家属提供物质帮助，保障其基本生活水平，以维护社会公平和社会秩序的安定。目前，我国法定的社会保险有五种：养老保险、失业保险、医疗保险、工伤保险和生育保险。调查数据显示，贫困群体参加社会保障情况不是很乐观。在被调查的贫困群体中，缴纳失业保险的占15.3%；缴纳养老保险的占到52%；缴纳医疗保险的占到32.7%；一项也没有缴纳的占到30%。在调查没有缴纳社会保险的原因时，自身不愿意缴纳的占4.4%，原单位没有缴纳的占46.6%；社保部门没有纳入的占11.3%；由于其他原因没有缴纳的占37.7%[①]。

贫困群体的再就业，多是以非正规就业的形式从业一些劳动密集型行业。从调查情况看，再就业的人员多集中在制造业、批发和零售贸易及餐饮业、社会服务业；而且从事低技能职业的人员居多，像售货员、服务员、生产运输工人等职业对人员文化程度等要求相对较低，成为下岗失业人员再就业主要从事的职业。而非正规就业的最大难点就是很难把失业者再次纳入社会保险体系。现实的情况是就业和保险成了一对难以调和的矛盾。如果强调签订正式的合同和给劳动者上保险，就会在客观上给就业设置障碍，而无合同、无保险、无福利、低工资、不稳定的工作又会给劳动者带来不安全感。

① 吴碧英，瞿群臻．城镇贫困人口的人力资源开发［J］．商业研究，2004（12）：110.

第四节　贫困群体就业保障的基本思路

王丽艳[①]认为导致贫困最直接而又关键的原因就是“失业”以及“就业质量低”。如何让贫困者拥有一份稳定的工作，让其生活得有尊严是对贫困者最好的救助。

一、社会保障积极救助功能的发挥

积极救助的概念界定比较模糊，一般认为是促使被救助者进入或再进入劳动力市场，或参与社会团体、社区或志愿服务等社会性活动。积极救助的制度安排可分为两类：一类是运用经济压力，降低给付水平、缩短给付时间、从严审定资格，以应对社会救助可能产生的失业或贫困陷阱和政府财政压力等。另一类是使用积极促进方案来改善经济诱因和服务质量，以协助人们就业或自我雇佣，如再就业培训、小额贷款等。如以促进就业为目标取向，强化失业保险的就业保障功能。失业保险在政策取向上从以生活保障为主转为以促进再就业为主，重点做好贫困群体的职业培训和再就业工作；整合失业保险与最低生活保障功能，克服功能趋同现象，形成功能互补、错位。强化失业保险就业保障功能的具体政策建议：一是待遇给付期限大大缩短，在此期间养老和医疗保险视同缴费，增强失业人员再就业紧迫感；二是待遇给付标准与本人缴费工资挂钩，体现一定的差别，做到既有公平也兼顾效率；三是大部分失业保险缴费应当用于转业培训和再就业方面的支出，不得挪作他用；四是由失业保险管理机构专门负责。

① 王丽艳．中国转型期城镇贫困与就业问题研究［D］．中共中央党校博士毕业论文，2008：34.

二、收入维持计划与工作积极性的兼顾

从收入维持计划能消除一定程度的经济压力方面来说，会对工作动机（work incentives）产生负面影响；比如失业保险让失业变得轻松，公共救助让不工作者抚养子女更容易。一些计划试图构建一些抵消这种消极性的诱因。通过诸如允许工作者保留其大部分收入而使工作变得有吸引力的方式。救助公式不是收入提高多少救助就扣除多少，而是工作所得的税率维持在相当低的水平，以免阻碍救助对象寻找或保持工作。弗里德曼（Milton Friedman）的负所得税计划探讨了不同税率对工作诱因的影响。简而言之，1 美元的工作收入导致补助减少 30、60 美分或 90 美分的情况是分别如何影响受益人工作动机的？高税率可能促使努力工作，也可能阻碍努力工作。

三、政府为贫困者提供再就业岗位

在没有政府扶助的情况下，贫困群体由于自身能力所限，将很难摆脱失业和就业质量不高导致的低收入困境。因此，政府的再就业岗位援助计划就显得弥足珍贵，它主要包括政府购买和直接创造就业岗位两种方式。国外的研究表明，在整体缺乏就业岗位及其他政策措施对增加就业机会作用有限的情况下，政府直接创造就业岗位的成本甚至低于花费在贫困群体身上的福利费用，因此，这是一种促进劳动就业的有效举措。具体包括：第一，政府出资购买城市公共服务部门的就业岗位并无偿提供给贫困群体。这些岗位包括城市保洁员、绿化员、社区保安员等。2003 年天津市就曾出资 1 亿元购买了 2 万个公益性就业岗位，帮助“4050”人员实现再就业。第二，政府直接创造就业岗位。政府可以通过进一步加大公共支出政策的力度来主动地创造就业岗位。城镇的基础设施和公共设施建设以及环境治理等项目的实施，通常会带来更多的就业机会，这对提高广大居民尤其是低收入阶层的收入是非常有利的。此外，政府还可以通过创办政府订货企业或对私营中小企业实行订购包销等方式，来解决贫困群体的就业和再就业问题。

四、贫困者劳动权益的保护

劳动保障行政部门要切实转变职能，整合监察执法力量，履行好贫困者劳动权益保护职责。尽管劳动保障行政机关并不能决定自身的人员编制数量，但通过转变职能在劳动者权益保障方面还是大有可为的。首先，要充分认识到依法保护劳动者权益是市场经济条件下劳动保障行政机关最主要的职能之一。其次，要转变观念，变依政策管理为严格依法管理，彻底改变层层转发文件、各自为政制定政策的做法，所有劳动保障行政机关都必须严格依法律、法规、规章依法行政。因此，应弱化省级行政机关政策制定职能，基本取消市县级行政机关制定政策权，把基层劳动保障部门有限的人员力量用于监督执法、严格执行国家和省级法律、法规和规章上来。再次，修订劳动法，强化法律责任规定。可比照韩国对劳动违法行为追究刑事责任的做法，使所有的违法行为都能受到相应的惩处，以切实保护劳动者的合法权益。只有这样，才能真正提高劳动者尤其是贫困者的就业质量，使他们摆脱贫困，过上有尊严的生活。最后，充分发挥工会组织维权职能。这就需要切实提高工会在企业中的地位和作用，让工会把发挥维权职能，维护贫困劳动者合法权益的间接性，被动性转变为直接性和主动性。从根本上说，应当按照国际劳工组织提出的“体面工作”的目标，促进劳动者在自由、公正、安全和具备人格尊严的条件下获得体面的、生产性的工作机会。真正摆脱党政机关附庸的角色，使工会能够切实代表工人阶级的利益。

此外，还要有针对性地加强对贫困群体的普法教育，使其了解与自身关系密切的法律、法规，知晓自身合法权益，自觉争取合法权益，在合法权益受到侵害时，有能力用法律武器维护；政府和有关部门，社会力量要进一步加强对城市贫困群体的法律援助工作，使其不因经济上的贫困和法律知识上的贫乏等原因丧失维护自身合法权益的机会[①]。

---

① 张杰，马斌．非正规就业性质及其对劳动关系的影响［J］．改革，2004（3）：99.

五、贫困者人力资源的开发

再就业培训是职业教育的一个重要组成部分，但与普通职业教育相比，更有其特殊性。除着力提高失业贫困者的综合劳动素质，更主要的是帮助他们转变就业观念的同时，掌握一门或者多门实用技术，尽快重新就业。因此，政府部门特别是劳动和社会保障部门及有关机构，要充分发挥宏观调控职能，认真调研本地区经济发展和产业结构调整对劳动者技能的现实需求和潜在需求，摸清本地区贫困群体的数量，综合劳动素质等状况。有重点、有指导性地制订再就业培训计划，并不断做好就业服务和就业意向引导，使之更新观念，树立信心，在市场经济需求中，选择适合个人素质的专业岗位，主动参与培训。

“多样化”是再就业培训的有效途径。为了合理利用培训资源，提供充足、有效的再就业培训机会，以便于贫困群体参加培训，必须采取灵活多样的培训内容和方式。要有针对性地开展转岗就业和创业培训。在时间和方式上，可全日制或非全日制，专业机构办班或与用人单位联合办班，也可以用现代媒体进行培训，也可以用政策强制或者鼓励贫困群体参加培训。在培训领域，不能“随大溜”，使本来就不宽的再就业之路，变得更窄。

“标准化”是再就业培训的合格化之路。国家再就业培训的主要载体，就是各类职业培训机构，再就业培训质量如何，很大程度上取决于这种机构内在的能力和质量。随着经济的发展、技术的进步，社会对劳动者素质的要求越来越高。一些地方再就业培训机构在专业设置、教材选取、师资结构、培训质量等方面参差不齐。其中一个重要原因，就是缺少培训后统一的技能考核标准，再加上个别地方培训机构鱼目混珠，致使再就业比例和巩固率不高。所以再就业培训应当实行“培考分离”，由再就业培训机构负责日常培训，劳动社会保障或相关部门负责考核，并发给具有权威性的操作技能等级证书或者专业上岗证，并对再就业比例高的培训机构给予培训资金或者政策上的优惠和倾斜[①]。

六、社区关爱互助环境的形成

加强宣传教育和舆论引导，强化社区对贫困群体的人文关怀，帮助他们改造贫困文化，树立以能力本位为核心的新观念，实现观念优化，营造有利于提高贫困群体社会认知能力的社区文化氛围和社会软环境。具体说来，社区应该加强对贫困群体的思想教育和舆论引导，帮助他们正确看待社会发展中出现的问题，使其充分认识自身条件与改革和发展大局，认识到现实社会和未来社会将是能力社会，必须树立以能力本位为核心的新观念，将改变生活和发展境遇的立足点放到自强自立、提高自身素质、提升自身生存和发展能力上；针对贫困群体精神和心理压力大、信心不足的普遍状况，社区应该高度重视其精神需求和心理需求，给他们更多的精神关怀和人文关怀，减少他们的压力体验，为他们提供释放压力的渠道，增强其生活和发展的信心，这也是维系社会稳定、促进社会健康发展的重要保证和前提；加强社区成员间的理解和交流，发扬中华民族扶危济困的传统，使社会成员更加关注困难群体的生存状态，增强社会各阶层之间的共识，消除对他们疏远甚至歧视倾向，使对贫困群体的人格尊重、同情、鼓励、支持、帮助成为社区多数人的主导观念。

---

① 于敏．浅议再就业培训［J］．乡镇经济，2000（4）：65.

第十章　失地农民社区就业

在我国快速工业化和城镇化过程中，不少农民失去土地，成为就业领域的困难群体。由于我国非农领域就业岗位供不应求，而失地农民规模较大，加之失地农民并没有为在非农领域就业做好充分准备，尤其是没有参加有针对性的就业技能培训，导致失地农民就业困难。因而促进失地农民就业也成为社区劳动保障领域的突出问题，值得展开深入研究。

第一节　我国失地农民问题现状

失地农民首先出现在17世纪的欧洲，随着我国工业化、城市化进程的发展，20世纪末失地农民也开始在我国出现。随着城镇、工业区、开发区的急剧膨胀，越来越多的农村集体土地以种种合法或非法的、公开或隐蔽的形式变为城镇建设用地，失地农民数量剧增。同时，随着社会主义市场经济的建立和企业用工制度的改革，征地安置补偿费代替了招工指标。土地被征用后，劳动力不再由政府给予就业安置，而是按市场经济的办法来自谋出路。使得失地农民在城市中的生活和就业面临着严峻挑战，再加上对失地农民社会保障体系的缺失，“无地、无业、无保障”的失地农民问题逐渐全面爆发，成为一个令人关注的社会问题。

一、失地农民现状

所谓失地农民是指农民的土地被依法征收后，农业户口的家庭人均耕种面积少于0.3亩的农民。我国作为一个农业大国，农业人口在总人口中占绝对多数。然而随着工业化和城市化的加速推进，农业用地、居住用地逐渐转变为工业用地和城市建设用地，大量农民离开土地变为城市“新市民”。然而，在现实发展中，农民失去土地并未带来农民身份的顺利转换和生活条件的改善，由于制度缺陷、政府政策倾向、政府自律不足、就业措施落后等原因，大量农民却因为失地而失业，生活失去保障，加之在子女入学、社会保障等方面受到歧视，由此导致的拒征、上访甚至流血冲突等群体事件时有发生。目前，规模庞大的失地农民已经影响到了城乡统筹发展的顺利进行和我国经济社会的稳定发展，成为当前亟须解决的重要问题。

（一）失地农民的规模估计

当前我国城市化进程明显加快，我国的城市数量已经从改革开放初期不到200个，增加到目前的661个[①]。我国城镇人口比重也从1978年的18%发展到2010年的49.68%[②]，2011年，中国城镇人口占总人口的比重首次超过50%[③]，2020年，我国城镇化率将达到58%[④]。据预测，未来30年是我国城市化快速发展的时期，城市化率将每年提高1~1.4个百分点，到2030年我国城市化率将达到70%，城市人口将达11亿~11.5亿。城市化进程的加快导致失地农民数量不断增加。

一般来讲，除大中型基础设施建设外，非农建设占用耕地主要集中在城郊和相对发达地区。从经验数据看，每征用1亩土地，就伴随着1.5个农民失地。那么，按照目前城市化进程和基础设施建设步伐，2006年后每年需征用农民土地至少500万亩，若按照城郊农民人均0.7亩地计算，就意味着每年增加700多万失地农民，10年后失地农民总数将达到1.3亿左右。而根据《全国土地利用总体规划纲要（2006—2020年）》，2000年至2030年，国家控制的建设用地为5450万亩，其中，征地3800万亩，预计还将导致8000万以上的农民处于既失地又失业的状态，其中还不包括在农

---

① 章友德．我国失地农民问题十年研究回顾［J］．上海大学学报（社会科学版），2010（9）：27-35.

② 中华人民共和国国家统计局．2010年第六次全国人口普查主要数据公报［R］．2011.

③ 中国社会科学院．社会蓝皮书：2012年中国社会形势分析与预测［R］．2011.

④ 中华人民共和国国土资源部．全国土地利用总体规划纲要（2006—2020年）［R］．2008.

村因为超生等原因没有分到土地的“黑户口”劳动力在内。在大中城市的城乡结合部和人多地少的发达地区农民失地又失业的状况将尤为突出。

（二）失地农民的劳动就业和社会保障状况

在我国当前城乡分割的二元体制下，土地不仅是农民重要的生产资料，而且还是农民重要的生活资料，是多数农民经济收入的主要来源，具有国家所赋予农民的社会保障的性质。因此，土地一旦被征用，对农民来讲就意味着失去了赖以生存的重要手段，甚至沦为“种田无地、就业无岗、低保无份”的“三无”游民。在计划经济时代，我国对失地农民一般采取“谁征地、谁安置”的原则，要求征地单位解决失地农民的就业问题。然而随着改革的深化和企业改制的深入，这一安置方式已难以应付如此庞大的失地人口。国家对失地农民的安置也转向一次性支付一定的货币补偿的模式。按照相关政策，给予失地农民一次性补偿金，让被征地的农民自谋职业。然而事实上，多数农民由于受教育程度较低，就业能力和社会生存竞争能力较差，很难顺利实现再就业，使得其可持续生计无保障。

湖南省湘潭市政府在对全市失地农民就业情况调查中发现，除城市建设征地较早的昭潭乡、护潭乡及九华园区建设和湘钢技改项目等征地对部分失地农民进行了安置外，大部分失地农民处于失地失业状态。据调查统计，全市失地农民 38106 户，失地劳动力 83329 人，政府安置仅 2267 人，开发区内安置 4637 人，两者仅占 7.9%；自谋职业 45820 人，占 54.9%；无业在家者达 23151 人，占 27.8%。而自谋职业的这部分人，大部分属外出务工，工作并不十分稳定，因此无稳定的收入来源[①]。加之当前以市场就业为取向的劳动用工制度和以知识经济为基础的产业结构调整对求职者的年龄、能力、技能等要求较高，而失地农民的文化素质和劳动技能普遍不高，参与市场竞争的能力差，对市场的应变能力有限，因而在就业竞争中明显处于劣势，只能从事一些技术含量低、工作环境差、待遇低下

---

① 湘潭市．关于我市失地农民就业情况的调查与建议［EB/OL］．中国农村远程教育网湖南站：http：//www. hunan. ngx. net. cn/zonghexinxi/zonghexinwen/t20100618_72341. htm.

的岗位。由于他们的就业渠道狭窄且不稳定、就业率低、就业后回流现象严重，面临着二次失业危机。

就社会保障而言，严格地讲，目前各地几乎还没有真正建立失地农民的社会保障制度。社会保障体系是指一个国家或地区法定的社会保障制度所涵盖的全部内容、范围和项目构成的整体，其通过对国民收入的分配和再分配，保障全体公民基本生存权利并不断提高人们的福利待遇水平，是社会文明、进步的标志①。然而目前我国社会保障体系的实践在一定程度上只是一种“生活保障制度”，其与以社会性、福利性、公平性和互助性为本质特性的“社会保障”还有一定的差距。对于农村失地农民而言更是如此。目前我国失地农民的社会保障缺乏制度性和法律性保障。有关失地农民的社会保障制度目前尚缺乏法律和制度的明确规定，各地的具体措施有所差别，尤其是缺乏统一明确的监管机制、运行机制。其中的运行、管理、监督等制度处于混乱无序、于法无据的状态，更不能实现基金的保值增值。加之由于普遍实行了货币补偿，在城乡二元体制下，基本上由农民自行解决养老、医疗、失业等社会保险。换言之，大部分失去土地的农民并没有什么社会保障可言，即便是有，其保障的水平和层次也是非常之低。从目前各地推行的失地农民的保障方式来看，最主要的是提供一定程度的养老保障，而医疗保险和最低生活保障金及失业救济金等其他保障方式则鲜有涉及，为失地未就业农民提供专业培训、知识技能学习等非农产业素质的保障制度也仅仅是在个别地方得到了实施。

二、新形势下失地农民面临的主要问题

（一）失地农民权利意识有所提高，但部分权利无法得到保障

随着我国农民文化素质的逐步提升，特别是在城乡一体化过程中，随着对外交流的增加，农民的权利意识和法律意识较以前有了很大的提高，维权意识也有所增强。加上当前我国法制化建设进程的逐步推进，在征地

---

① 齐海鹏．社会保障教程［M］．大连：东北财经大学出版社，2006.

过程中，从规划、补偿到农民权利的保障都有了较大的进步，失地农民的保障相对而言也有了一定的提高，但仍然还存在某些损害农民权利的地方，如拖欠农民工工资的现象仍屡见不鲜。对于广大失地农民而言，土地是农民全部的生活来源和保障，甚至是几代人生存的根本，一旦失去土地，本来已经处于弱势的农民的生活，将更加窘迫。而城市化过程中权益受损的农民，在自身权益申诉与抗争方面，因为缺乏组织而显得声音微弱，在自身权益因为不合理的制度与执行偏差而被侵害时，又难以用合法的、有组织的方式去维护自身权益，在各方面处于一种相对弱势的地位。

（二）失地农民社会保障逐步完善，但保障程度有待进一步提升

随着我国在经济社会发展过程中对农民保障问题的探索和实践，目前对失地农民社会保障的理论研究和实践探索都取得了很大的成绩，并逐步建立起农民社会保障体系，从住房、就业、养老保险、医疗、最低生活保障等多个领域为失地农民提供保障，使他们在没有基本生存资料——土地的前提下，也能保障基本的生活质量。但在现有的失地农民社会保障领域内，仍存在着保障质量较低的问题。比如基本生活保障过低。有些地区在给农民征地补偿金以后，会以基本生活保障的方式发放给失地农民一定的生活补助，但这类的补助一般都很低，有些地方还不能保证继续发放。而养老保险和医疗保险，基本上以国家现行的农村养老保险和新型农村合作医疗为主，没有额外的保障。与有地农民相比，失地农民没有任何保障上的优势，反而会因为没有了土地，使得生活质量难以提高，甚至还可能会因为教育、住房、疾病等问题而变得更加贫困。

（三）失地农民征地补偿有所增加，诱发新的社会问题

失地农民的生活保障很大一部分是来自征地的补偿安置，一直以来存在补偿过低的问题，特别是在一些地区，由于各级政府的层层截留，到农民手里的补偿款对失地农民的生活保障而言只是杯水车薪。按照我国现行法律规定，征收耕地的土地补偿费，为该耕地被征收前 3 年平均年产值的 6 ~ 10 倍。经省、自治区、直辖市人民政府批准，可以增加安置补助费。

但是，土地补偿费和安置补助费的总和不得超过土地被征收前3年平均年产值的30倍。但在具体的操作过程中，有的地方往往达不到这种补偿水平，大多是以粮食作物的平均产值来确定，部分以经济作物的平均产值制定的标准，这就使被征土地的价格严重低于其市场价格，从而使得失地农民的生活保障难以为继。另外，有些较发达地区，失地农民往往能得到几十万元甚至数百万元的拆迁补偿。当原本质朴的农民，突然间手里有了大把的金钱，就引发出了许多怪事和种种乱象。大量地购买豪车、奢侈品，投资房产、股市，“开着豪车扫大街”的现象层出不穷。更有一些家庭因补偿款的分配，导致家庭破裂，亲人反目成仇。更有一些不怀好意者，利用声色场所、博彩场所招揽把持不住的农民拆迁户，使得其“思想上堕落，行为上放纵”，几个月后“富翁”变“负翁”。一些“拆二代”，在暴富之后，心态发生巨大变化，比富、奢侈、厌学的现象比比皆是，由此引发出新的社会问题。

（四）失地农民就业意识有所提高，但仍表现出很大盲目性和从众性

失地农民的就业问题一直是城乡发展一体化过程中的一个难点和重点问题。近几年，失地农民的就业意识和积极性有了很大的提高，所涉及的就业领域也有了很大的发展，从单纯的打工开始向小规模的自主创业转变，在很大程度上，提高了失地农民的生活质量。但与此同时，由于就业环境、创业经验以及农民自身素质的局限性，失地农民的就业也表现出较大的盲目性和从众性。失地农民一般以同村人的就业效果为参照，人家干什么，自己就干什么，不会过多地考虑他人的就业方向是否符合自己的特点和优势，因而很难保证就业的成功和创业的效果。也有部分失地农民风险意识淡薄，将征地的补偿安置款全部作为创业资金，不考虑创业风险及未来的生活保障。这种盲目投资具有极大的风险性，很可能使得失地农民未来生活彻底丧失保障。

第二节　我国失地农民就业形势

土地非农化、农民市民化已成为城市化进程中的必然产物。在这一进程中，必然会导致失地农民的大量增加，但这是一个国家或一个地区在工业化和城市化过程中不可避免的矛盾。随着我国城市化进程的加快，农村土地征用面积越来越大，被征地农民的就业问题变得日益突出。怎样保证农民失地不失业，成为城市化进程中一个需要迫切解决的问题。

一、当前我国失地农民就业危机态势分析①

（一）机械化生产要求土地进一步集中

随着市场经济的发展，农业的经营方式也在逐渐转变。特别是我国加入世界贸易组织以后，中国农业进入世界市场，开始走向规模化和专业化。目前，我国农村正在积极发展订单农业，这将进一步促使传统的个体经营模式发生改变。并且，订单农业还有可能在将来转变为“庄园农业”，进而将出现类似于西方发达国家的庄园经济和农业工人。这是机械化大生产的发展趋势。机械化大生产要求土地集中、规模生产，利用现代科学技术进行物质创造。由此一部分农民将失去土地，更多的劳动力将被解放出来从事更有价值的物质创造，从而达到农村人力资源的优化配置。因此未来失地农民将不可避免地要面临更加严峻的再就业问题。

（二）失地农民进城就业对城市存在影响

失地农民为了获得更好的生活条件，将进一步向城市转移，逐渐成为城市产业大军的重要组成部分和城市不可或缺的就业主体。他们在给城市

---

① 在高飞（2007）的研究基础上进行了适当更新和修改。

提供廉价劳动力、有效补充城市发展劳动力不足的同时，也给城市管理和建设带来了一定的压力。失地农民进城以后，一部分农民积极投入到城市建设之中，为城市建设作出了巨大贡献，但另一部分由于自身素质较低、技术缺乏等原因，不能适应城市发展的需要。同时，大批失地农民长期寄居城市，也给城市住房、交通等带来不便，加上不少失地农民不能及时就业，或多次失业又势必影响到城市的治安管理。

（三）我国就业形势整体严峻

我国劳动力人口供大于求，实际劳动力供给量越来越大，形成若干相互叠加、相互冲突的迅速增大的就业压力。我国新增劳动年龄人口进入高峰期，达到每年2000万人的水平。据统计，2011年我国15~64岁的适龄劳动人口占总人口数量的74.4%，在历史上首次超过了10亿[①]。尽管当前出现了新增劳动年龄人口下降的趋势，但是在未来一个时期，特别是在“十二五”期间，我国劳动力供给总量仍然处于增长态势。有专家预测到2020年我国适龄劳动力将高达9.4亿，占总人口的65%左右[②]。据测算，我国每年仅新进入劳动力市场的各级各类学校毕业学生都在1000万人以上，而高等学校连年扩招后，大学毕业生数量急剧增长，高校毕业生就业形势更加复杂严峻，2013年，全国普通高校毕业生规模已达到699万人。同时城镇登记失业、下岗失业和其他失业人员越来越多。据统计，2012年年末我国城镇登记失业人数高达917万人。技术进步及国有企业转型为提高竞争力所需的减员增效仍将不断释放出失业及下岗人员。而2012年全国农民工总量达到26261万人，比2011年增加了983万人，其中外出农民工高达16336万人。大量农村劳动力转移就业和各种结构性矛盾的加剧使得未来的就业形势不容乐观。与此同时，我国目前的经济总量虽然已位居世界第二位，但就业结构仍较为落后，需要较高文化水平劳动力的第二、第三产业不够发达，许多发达国家第三产业就业比重占70%左右，不少发展

---

① 林跃勤，周文．新兴经济体蓝皮书：金砖国家发展报告［R］．北京：社会科学文献出版社，2012.

② 中国适龄劳动力人口将高达9.4亿［N］．新京报，2004－10－24.

中国家也达到了60%以上，而我国第三产业劳动力就业比重在2012年年末仅占36.1%。可见，在相当长一个时期，就业仍将继续面临来自城乡的双重压力、总量与结构的彼此困扰、新生劳动力与失业人员相互交织的局面。

（四）失地农民素质较低使其就业面狭窄

失地农民文化素质、科技素质和经营管理素质总体上偏低。失地农民的低素质使他们在短期内不可能掌握一些比较先进的生产技术，只能从事一些城里人不愿意干的苦、脏、累的工作，如保洁员、门卫、保安、食堂后勤、社区物业管理、家政服务等。而这部分工作的收入较低，无法实现更多的农村劳动力转移，加之人力资本的专用性低、可替代性强，面临的竞争也就更为激烈，增强了就业的不稳定因素，极易造成二次失业。文化和技能素质的低下，限制了失地农民转移就业的空间。

（五）产业结构的调整使农村吸纳失地农民就业能力下降

随着农业生产技术水平的不断提高，种植业吸纳劳动力逐渐减少已经是一个不争的事实。根据《2012年度人力资源和社会保障事业发展统计公报》中的统计资料，我国第一产业吸纳的就业人口近5年来出现了逐年下降的趋势，由2008年的39.6%下降到2012年的33.6%。而当前农产品精深加工等增值业务更多地掌握在城市工业企业手中，无法为失地农民提供更多的就业岗位。过去我国为了严格限制农村人口向城市转移，曾经采取过使农民离土不离乡、进城市有户口限制等政策。当时解决这个问题最主要的就是大力发展乡镇企业。在20世纪八九十年代乡镇企业蓬勃发展时期，这一政策对解决农村富余劳动力的就业问题确实作出了巨大的贡献。但随着90年代中后期，我国总体产业结构的调整，乡镇企业的发展出现倒退，吸纳农村富余劳动力就业的能力出现下降，甚至近几年还出现了负增长，种种情况都要求我们重新寻找新的解决出路。

二、失地农民就业中存在的主要问题

（一）自谋职业下的无序就业问题突出

2008年开始，我国对于土地征用统一实行货币补偿安置。货币安置是一种生活指向性的安排，而非就业指向性的安置。因此造成失地农民的就业责任无人分担的现状。不少失地农民就业还尚未纳入当地的城镇就业范围，没有失地农民就业的相关政策保障，有关失地农民就业的政策多为过渡性、单一性的措施，没有制度和法律层面的统一规划。现有就业人员基本都属于自谋职业，就业形式是通过附近的厂区招工零星就业，临时性就业问题严重。此外还有一些工作不稳定和尚未就业人员希望能自主创业，自主经营。但在实际创业的过程中，失地农民往往面临着重重困难，主要表现在：一是创业资金不足。大多数创业者在创业中遇到的最大困难是资金问题，家庭积蓄仍是他们创业资金的主要来源。但失地农民普遍经济条件差，若将补偿安置款投入创业又过于冒险，故创业资金的不足往往使他们的创业机遇流失。二是缺乏创业的技能。不少失地农民对创业的相关政策法规了解得不多，也没有从事经营管理工作、实践的经历，缺乏创业的技能和经验，却对创业的期望值非常高，经营运作过程带有随意性，有的失地农民在创业初期热情十足，当真正做起来时，却畏难情绪严重，缺乏抢先、创新的理念。三是社区针对失地农民自主创业的优惠政策还相对较少，缺乏专业技术和指导，商业信息不灵通以及在办理相关的工商、贷款、税收等手续时缺乏优惠、便捷政策。除此之外，文化程度、小农观念等失地农民自身的局限性都将成为影响他们创业的重要因素。由于上述多重因素的影响，加之对成功率的把握性不足，使有心创业的不少失地农民望而却步；一些已经靠自己创业解决生计问题的失地农民也有可能在经营中遇到不利情形而出现再度失业。

（二）缺乏就业扶持的孤立就业问题严重

政府作为解决失地农民就业问题的主导力量，却在影响社会和谐的失地农民就业问题上存在缺位现象。政府征地拆迁后，失地农民得到了补偿款或安置费，但政府对失地农民的公共服务意识的淡薄、人力资本投入的缺乏、就业扶持政策滞后、劳动技能培训不具有针对性等等，使失地农民就业问题显得越来越突出。部分社区居委会和社保站虽然一直在努力加大失地农民就业的宣传力度，组织就业培训，为失地农民寻找就业岗位，但由于社区发展不健全，缺乏专门的就业服务机构和专业的工作人员，政府、企业和职业中介结构介入失地农民就业培训的服务滞后、经费投入太少以及失地农民本身的个人因素问题，社区在对失地农民的就业安置和推荐率上一直难以提高，且推荐成功率低，就业后再度失业的现象时有发生，缺乏稳定性。社区给予失地农民的就业支持十分有限，社区就业发挥的作用还不甚理想。

（三）非农生产劳动技能低下的问题凸显

离开了土地之后，失地农民由于缺乏专业的劳动技能，多半从事的是那些技术含量低、甚至无须技术、工资报酬低的工种。就业质量差、行业单一、缺乏稳定性。多数失地农民的就业去向主要集中在社区附近的高校、经济开发区内的民营、私营企业、工厂和个体工商户，就业岗位主要是保洁员、门卫、保安、食堂后勤、物业管理、家政服务等，还有就是在超市当营业员。而失地农民由于在失去土地以前一直都是从事农业生产，非农生产劳动技能低，对于工业技能普遍缺乏，不适应当前经济发展产业结构转变的要求，其结构性失业较为严重。而受内外因素的影响，失地农民转移到城市中再就业就更加困难。由于年龄偏大、文化程度不高和缺乏非农劳动技能，且接受能力和再学习能力都较差，失地农民在激烈的就业市场中，处于明显劣势。

（四）存在低技能临时性的不可持续就业问题

由于失地农民非农劳动技能低，因此只能从事不固定的、临时性的工作，或者简单的工种，很多没有签订劳动就业合同，也没有失业保险。由于被替代性强，基本属于临时工性质，导致就业的不可持续性，存在较为严重的隐性失业情况。一些用人单位有工种和专业技能要求，还有一些岗位需要持证上岗，但是失地农民根本拿不出什么可以用得上的技术资格证。因此不少失地农民会出现中途失业的现象，一些失地农民一年当中的就业时间不满半年甚至不到三个月。

（五）性别和年龄导致的就业障碍

除了文化程度、技能水平直接影响失地农民的就业状况，性别和年龄也是很重要的影响因素。由于大多数失地农民文化水平低、缺乏专业技能，就业中只能选择一些技术含量低、高强度的体力劳动，而人到中年以后，体能开始下降，不能适应那些繁重的、超负荷的体力劳动。因此常常被用人单位拒之门外。而相对于男性失地农民，女性失地农民的就业形势更加不容乐观，尤其是年龄偏大的女性。这一是因为劳动力市场本身就有性别歧视的痼疾，在同等文化程度和技能水平的情况下，男性往往是用人单位优先考虑的对象。二是因为对女性存在需求的用人单位的主要需求对象是16～35岁的年轻女性，因而年龄较大的中年妇女就往往被排斥在外了。此外，由于大多数40岁以上女性失地农民习惯了从事农业种植，也习惯了家庭妇女的角色。一方面，她们的就业面窄，选择性低，就业稳定性也差；另一方面，因家庭事务等原因，她们也没有外出工作的意愿。这些因素都降低了女性失地农民的就业率，尤其是高龄妇女。

三、失地农民就业难的原因

失地农民就业问题产生的原因离不开政府、失地农民、社会三个主体。

（一）政府

1. 现有制度的不合理，使失地农民陷入失业窘境

近几年我国经济发展飞快、城市化进程推进迅猛，各地区都开始建造经济开发区、工业园区、大学城等，政府盲目征地和城市盲目扩张使得农民大量失地，不得不另谋出路，然而现有制度的不合理，又使得失地农民

在就业上困难重重，陷入窘境。

第一，征地制度以及征地补偿制度存在缺陷。现行土地征用制度没有为失地农民可持续生存设计。征地制度的不完善是造成失地农民利益受损的根本原因。由于征地制度的不完善，在征地过程中存在着大量的“暗箱操作”，政府伺机“寻租”再加上补偿分配混乱，使失地农民得到的补偿仅为应得的一小部分。加之征地补偿标准的算法不够科学合理，失地农民的失地补偿往往少于他们所失去的土地价值。而当前的征地安置政策普遍采取货币安置模式，这种模式只是生活指向性的临时安排，而不是就业指向性的可持续生计安置，不能帮助失地农民实现稳定的再次就业。

第二，国家劳动就业政策城乡歧视造成失地农民的就业弱势。由于我国城乡二元经济社会体制和观念根深蒂固，部分政府制定了限制农民准入的政策，从而不利于失地农民在城市再就业。从宏观政策方面来看，国家的扩大就业和再就业政策都是针对城镇职工的，而对于失地农民，几乎享受不到现有的优惠政策，也没有专门的就业扶持政策出台。从具体的就业服务机构来看，没有具有针对性的服务机构服务于失地农民就业，仅仅是劳动和社会保障部门履行了某些职能。现在国家提出“统筹城乡就业”，失地农民却因为既不是城市居民，又不再是农民而无法纳入政策的框架范围之内。

第三，社会保障制度的城乡二元分割使得失地农民就业保障差。通过一次性货币补偿征收农民的土地，这就像国有企业职工被买断工龄一样，同样是失业，但是国有企业职工作为城镇居民可以享受城镇最低生活保障等政策，而失地农民却由于城乡二元结构的分割，享受不到相关的社会保障。失产、失业、保障缺失，导致失地农民基本的生活都没有保证。虽然依照土地管理法给予了征地安置补偿费，但是这只能在短期内维持失地农民的生计，若从长远来看，随着补偿费逐渐用完，其就业出路和后续保障问题将日益突出。

第四，劳动技能培训制度不完善引致失地农民就业技能低。现行的劳动技能培训属于供给导向型，缺乏对企业有效需求的针对性，因此对于失地农民非农技能的提升具有一定的局限性。对于相关的就业信息的宣传和就业渠道的建设存在投入上的不足，失地农民就业还是基于从身边熟悉的人那里获取信息。就业平台的建设还未见成效，没能体现出具有优势的服务功能。没有完善的培训制度，就不能系统地提高失地农民的就业技能，没有较高的就业技能，失地农民就业就更加困难重重。

2. 政府职能缺位，失地农民就业缺乏公共扶持

目前，政府对失地农民的关注度还不够，失地农民再就业的相关行政工作进展缓慢。如在非农业就业中，以政府为获取就业信息渠道成功就业的比例非常低。此外，政府在补偿安置时，也并没有对失地农民上心负责，“谁占地，谁负责”的安置原则并没有得到根本上的落实。除此之外，政府在扶持失地农民就业上，还存在以下一些问题。

第一，社会保障资金短缺，失地农民与城镇居民有别。社会保障作为政府维护社会公平的一项重要职能，应该利用这一再分配机制缩小社会贫富差距。而在现阶段，由于政策、财政等等方面的原因，导致社会保障一直处于缺失状态。部分地方政府从征地补偿款中预提了一部分资金作为社会保障金，但是由于复杂的制度、政府财政的原因，一直没能建立起完善的社会保障制度。

第二，就业扶持政策缺失，失地农民就业没有被纳入城市管理。解决失地农民就业问题，政府责无旁贷，应起主导作用，而当前的政策缺失是阻碍失地农民就业的一个重要因素。种田的农民可以享受粮食直补等各种扶持政策，下岗职工可以得到再就业技能培训等各种优惠政策，而对于失地农民却没有具体的、可行的就业扶持政策。政策上的空白，致使失地农民再就业处于弱势。

第三，公共服务意识缺乏，失地农民难以得到公共就业扶持。不少地方政府将工作重心主要放在如何更好地服务经济建设上，而忽略了对影响社会和谐的失地农民的就业状况的关注。甚至在某种程度上缺失对于失地农民就业的服务意识，对失地农民的就业扶持服务不积极，没有很好地保护失地农民的就业权益。

第四，人力资本投入缺乏，失地农民就业培训作用不大。一方面，失地农民的受教育程度普遍较低，造成其就业范围狭窄、适应能力弱、就业

岗位层次低、可替代性强、失业抗风险能力低，这使得失地农民人力资本提升存在巨大需求；另一方面，政府将大量的资本都投入到征地拆迁、招商引资当中，对于失地农民的人力资本投入的资金远远低于城镇居民人力资本的投入。没有专门的基金用于失地农民的再就业培训，没有专项资金用于失地农民就业信息平台的创建。缺乏投入，产出自然也就不具有竞争力，从而导致失地农民在人才市场上缺乏竞争力。

（二）失地农民

失地农民失地后就业率低、稳定性差也存在着大量自身原因。

首先，失地农民受教育程度不高，年龄偏大，就业面狭窄。我国失地农民受教育程度普遍不高，大多为小学、初中文化。而且年龄普遍偏大，不能迅速地学习掌握新的技能。除此以外，由于长期从事农业耕作，失地农民劳动技能单一，缺少相应的工作经验。这些因素导致失地农民的再就业过程中缺乏竞争力，就业面狭窄，普遍从事劳动密集型产业或者从事保洁、环卫等工作。

其次，失地农民的就业观存在偏差，就业意识淡薄。不少失地农民在选择就业岗位时，与外来务工人员相比，显得要求更高。失地农民大多住在近城区，环境相对较好，失地前的生活水平比较高，对劳动报酬的要求也会相对较高，不愿意从事一般职业，这就使得许多企业更倾向于聘用外来务工人员而不是本地失地农民。此外，由于失地农民的恋乡情结比较严重，不愿意外出工作。还有部分失地农民缺乏积极就业观，过多地寄希望于政府和企业的安置，“等、要、靠”思想严重，在劳动力市场竞争中往往处于被动。

再次，失地农民缺乏资金、知识和技能，不能顺利创业。尽管失地农民中不乏积极创业的人，可是这些人苦于没有足够的创业资金或者没有足够的相关知识和技能，往往不能成功创业，只能在劳动力市场中处于劣势地位。

最后，失地农民获取就业信息渠道单一，可选择就业岗位少。失地农民再就业时，大多是通过熟人介绍来获得岗位，这种就业信息通道往往比较狭窄和单一，不能为失地农民提供良好的就业机会和就业岗位。

（三）社会

当前，我国正处于经济转型时期，随着经济改革的逐步深化和经济结构的持续调整，以往对普通劳动者需求量大的劳动密集型产业在不断减少，此外，作为失地农民就业的主要载体的中小微企业受各方面因素的影响，发展滞后，发展动力和可持续性不足，也对失地农民再就业造成不利影响。

同时，劳动力市场分割使失地农民向城市转移就业受到限制。我国的城乡二元经济结构造成了二元劳动力市场，这种城乡就业制度的二元格局，人为地制造了各种差别和不公正，使失地农民不能享受与市民一样的待遇，甚至有些地方对农民进城规定了越来越高的门槛，许多失地农民在“农转非”后，可能面临既失去土地，又无缘分享城市化发展的成果，处于被城市化抛弃的困境。

此外，部分企业没有承担起应有的责任。一些企业只顾着上项目、占土地，却在失地农民就业安置方面敷衍了事，不能为失地农民提供合适的就业岗位。一些企业为了安置失地农民而临时开办的企业，又往往生存时间不长，很容易导致失地农民再次下岗，出现二次失业。

第三节　促进失地农民社区就业的政策与建议

目前，我国大多数失地农民仍处于没文化、没资金、没技能的困难群体之中，往往被排挤在现代工业大门之外，失地农民就业难、增收难的问题已成为影响社会稳定和城市化进程的障碍性因素。失地农民为我国城市化进程作出了相当大的牺牲，他们未来的生活出路应当成为城市化进程所必须解决的首要问题。就此，可从以下几个方面入手，推动失地农民社区就业，在一定程度上解决失地农民的就业难题。

一、构建社区支持网络，为失地农民就业提供社会支持

社区支持网络具有调动与整合社区各方资源等优势，是社会工作中为困难群体增权的途径之一，同样也可成为为失地农民就业提供社会支持的一条有效路径[①]。通过建设社区支持系统，可整合社区各方面的资源，协调政府、企事业单位、非营利组织等多方面的关系，重构失地农民社会资本，为失地农民就业提供支持。对社区而言，其不仅能够利用社区的各种资源为失地农民就业提供经济支持和精神支持，还能够从就业信息提供、技能培训、就业指导、法律援助等方面提供行为支持。

（一）通过社区组织建设夯实失地农民就业支持基础

要为失地农民就业提供社区支持，就社区而言，应加强社区组织建设，使社区具备联系群众、分析问题、落实资源、发现及改变潜力以及创造有效的组织结构以解决问题的能力[②]。具体到失地农民安置社区，为给失地农民提供有效的社区支持。首先在制订社区规划时，就要做到规划与就业方案同步。在制订社区规划的同时就拟订失地农民就业配套方案，按照安置人口比例设立就业服务及培训场所等配套设施；在居住区选点时，应充分考虑居民就业渠道和就业环境。其次，应建立专门的劳动保障服务站。实现机构、人员、编制、经费、制度、工作“六到位”，规范社区劳动保障平台的工作职责、工作程序、工作标准和服务流程，规范基础管理工作和工作制度，努力实现服务的多元化、人性化、专业化和信息化。此外，还应提升专业机构的服务能力，通过配备专门工作人员、规范服务流程、加大资金投入，将失地农民的就业工作真正落实到社区劳动保障服务中心，达到依托社区平台，强化就业服务，拓宽就业渠道，开发就业岗位的目的。

---

① 赵晓曼．增权：失地农民就业的社区支持研究［D］．中南民族大学硕士学位论文，2011.

② ［美］O. 威廉姆·法利，拉里·L. 史密斯，斯科特·W. 博伊尔著，隋玉杰等译．社会工作概论（第九版）［M］．北京：中国人民大学出版社，2005：122.

（二）培育高素质专业人才，做好失地农民就业社区支持工作

要做好失地农民就业的社区支持工作，人是最关键的要素。然而当前，街道、社区承担了大量的服务性、事务性工作，工作任务比较繁重，也给基层工作人员提出了更高的要求。因此，应加大对社区工作者的专业化培训力度，增强服务意识，提高服务水平，尤其要增强劳动保障工作人员或社区就业助理员的为民服务意识，以及对就业指导相关知识的系统学习。除此之外，社区还可向社会公开招聘社会工作者，在解决失地农民就业问题的过程中，社会工作者应充分扮演好呼吁者、倡导者、支持者、行动者、资源争取者和维权者的角色。社会工作者可通过对外宣传，使社会大众认识到失地农民这一困难群体面临的困难及其应享有的权利；帮助失地农民明确自己的要求，实现与就业市场需求的良好衔接；对求职人员进行知识和技能培训，向求职者进行就业政策辅导；与劳动就业管理部门、用人机构建立联系，促成双方互相了解和相互接纳；帮助失地农民了解自身的权利，提高其自觉能力，更好地面对和解决当前的困境。

（三）采取多样化支持形式，做好失地农民社区就业服务

社区作为为失地农民提供就业服务的重要基础与平台，应运用多种形式，组织各种活动，帮助失地农民重拾就业信心，消除外界环境中的不利因素和不公正待遇，提升他们自我发展意识，获得就业和继续发展的能力和资源。

1. 重视就业信息提供与政策指导

由于失地农民普遍文化程度不高，专业技能缺乏，工作的可替代性较强，竞争也更为激烈。而失地农民本身社会资本薄弱，在一定程度上影响着其就业信息的获取。同时由于失地农民对劳动法认识不够深，就业再就业过程中自我保护意识不强，直接导致其在就业中将面临工作环境差、工资待遇低、无医疗、养老相关保险等困境，甚至会再次失业。社区应积极针对这一现象，为失地农民提供就业信息，加强对失地农民就业观念、法律意识、就业扶持政策等方面的宣传和引导。一方面，社区应建立承诺服

务制度。通过与失地农民对就业援助事项协商一致后，签订协议，承诺就业信息提供的内容、方式、次数、期限和所达到的效果等，明确双方的权利、义务和所承担的责任，以保证各项措施能够落实到位。另一方面，应落实追踪服务制度。街道、社区劳动保障平台实行“一对一”帮扶，工作人员根据个人实际情况设计就业援助方案，提供就业信息、政策咨询、岗位技能培训指导，以及就业后跟踪指导等服务，促进失地农民尽快实现就业。

2. 积极开展就业技能培训

失地农民在失地之前主要从事农业劳动，缺乏从事其他工作的专业劳动技能，这直接影响到了他们的就业状况。为解决这一问题社区应联合用人单位，根据失地农民的实际情况和工作需求，依托社区网络开展培训活动，有针对性地进行各类技能培训，以推动失地农民由“体力型”逐步转变成“技能型”、“智能型”，提高他们参与市场的竞争能力。在开展就业培训时，应进一步提高培训实效，创新培训模式。一方面，可结合社区内招商引资项目，大力开展订单技能培训，按企业订单需求进行培训，定向输出，增强培训的针对性；另一方面，要因地制宜、因人而异确定培训内容，以实用知识和实践技能为主，以市场需求量较大的就业岗位为重点，辅以法律、法规、职业道德、行为规范等相关内容的引导性培训。同时考虑到失地农民的经济状况，应尽量进行免费培训，有条件的社区还可以适当给参加再就业培训的失地农民发放学习补助，以增强其学习的积极性。更为重要的是培训合格后应发放培训合格证书，属国家有就业准入要求的职业工种，要参加国家职业资格考试鉴定，合格者发放相应的职业资格证书，以方便失地农民持证上岗，增强失地农民的就业竞争力。

3. 建立网络资源共享平台

针对失地农民就业信息不对称现象，社区应主动利用劳动保障的“四级网络”（市、区、街道和社区），积极联系、沟通街道劳动保障事务所、区就业服务局、市就业指导中心，向这些部门获取就业信息等资源；联合其他社区，协调与整合其就业再就业资源，建立网络资源共享平台以获取和发布就业信息，为失地农民牵线搭桥，提供就业支持。这就要求社区劳动保障服务平台一方面要积极开展失地农民专项调查，全面掌握失地农民的家庭状况、年龄结构、文化程度、就业状况、培训意愿等情况，建立失地农民基础台账和资源数据库，并实施动态管理。另一方面，要定期对企业用工岗位进行调查摸底，制定企业用工台账，了解企业所需工种。甚至可以要求辖区内的所有用人单位在出现就业岗位时，必须主动向社区劳动服务站报告岗位空缺信息，提高就业帮扶的针对性和实效性。最终建立起包括信息发布、就业咨询、跟踪服务、动态管理在内的社区就业信息服务网络，为失地农民提供求职供职、职业介绍、权益维护等就业服务。同时，为了突破求职和供职的地域限制，进一步拓宽就业渠道，社区还可以与省内各市区和外省区劳动力市场建立信息联网，实现资源信息共享，解决求职者异地求职、用人单位异地招聘的问题。

4. 为失地农民提供法律保障

法律援助是社会保障机制的一项法律制度，是社会给予困难群体的基本保障之一，也是社会保障的重要组成部分①。由于大部分失地农民属于非正规就业，他们流动性强、经济能力弱、受教育程度有限、缺乏必要的法律知识，加之社会地位不高，在签订劳动合同时，失地农民的合法权利极易受到侵犯。而由于失地农民一方面缺乏法律常识，维权意识淡薄；另一方面受自身条件的限制，无力寻求司法帮助，只能被动接受不平等待遇。因此社区应通过劳动保障站为失地农民提供多种方式的法律援助。

5. 举办社区专场招聘会

为了提高失地农民社区就业的可能性，社区可以定期举办失地农民专场招聘会，让社区居民不出社区就可以找到适合自己的工作，为他们创造更加便捷的就业途径。这就要求社区要加强与本社区内外企业的联系，引导它们努力提供更多的就业岗位和就业机会给失地农民。同时社区组织也可在招聘现场设立政策咨询台，派专人解释各种与就业有关的政策，提供法律维权，并为失地农民和用人单位现场办理就业相关手续，为双方提供更加便捷的服务，促进失地农民就业。

---

① 魏瑞清. 发达国家征地补偿标准、促进失地农民就业的具体措施及对我国的启示[J]. 中国管理信息化，2013，16（2）：34-35.

6. 引导社区居民参与失地农民社区就业

社区居民既是社区服务的对象和受益者，也是社区服务的参与者和重要的社会资源。因此要推动社区公共服务事业的发展，必须重视和开发来自于社区居民的资源①。社区内的失地农民和非失地农民才是社区支持真正的主体，居民自愿参与的社区支持才是有效的社区支持②。因此，社区居民的积极参与和支持，将直接影响到社区就业服务活动的开展和相关措施的落实，只有社区居民自愿参与到社区就业的各项活动中来，失地农民才能获得更加有效的就业支持。这一方面要求社区通过宣传动员，让社区居民了解失地农民的困境，为失地农民就业出谋划策，提供帮助和支持。社区居民的参与度越高，失地农民获得的情感支持、信息支持和工具性支持就越多。另一方面，要求社区采取各种激励措施，如给予自主创业者政策支持，对失地农民就业工作突出者进行奖励等，改变失地农民“等、要、靠”的思想，促使失地农民发挥自身的主观能动性，积极参与社区就业活动。

二、多渠道开发利用就业资源，为失地农民寻找就业机会

失地农民由于自身所处的经济和社会地位较低，加之受教育程度不高，特别是根深蒂固的小农意识，使得其很难从容面对市场经济的规则，寻找自我就业的资源和机会。因此，要想更有效地为失地农民提供社区就业支持，就需要社区从多渠道入手，积极发掘各类就业资源和机会。

（一）挖掘社区就业岗位，开展守业型就业

社区就业是指通过提供社区服务和发展社区经济为社区居民创造就业机会的活动。社区服务的许多行业技术含量不高，失地农民无须接受过多的培训就可以上岗，所以非常有利于安置那些文化水平低的大龄失地农民就业。根据有关专家的统计，发达国家的社区就业份额为20% ~30%，发

① 吴开松等．城市社区管理［M］．北京：科学出版社，2006：137.

② 赵晓曼．增权：失地农民就业的社区支持研究［D］．中南民族大学硕士学位论文，2011.

展中国家的社区就业份额为12%～18%，而我国只有3.9%，即使按发展中国家的平均最低水平计算，把我国社区就业份额由3.9%提高到12%，大约可以增加2000万个就业机会①。因此，发展社区服务业是缓解城乡结合部就业压力、提高失地农民收入水平的重要途径。既能让农民远离背井离乡之苦，又发展了当地经济，可谓一举多得。发展社区服务事业，挖掘社区就业岗位，可主要通过以下几种方式实现：一是结合发展社区经济开发就业岗位，如筹资新建社区菜市场，创造就业岗位；二是结合加强社区管理开发社区就业岗位，如物业管理、市政绿化、保安联防、清扫保洁等；三是通过发展社区家政服务业开发就业岗位，如托老、托幼、托病；四是通过发展辖区内单位的后勤服务开发就业岗位，鼓励开展社区便民服务；五是大力引入社区手工业，各街道、社区可根据实际情况，引进诸如十字绣、手工绢花、中国结等手工业项目，由社区负责联系项目、提供担保、组织培训、统一收领货物等免费服务。失业人员既可将材料领回家制作，也可在社区就业基地加工。

（二）建立与企业的持久联系，打造打工型就业

社区周边的企业往往是促进失地农民就业的主要渠道。如浙江省嘉兴市王店镇根据就业困难人员的劳动技能、就业能力偏低的特点，充分发挥社区（村）的就业服务职能，由社区（村）联系辖区内1～3家企业，签订联合就业帮扶协议，建立社区、企业联手就业帮扶机制。每家企业则挖掘出1～2个岗位，接收安置本辖区内出现的就业困难人员和“零就业家庭”人员，以保证就业困难人员有一份基本的工作收入②。而要让企业成为吸纳失地农民就业的主要渠道，首先，社区在招商引资过程中，就应将企业对劳动力的吸纳能力作为引资的重要因素进行全面考量。其次，社区要主动联系企业，通过与辖区内企业的沟通协调，加强对企业的引导，在

---

① 杨宜勇．社区服务业：潜力巨大的就业领域［N］．人民日报，2002－09－29（9）．

② 欧福泰，王永华．“充分就业社区（村）”就业充分［N］．嘉兴日报，2007－11－27（11）．

全面满足企业用人需求的基础上，积极主动、较多地吸纳、安置失地农民就业，并给予适当的政策性扶持及岗位补贴。最后，社区应注重收集企业对已就业失地农民用工状况的反馈信息，帮助企业与失地农民建立必要的就业需求沟通与对接，防止失地农民再次失业。有条件的社区，还可以加强与驻外劳务输出办事处的联系，在安全稳妥的前提下，通过对失地农民进行再培训，进行对外劳务输出，解决失地农民的就业问题。

（三）设立专项创业基金，发展创业型就业

创业型就业是解决失地农民就业问题的重要手段。社区可开展失地农民创业培训，鼓励和支持失地农民自主创业，引导一批有强烈创业愿望的失地居民自带项目进行孵化，实现孵化一批带动一批的目的。同时设立失地农民创业专项基金，专款专用，为其创业提供资金支持，如以专项就业基金入股的方式作为失地农民创业的专项补助资金。除了资金支持外，社区联合各上级政府部门还应为创业者提供良好的创业环境和条件，在土地、税费、信贷、办证等方面提供优质服务，为创业者排忧解难。

（四）充分调动利用社区非营利组织资源

社区非营利性组织在沟通政府和百姓之间的联系，缓解社会冲突方面起着重要的润滑剂作用。在中国社区建设过程中，大力培育和发展社区非营利性机构，不仅能够承担社区的大部分管理和服务工作，同时还能够创造大量新的就业岗位[①]。社区居委会可利用非营利组织寻求资金募集、收集就业信息和相关就业支持，如组织开展就业政策法规指导、就业技能培训，帮助失地农民掌握求职方法，确定择业方向，增强他们的就业能力。社区服务组织的壮大和发展，还能创建许多新的工作岗位，吸纳更多的失地农民就业。

---

① 丁元竹．社区的基本理论与方法［M］．北京：北京师范大学出版社，2009：168.

三、加强政策执行力度，落实失地农民社区就业工作政策

为有效解决失地农民社区就业问题，需要社区和相关政府部门通力配合，加强政策的执行力度，确保各项工作落到实处。

（一）协同推进土地与劳动力“非农化”

政府在推进土地“非农化”的同时，必须以劳动力的“非农化”为前提，只有当原来以土地作为生计保障的农民可以脱离农村并获得更好的发展，土地的“非农化”才能顺利进行，也才能解决好实地农民的就业问题。目前我国各地都探索出了一些成功模式（王亚红，2012）。如湖南省长沙市岳麓区咸嘉湖街道咸嘉新村社区与开发管理部门就采取了“留地集中安置，综合开发建设”的办法，妥善安置了失地农民，成为土地与劳动力“非农化”协同推进的典范。“留地集中安置，综合开发建设”具体表现于“三集中，三统一”上：集中管理全村土地，统一进行拆迁补偿；集中安置农民住宅，统一进行综合开发；集中使用土地补偿安置费，统一安排农民生产生活。小区管委会对征用地的土地补偿费和劳动力安置费进行集体统筹管理使用，一部分以“咸嘉村安置退养基金”的形式存入银行；一部分则用来投入小区综合开发建设。开发所得利润和物业收入以及所得银行利息都以红利的形式发给农民。同时，通过成立房地产开发公司、物业管理公司、建筑公司和开发商业门面与配套性经营场所等形式，广辟就业渠道，安置村民就业，使小区有就业能力和就业欲望的失地农民都能找到工作。

（二）社区应努力提高政策落实的有效性

社区是基层群众自治组织，本质上属于社会，在我国社区归属政府，成为政府的派出机构，从而由自治型的群众组织，基本上变成一个行政型的政府组织。因此，当国家或地方政府制定了各项失地农民就业政策后，作为与居民生活最密切、最贴近的基层组织，作为社区支持网络的中心，社区应自觉、有效地加强政策执行力度，而不仅仅成为政府政策的传声

简。社区应积极落实失地农民的就业优惠政策，根据自身优势建立公平合理的失地农民就业管理制度，使失地农民就业在税费减免、小额贷款、岗位和社保补贴等方面享受到应有的政策支持，切实保障失地农民的权益。

（三）加大专项资金的投入

社区应根据各级政府部门的相关规定及本地的财政收支状况及消费水平，为失地农民设立专项资金，并严格实行专款专用，形成强有力的资金保障。一是就业专项基金，主要用于为失地农民建立就业电子信息登记，组织失地农民进行各类免费就业技能培训，提高他们的就业竞争力；对自主创业的农民进行优惠补贴、税费减免、专业指导；发展就业服务中介组织，提供免费的就业信息咨询；以及对为失地农民提供就业岗位的企业、社区或其他社会机构的岗位补贴。二是投资专项基金，社区可联系政府建设部门或与社区企业建立投资关系，以就业基金作为投资资金，为失地农民进行合适的项目投资；或以社区的名义在经济建设区内规划出一块发展经济用地，由社区按着城市规划的要求建设、管理、分配，作为失地农民的就业中心地带。三是社会保障基金，主要用于对那些既失地又失业，暂时没有经济收入的失地农民家庭的基本生活保障，为失地农民建立养老、医疗、失业保险及劳动保障体系，以及对征地补偿较低的失地农民进行适当的补助。

（四）完善社区责任监督机制

完善社区责任监督机制，一方面，要重视对社区自身的监督。由于种种原因，某些社区工作人员在落实政府制定失地农民就业扶持政策或具体执行过程中，没有把农民的根本利益放在首要位置。有些甚至根本不考虑失地农民的权益，只想着自己的政绩工程或私人小团体的利益。因此应加强对社区工作人员尤其是党政领导人员的监督、激励机制的改革与落实，定期督察、定期考核，落实奖惩措施。另一方面，社区应加强对就业市场、用人单位和服务机构的监管。要通过加强信息跟踪、市场巡查、受理投诉举报。定期开展清理整顿社区人力资源市场秩序专项行动等措施加强社区对就业市场的监管。同时要不定期检查收费项目和收费标准，打击非法职业中介行为，严肃查处乱设项目收费行为。而对吸纳失地农民达到一定数量的用人单位在给予必要的资金补贴和政策扶持的同时，也应主动与其建立联系，掌握失地农民就业信息，对专项资金的使用进行监督与调控，务必做到专款专用。

后 记

《社区劳动保障》是中国社区保障书系之一，我们能有机会参加中国社区保障问题研究，深感荣幸。劳动保障相对经济保障和服务保障而言，是有尊严的社会保障。任何有劳动能力的社区居民都想有一个属于自己的劳动岗位，都想通过自己的劳动获得经济收入，实现个人和家庭的生活保障。同时劳动保障更能倡导工作伦理，减少政府经济保障压力。所以，我们主张将劳动保障纳入社区建设和管理内容、纳入社会保障范畴。

《社区劳动保障》一书全面探讨了我国社区劳动保障相关理论和现实问题，全书分为三大部分：第一部分包括第一章至第三章，深入阐述了社区劳动保障的基本理论和我国社区劳动保障立法与管理的内容；第二部分包括第四章至第七章，探讨了我国社区劳动保障的一些具体方法和措施，包括社区人力资源开发、社区就业资源开发、社区劳动保障监察和社区就业援助等内容；第三部分包括第八章至第十章，分别探讨了我国残疾人、贫困群体、失地农民等特殊群体的社区就业问题。

从补充社会保障形式的角度研究社区劳动保障，是一个新课题。我们尽其所能，通力合作，完成这部书稿，以慰所做的付出。该著作是集体创作的结果，具体分工如下：第四章、第五章、第七章由石方军（河南师范大学）撰写；第三章、第六章、第十章由伍如昕同志（中南大学）撰写；第一章、第二章、第八章、第九章由薛君同志（河南师范大学）撰写。

因为本书的内容没有现成的思路，相关的资料也较为缺乏，我们在撰写过程中感觉到了很大的挑战。书中难免会有错误和疏漏之处，衷心希望得到学界、读者的批评指正。

最后，我还要感谢中国社会出版社的编辑刘云燕老师，是她卓有成效的工作促成了本书的出版。

石方军

2013 年 12 月，于河南师范大学